Siegfried Brehme · Ratschläge für den Kakteenfreund

Dr. sc. Siegfried Brehme

Ratschläge für den Kakteenfreund

Neumann Verlag   Leipzig · Radebeul

Bildnachweis

Dr. sc. Siegfried Brehme, Greifswald, S. 93 (4 und
6) Manfred Fischer, Rostock, S. 33; S. 34 (1, 2
und 3)
Alle übrigen Farbaufnahmen einschließlich der
Motive für den Bezug wurden von Otfried Birnbaum,
Halle-Neustadt, angefertigt.

Brehme, Siegfried:
Ratschläge für den Kakteenfreund / Siegfried
Brehme. (Zeichn. von Edda Schultz). –
2. Auflage – Leipzig ; Radebeul : Neumann
Verlag, 1987 – 184 S. : 290 Ill.
(z. T. farb.)   ISBN 3-7402-0034-0

ISBN 3-7402-0034-0

2. Auflage 1987, 26. bis 195. Tausend
Alle Rechte vorbehalten
© Neumann Verlag Leipzig · Radebeul, 1985
VLN 151–310/104/87 · LSV 1359
Lektor: Bernhard Röllich
Gestaltung: Peter Lohse
Printed in the German Democratic Republic
Lichtsatz: INTERDRUCK Graphischer Großbetrieb
Leipzig – III/18/97
Druck und buchbinderische Weiterverarbeitung:
Druckerei Neues Deutschland
Bestell-Nr. 799 124 3
02000

Inhalt

Vorwort

Wie mag es den an Strapazen und Überraschungen gewöhnten Seefahrern um Christoph Kolumbus ergangen sein, als sie 1492 nach dem Betreten des amerikanischen Kontinents das erste Mal auf die für sie völlig unbekannten Kaktusgewächse gestoßen sind? Es bedarf wohl nur wenig Phantasie, um sich auszumalen, daß hier sicher sowohl grenzenloses Staunen als auch große Verwunderung mit im Spiel waren.

Eigentlich hat sich bis heute an diesem Fakt kaum etwas geändert; das zeigt sich deutlich, wenn Besucher die Sukkulentensammlung – naturgemäß nehmen hier die Kaktusgewächse einen entsprechenden Platz ein – in einem botanischen Garten bewundern. Die bizarre Gestalt, der Formenreichtum und die eigenartigen Blüten der Kakteen üben immer eine große Anziehungskraft auf den Betrachter aus, der sich auch stets mit Neugier und Interesse diesen fremdländischen Gewächsen zuwendet.

Es ist deshalb gar nicht ungewöhnlich, daß mit dem Bekanntwerden der Kakteen in Europa Bestrebungen in Gang gesetzt wurden, diese eigenartigen Gewächse zu kultivieren. Je besser man ihre Lebensgewohnheiten kennenlernte, um so größer wurden die Erfolge auf diesem Gebiet. Über das Gewächshaus wurden die Kakteen schließlich in das Zimmer «geholt». Daß darüber mehrere Jahrhunderte ins Land gegangen sind und dieser Entwicklungsprozeß auch Höhen und Tiefen zu verzeichnen hatte, setzt heute niemand mehr in Erstaunen.

Gegenwärtig deutet alles daraufhin, daß die Kakteen als Zimmerpflanzen noch beliebter werden. Das hat unterschiedliche Ursachen: Das Wissen über die Genügsamkeit und den relativ geringen Pflegeaufwand der Kakteen nimmt zu. Ebenso bieten sich die zentralbeheizten Räume und die Balkons der vielen Neubauten, aber auch mancher Kleingarten förmlich für die Kakteenhaltung an. Zimmer, Arbeitsplätze u. ä. bieten auch auf einer geringen Fläche noch genügend Platz für eine kleine Sammlung, die die Umgebung sofort anziehender und wohnlicher macht.

Wenn überall die Nachfrage nach Kakteenliteratur immer größer wird, so ist das nur zu verständlich. Deshalb bleibt zu hoffen, daß das vorliegende Buch unter den Pflanzenfreunden eine wohlwollende Aufnahme findet. Es wendet sich vor allem an den Kreis der jungen und noch wenig Erfahrung besitzenden Kakteenfreunde; ebenso kann der Anfänger mit seiner Hilfe die ersten erfolgreichen Schritte tun. Auch der Fortgeschrittene wird sein Wissen über die Familie der *Cactaceae* erweitern und vertiefen können.

Im Buch wurde die Biologie der Kakteen bewußt vorangestellt, weil sich daraus viele Pflegemaßnahmen naturgemäß ableiten lassen. Der spezielle Teil soll vor allem dem Anfänger helfen, sich eine entsprechende Sammlung zusammenzustellen bzw. gleich gezielt Pflanzen für seine vorhandenen Möglichkeiten oder Bedingungen auszuwählen. Der dritte große Komplex umfaßt die Pflege und Haltung der Kakteen im weitesten Sinne sowie die Schädlingsbekämpfungsmaßnahmen.

Wenn dieses Ratschlagbuch für den Kakteenfreund letztendlich auch in seiner Ausstattung zustande gekommen ist, so haben Herr Otfried Birnbaum und Herr Manfred Fischer, die die Farbaufnahmen beisteuerten, sowie Frau Edda Schultz, die die Zeichnungen anfertigte, daran Anteil. Dafür sei ihnen herzlich gedankt.

Dank auch all denen, die mich mit Literatur, fachlichen Ratschlägen, kritischen Hinweisen etc. unterstützt haben. Hierin möchte ich vor allem meine Familie eingeschlossen wissen.

Dem Neumann Verlag, insbesondere meinem Lektor Bernhard Röllich, danke ich aufrichtig für die konstruktive und verständnisvolle Zusammenarbeit.

Greifswald,
im Herbst 1985

Siegfried Brehme

Familie der Kakteengewächse (Cactaceae)

Die Pflanzenwelt der Erde weist eine enorme Fülle und große Vielfalt der Formen auf. Bisher sind nahezu 400 000 Pflanzenarten, von denen etwa ⅔ zu den Samenpflanzen gehören, bekannt. Die Familie der Kakteen *(Cactaceae)* umfaßt ca. 3 000 Arten (zum Vergleich: die Orchideen 20 000 bis 25 000 Arten als größte Familie unter den Blütenpflanzen). Um nun diese Fülle einigermaßen überschaubar zu machen, ist es notwendig, nach einer Klassifikation, einem Ordnungssystem zu suchen. Bereits im Altertum hat es Bestrebungen gegeben, die damals bekannten Pflanzen nach bestimmten Gesichtspunkten zu ordnen, z. B. durch ARISTOTELES, 384 bis 322 v. u. Z.

Die Kakteen, in der Neuen Welt beheimatet, gelangten erst nach der Entdeckung Amerikas nach Europa. In der zweiten Hälfte des 16. Jahrhunderts wurden bereits die ersten Kakteenarten in den Kräuterbüchern (z. B. von TABERNAEMONTANUS) abgebildet. Ein bemerkenswerter Versuch, die Pflanzenwelt zu klassifizieren, gelang im Jahre 1735 dem berühmten schwedischen Naturforscher CARL von LINNÉ (1707 bis 1778) in seinem Werk «Systema naturae». Als auffälliges und bestimmendes Merkmal wählte er die Anzahl der Staubblätter aus und teilte danach die Pflanzen in verschiedene taxonomische Gruppen (z. B. Klassen, Familien, Gattungen, Arten) ein, bei denen er auch die Kakteen berücksichtigte. Von diesen waren ihm 22 Arten bekannt, die er in der einzigen Gattung *Cactus* zusammenfaßte. Damit war das bekannteste künstliche System entstanden.

Spätere Versuche der Klassifizierung galten vor allem dem Aufstellen eines natürlichen Systems, das die phaenotypischen, vor allem die stammesgeschichtlichen (phylogenetischen) Zusammenhänge berücksichtigte. Auch dafür hatte LINNÉ bereits wichtige Vorarbeit geleistet.

A. L. JUSSIEU (1789), A. P. de CANDOLLE (1819), ENGLER (1898), WETTSTEIN (1908) u. a. haben weitere Bausteine zu einem natürlichen System der Pflanzen hinzugefügt.

Da im 17. und 18. Jahrhundert die Verbindung mit der Neuen Welt durch die Intensivierung des Verkehrs enger wurde, gelangten auch weitere Kakteenarten nach Europa.

Das Interesse an diesen fremdländischen Pflanzen war zunehmend gewachsen. In Europa, insbesondere in Frankreich und Deutschland, kam es Mitte des 19. Jahrhunderts zu einem bemerkenswerten Aufschwung der Kakteenkunde und -liebhaberei. Das spiegelte sich anschaulich in der damals erschienenen Literatur wider (z. B. PFEIFFERS Verzeichnis der Kakteen, 1837; SALM-DYCKS Bücher über seine Kakteen- bzw. Pflanzensammlung, um 1850; FÖRSTERS «Handbuch der Cacteenkunde», 1846; dessen Neubearbeitung durch RÜMPLER, 1885). Den absoluten Höhepunkt dieser Periode bildete die Herausgabe der «Gesamtbeschreibung der Kakteen» durch K. SCHUMANN, 1898. Im 20. Jahrhundert erfolgte der große Ansturm auf die Kakteenwelt. Botaniker (z. B. C. SPEGAZZINI, E. WERDERMANN) und Pflanzensammler (z. B. MÜLLER-MELCHERS, A. V. FRIĆ, K. BACKEBERG), die oft im Auftrage von Kakteengärtnereien, z. B. Fa. Haage, Erfurt, reisten, durchforschten Nord-, Mittel- und Südamerika. Eine Fülle neuer Kakteenarten wurde gefunden, was logischerweise seinen Niederschlag in entsprechenden Veröffentlichungen fand (z. B. N. L. BRITTON u. J. N. ROSE: «The Cactaceae», 1919/1923; A. BERGER: «Die Entwicklungslinien der Kakteen», 1926; E. WERDERMANN: «Brasilien und seine Säulenkakteen», 1933; K. BACKEBERG: «Stachlige Wildnis», 1942). Diese Entwicklung ging, nur durch den 2. Weltkrieg unterbrochen, weiter und hält auch gegenwärtig noch an. Umfangreich ist die bisher herausgegebene Kakteenliteratur geworden. Besondere Verdienste hat sich hier Walther HAAGE, Erfurt, erworben. Vielfältig sind die Systematisierungsversuche (z. B. MARSHALL u. BOCK, CRAIG,

BACKEBERG, BUXBAUM, HUNT, RAUSCH). Groß ist die Zahl der Neubeschreibungen (z. B. durch RITTER, BUINING, RAUSCH). Die gegenwärtig aktuellen Pflanzensysteme, bis hin zu den synthetischen Systemen, spiegeln die verschiedenen Etappen dieser historischen Entwicklung wider. Vergleicht man die modernen Systeme untereinander, so sind zum Teil erhebliche Unterschiede erkennbar. Das beweist, wie wenig stabil die gesamte Pflanzensystematik zur Zeit noch ist und wieviele Untersuchungen, auch unter Einbeziehung weiterer Disziplinen wie Genetik, Biochemie und Biophysik sowie moderner experimenteller Methoden, noch notwendig sind, um zu einem objektivierten System zu gelangen. Dabei sollte immer berücksichtigt werden, daß es der Pflanzensystematiker nicht mit toter, unveränderlicher Materie, sondern mit lebenden Objekten, mit Organismen zu tun hat, die sich im Laufe der Millionen Jahre langen Erdgeschichte aus wenigen einfachen Formen entwickelt haben. Jeder neue Fund, jedes Experiment, jede Beobachtung bringen neue Einsichten und Erkenntnisse, die dazu beitragen, das natürliche System zu verbessern. Für den Kakteenfreund ist es wichtig, daß er sich nicht von jeder Umkombination verunsichern läßt, sondern sich an einem relativ stabilen System orientiert. Das schließt nicht aus, daß man die weitere Entwicklung auch auf dem Gebiet der Kakteensystematik verfolgt.

Der Kakteenfreund sollte ferner wissen, daß es bei der Einteilung der Pflanzen neben der Art, der natürlichen Grundeinheit des Systems, noch weitere solcher taxonomischer Kategorien gibt, wie z. B. Abteilung, Klasse, Ordnung, Familie, Gattung, Serie, Unterart, Varietät, Form.

Die systematische Einordnung der Kakteen zeigt die Übersicht auf S. 30. In ihr bilden die Kakteenartigen eine selbständige Ordnung (Cactales) mit nur einer Familie (Cactaceae). Es gibt jedoch auch Autoren, die die Familie der Kakteengewächse zur Ordnung Centrospermae zählen.

Wir wollen noch einmal auf LINNÉ zurückkommen; er ist es auch gewesen, der die binäre Nomenklatur eingeführt hat, d. h., er bildete die noch heute gebräuchlichen zweigliedrigen Pflanzen- und Tiernamen, die sich aus dem Gattungsnamen (z. B. Astrophytum) und Artnamen (z. B. ornatum) zusammensetzen. Diese wissenschaftlichen Namen, meistens aus dem Lateinischen oder Griechischen abgeleitet, kennzeichnen die Pflanzen eindeutig und international.

Astrophytum ornatum (DC.) WEB. ist also eine Kakteenart, die von dem irischen Sammler COULTER 1827 entdeckt und von dem französischen Botaniker de CANDOLLE 1828 als Echinocactus ornatus beschrieben wurde. Deshalb findet man z. B. in FÖRSTERS «Handbuch der CACTEENKUNDE» (1846) unter den Echinokakteen den E. ornatus Dc.-Geschmückter Sternkaktus.

A. WEBER ordnete später diese Art in die von dem französischen Botaniker CH. LEMAIRE aufgestellte Kakteengattung Astrophytum ein. WEBER hat, die internationalen Nomenklaturregeln beachtend, den Artnamen beibehalten und den Namen des ursprünglichen Autors (DC. = De CANDOLLE) in Klammern gesetzt.

Bereits bei FÖRSTER (1846) erkennen wir die Absicht, für den wissenschaftlichen Namen einer Kakteenart gleichzeitig einen deutschen zu finden. Solche Versuche wurden dann auch in der darauffolgenden Zeit bis in die jüngste Vergangenheit wiederholt unternommen. Vielfach wurden die wissenschaftlichen Namen einfach übersetzt (z. B. Acanthocalycium violaceum – Violetter Stachelkelch, Mammillaria humboldtii – Humboldts Warzenkaktus, Mammillaria spinosissima – Stachligster Warzenkaktus). Oftmals wurden auch volkstümliche Bezeichnungen verwendet, wie Silberkerze (Cleistocactus straussii), Goldkugelkaktus (Echinocactus grusonii).

Der Kakteenfreund sollte die bisher existierenden deutschen Namen von Kakteen zwar zur Kenntnis nehmen, doch gibt es mit diesen Namen z. T. Verwechslungen, weil z. B. als Schlangenkaktus ganz verschiedene Arten (Aporocactus flagelliformis, Nyctocereus serpentinus usw.) bezeichnet werden.

Allein der wissenschaftliche Name ist exakt! Ihn prägt man sich ein, und er gehört auch auf das Namensschild. Manche Kakteenfreunde verzichten auf ein Etikett mit Gattungs- und Artnamen. Sie versehen ihre Kakteen nur mit einer Nummer. Die Art und Weise der Beschilderung bzw. Etikettierung ist also Ansichtssache.

Verbreitung der Kakteen

Mit Ausnahme einiger Vertreter der Gattung *Rhipsalis*, die im tropischen Afrika (Zentral- bis Ostafrika, Sansibar, Madagaskar) und auf den Inseln des Indischen Ozeans (bis Sri Lanka) vorkommen, ist die Familie der Kaktusgewächse mit ihren ca. 3000 Arten ausschließlich in Nord-, Mittel- und Südamerika beheimatet. Eine sekundäre Verbreitung durch den Menschen erfuhren manche Kakteenarten, vor allem Opuntien, mit der Ansiedlung z. B. im Mittelmeerraum, in Afrika, Südostasien und Australien.

Ihr Verbreitungsgebiet reicht von 56° nördlicher Breite bis 52° südlicher Breite. Dieses riesige Areal — es umfaßt ca. 12 Millionen Quadratkilometer und entspricht etwa der 1,25fachen Größe Europas — erstreckt sich von den Rocky Mountains in Kanada über den ganzen amerikanischen Doppelkontinent hinweg bis nach Patagonien in die Nähe der Magalhaes-Straße. Auffallend ist dabei eine Häufung des Vorkommens an den beiden Wendekreisen. Das Verbreitungsgebiet der Kakteen mißt in Nord-Süd-Richtung immerhin 12000 km und umfaßt damit die verschiedensten Klimazonen.

Kakteen bevorzugen als Lebensräume vor allem Steppen-, Halbwüsten- und Wüstengebiete. Relativ wenige Arten und Gattungen kommen in der feuchtheißen Küstenzone vor, so z. B. zahlreiche Melokakteen und insbesondere die epiphytisch lebenden Kakteen in den feuchten Gebirgen Südmexikos und Zentralamerikas sowie in den Regenregionen des brasilianischen Urwaldes. Manche Vertreter der Kaktusgewächse haben also die Ebenen besiedelt; viele von ihnen sind jedoch ausgesprochene Bergland- und Hochgebirgsbewohner, wo sie noch in Höhen bis zu 4800 m in den Regionen des ewigen Schnees der Anden Perus, Boliviens und Chiles zu finden sind.

So unterschiedlich die Standorte sein können, so differenziert sind auch die Bodenarten, auf denen Kakteen in ihrer Heimat wachsen, z. B. im vom Wasser durchfeuchteten Humus des tropischen Urwaldes, auf Lehmboden von Wiesen und lichten Wäldern, im reinen Sand der Wüsten, in Erde vulkanischen Ursprungs, auf Steingeröll und Felsen.

Die Verbreitung der Familie *Cactaceae* (einschließlich des paleotropischen Teilareals von Rhipsalis) nach Dr. N. Lajos, Sz. Dezső und Dr. W. Barthlott

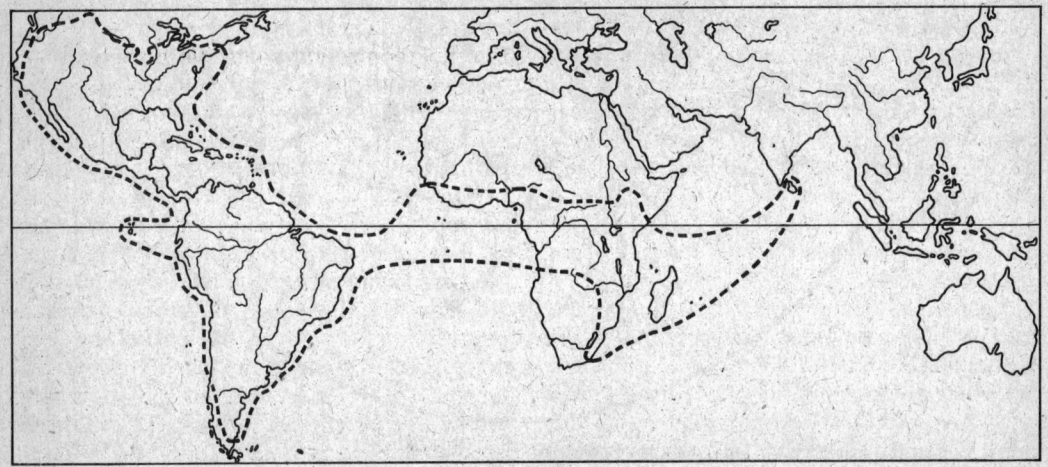

Anpassung der Kakteen an ihre Umwelt

Wie wir gesehen haben, besiedeln die Kakteen weite Gebiete Amerikas und haben dort eine große Formenmannigfaltigkeit und Artenvielfalt entwickelt. Sie sind als typische Landpflanzen (ausdauernde Gewächse) ausgezeichnet an ihre Umwelt, nämlich an physiologisch trockene Standorte angepaßt. Deshalb gehören die Kaktusgewächse, vom ökologischen Gesichtspunkt aus gesehen, zu den Xerophyten. Das sind Pflanzen, die zumindest zeitweise eine große Trockenheit ihres Standortes, vor allem des Bodens, überleben können. Sie besitzen Einrichtungen, die die Herabsetzung der Wasserabgabe (Transpiration) bei gleichzeitiger Verringerung der Pflanzenoberfläche bewirken, und weisen oftmals sehr tief gehende oder weit reichende, dicht unter der Bodenoberfläche dahinstreichende Wurzelsysteme auf.

Bei den Kakteen finden wir vor allem folgende Anpassungserscheinungen:

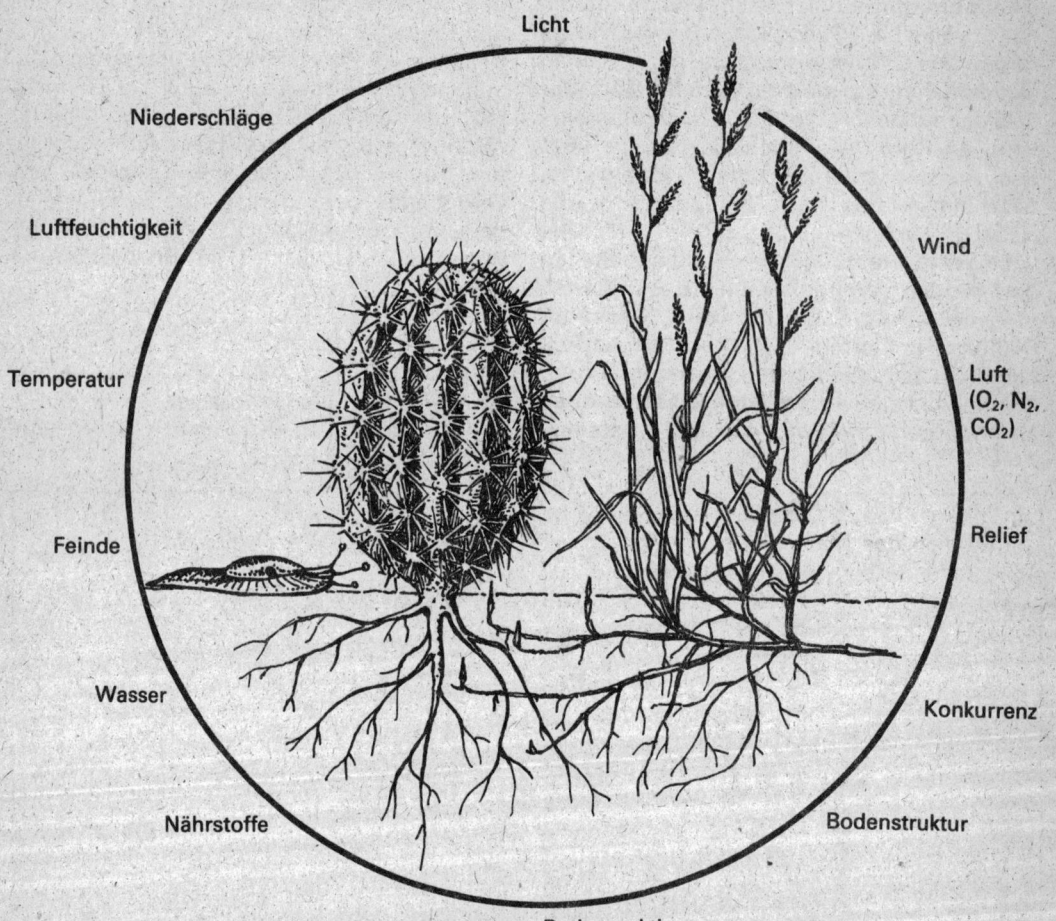

Licht
Niederschläge
Luftfeuchtigkeit
Wind
Temperatur
Luft (O$_2$, N$_2$, CO$_2$)
Feinde
Relief
Wasser
Konkurrenz
Nährstoffe
Bodenstruktur

Wirkung ökologischer Faktoren am Standort   Bodenreaktion

1. Umwandlung (Reduktion) der Blätter in Blattdornen
2. Reduktion der Seitenzweige zu Haarpolstern
3. Ausbildung von Assimilationssprossen
4. Einrichtungen zur Wasserspeicherung (Sukkulenz)
5. Verdickung der Epidermis (z.T. mit Wachsausscheidungen)
6. Einsenkung bzw. Herabsetzung der Zahl der Spaltöffnungen

Nachfolgend sollen diese Anpassungserscheinungen unter Berücksichtigung des inneren und äußeren Baues der Kakteen erläutert werden.

Wie bereits festgestellt, sind die Kakteen zweikeimblättrige Samenpflanzen *(Dicotyledoneae).* Sie gehören zu den Sproßpflanzen *(Kormophyten).*

Das Charakteristikum der Sproßpflanzen ist die Gliederung in Sproß und Wurzel (Abb. S. 11). Wir finden sie, manchmal in abgewandelter Form (Metamorphose), auch bei den Kakteen.

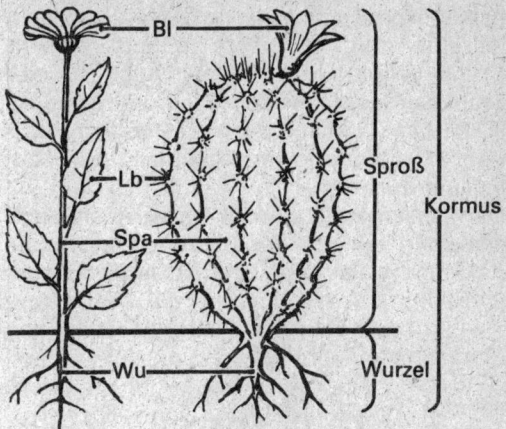

Wu – Wurzel, Spa – Sproßachse, Lb – Laubblätter (bei Kakteen zu Dornen umgebildet), Bl – Blüte

Bau der Sproßpflanze (Schema)

Sproß

Der Sproß, auch als Stamm oder Stengel bezeichnet, setzt sich aus der Sproßachse und den Blättern zusammen. Bei den Kakteen sind die Blätter – bis auf wenige Ausnahmen, z.B. bei Pereskien – zu Blattdornen umgewandelt. Im Volksmund werden sie «Stacheln» genannt. Für Stacheln im botanischen Sinne würden andere Merkmale zutreffen.

Im Inneren des Pflanzenkörpers (Sproß) befindet sich das Mark. Es ist ringförmig von einem aus Sieb- und Holzteil bestehenden Leitgewebe (Leitbündel, z.T. mit mechanischen Festigungselementen, Verholzung des Kakteenkörpers!) umgeben, das für den Transport von Wasser, Nährstoffen und Assimilaten sorgt.

Die Leitbündelstränge verlaufen nicht nur im zentralen Teil des Kakteensprosses, sondern verzweigen sich auch zu den äußeren Teilen (Abb. S. 13).

Das Körpergewebe wird durch relativ große, dünnwandige Zellen gebildet; es dient vor allem der Wasserspeicherung. Durch dieses stark entwickelte Wassergewebe erhält der

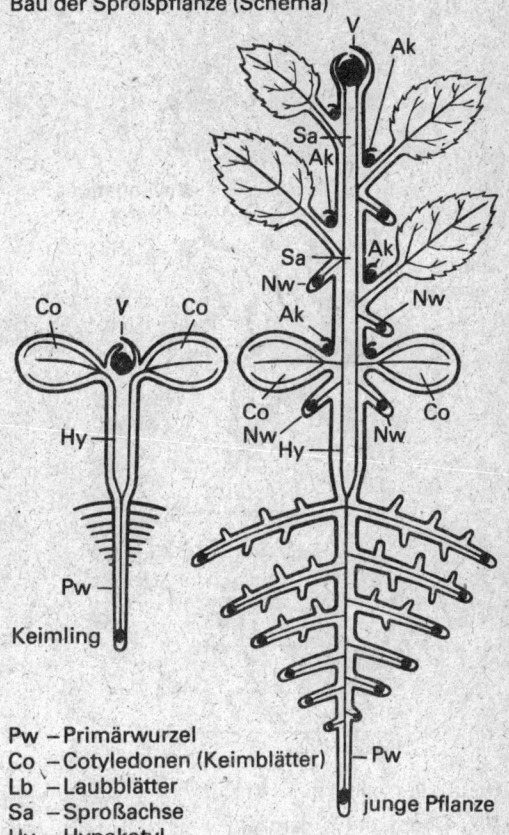

Pw – Primärwurzel
Co – Cotyledonen (Keimblätter)
Lb – Laubblätter
Sa – Sproßachse
Hy – Hypokotyl
Ak – Achselknospen
Nw – sproßbürtige Nebenwurzeln
V – Vegetationspunkt

Schema einer zweikeimblättrigen (dikotylen) Pflanze

Kakteensproß seine dicke Gestalt und sein fleischig-saftiges Aussehen; aus diesem Grund gehören die Kakteen auch zu den Stammsukkulenten. Das Wassergewebe ist in der Lage, je nach der Wasserfüllung sich ziehharmonikaartig auseinander- oder zusammenzuziehen.

Der Zellsaft kann sowohl wässerig als auch schleimig sein. In der Rindenschicht unter der Epidermis liegt das Assimilationsge-

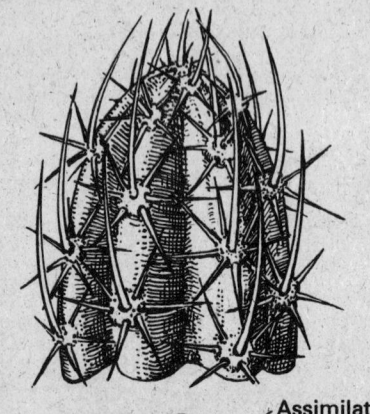

webe, das aus großlumigen Zellen mit Chlorophyll (Blattgrün) besteht (vgl. Abb. S.13). Der Chlorophyllgehalt der Zellen nimmt von außen nach innen ab. Bei den Kakteen hat der Sproß also nicht nur die Funktion der Wasserspeicherung, sondern auch die der Assimilation (Assimilationssprosse, vgl. Abb. S. 13).

Die äußerste Rindenschicht des Kakteensprosses stellt die Epidermis (Oberhaut) dar, die bei vielen Kakteenarten mehrschichtig sein kann (vgl. Abb. S. 13) und die gänzlich auf Schutz vor Verdunstung eingestellt ist. Die Epidermis scheidet eine aus wachsartigen Stoffen bestehende Schicht (Kutikula) ab, die weitgehend wasserabweisend bzw. sogar wasserundurchlässig ist. Bei einigen Kakteenarten ist diese wachsartige «Bereifung» sehr gut ausgebildet, z.B. bei *Myrtillocactus geometrizans, Cereus peruvianus, Cereus azureus.* Der Areolenfilz ist übrigens auch eine Bildung der Oberhaut.

Die Stärke der Kutikula und auch der Epidermis nimmt in der Regel mit der Trockenheit des Standortes zu.

Die Epidermis enthält eine Vielzahl von Spaltöffnungen (Stomata). Im Vergleich zu anderen ökologischen Pflanzengruppen findet sich bei den Sukkulenten die niedrigste Spalthäufigkeit (Verdunstungsschutz). Die folgende Tabelle zeigt das deutlich:

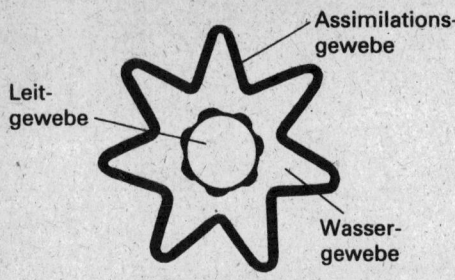

Assimilations-gewebe

Leit-gewebe

Wasser-gewebe

Anzahl der Spaltöffnungen je Quadratmillimeter bei verschiedenen ökologischen Pflanzentypen

Hochmoorpflanzen	114
Waldrandpflanzen	83
Wasser- und Sumpfpflanzen	61
Waldschattenpflanzen	46
Sukkulenten	45 u. weniger
Opuntia tomentosa	40
Astrophytum ornatum	25
Selencereus grandiflorus	18
Rhipsalis cassutha	16
Euphorbia winkleri	23
Bryophyllum	25
Crassula arborescens	20
Kleinia pumila	10

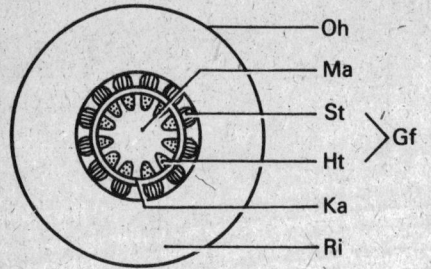

Oh
Ma
St
Ht ⟩ Gf
Ka
Ri

Sproßquerschnitt eines Kaktus

Oh Oberhaut (Epidermis)
Ri Rinde
Ka Kambium
St Siebteil (Phloem)
Ht Holzteil (Xylem)
Ma Mark
Gf Gefäßbündel

Über die Spaltöffnungen erfolgen die Transpiration (Verdunstung) und der Gasaustausch (vgl. Abb. S. 14). Eingesenkte Spalt-

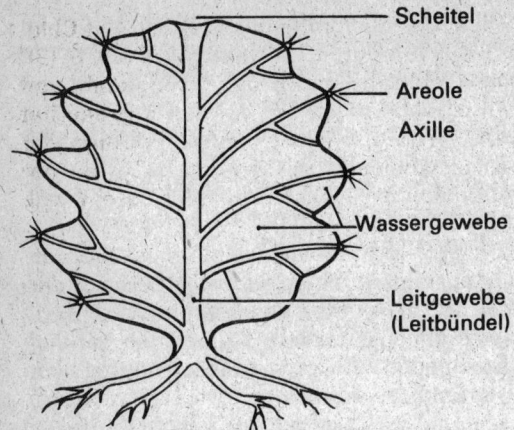

Schematischer Querschnitt durch
einen Mammillarienkörper (nach Rother)

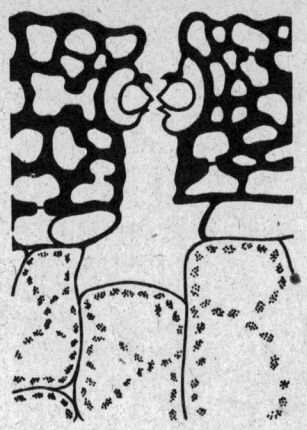

Mehrschichtige
Sproßepidermis
mit eingesenkter
Spaltöffnung
einer Kaktee
(nach Stocker)

K – Kutikula, Kz – kutinisierte
Zellulosewand, Z – reine Zellulosewand
Sukkulenter Sproß einer Kaktee
(*Hylocereus triangularis*) nach Stocker

öffnungen verringern die Transpiration erheblich (vgl. Abb. S.13). Die Kakteen haben daher, wie andere Sukkulenten, einen sehr trägen Stoffwechsel. Deshalb wachsen sie langsam, haben aber dafür eine lange Lebensdauer.

Die wasserspeichernden Pflanzen, oftmals auch Dickfleischgewächse genannt, haben sich ihren z.T. extrem trockenen Standorten vorzüglich angepaßt. Das führte zu äußerster Einschränkung der Transpiration, und daraus wieder ergab sich eine Sonderanpassung im Prozeß der Photosynthese: Um Wasserverluste durch Transpiration möglichst zu vermeiden, sind bei den Sukkulenten am Tage vielfach die Spaltöffnungen geschlossen. Dadurch ist natürlich auch keine Aufnahme von Kohlendioxid (CO_2) für die Photosynthese möglich. Die CO_2-Aufnahme erfolgt erst nachts durch die dann geöffneten Spaltöffnungen (CO_2-Dunkelfixierung). Es kommt im Pflanzenkörper zum Aufbau organischer Säuren, die bei Tageslicht wieder abgebaut werden. Das dabei freigesetzte CO_2 steht für die Photosynthese in den Zellen zur Verfügung. Bei diesem «diurnalen Säurerhythmus» werden die lichtabhängigen Photosyntheseprozesse und der Gasaustausch zeitlich voneinander getrennt. Dadurch ist eine Stoffproduktion trotz geringen Wasserverbrauches gewährleistet.

Nachdem wir zunächst den Querschnitt einer sukkulenten Pflanze (Kakteen) näher betrachtet haben, wollen wir uns der sogenannten «Kaktusform» oder kaktoiden Form

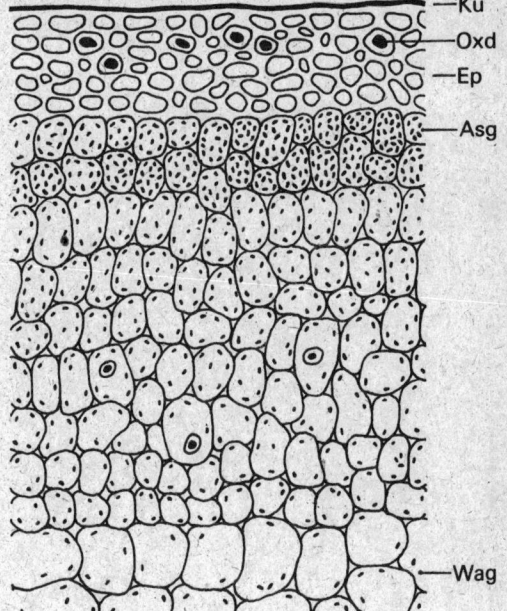

Ku – Kutikula
Oxd – Calciumoxalatdrüsen
Ep   – Epidermis
Asg – Assimilationsgewebe
Wag – Wassergewebe

Querschnitt eines Flachsprosses
(*Opuntia tomentosa*)

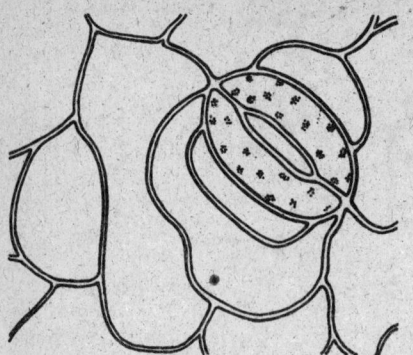

Epidermis mit Spaltöffnung von
Opuntia tomentosa (Aufsicht)

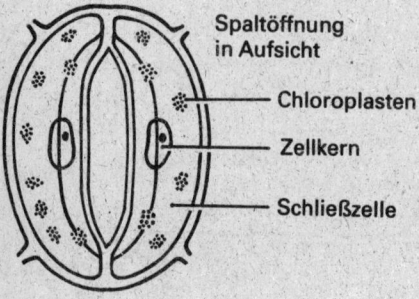

Spaltöffnung
in Aufsicht

— Chloroplasten

— Zellkern

— Schließzelle

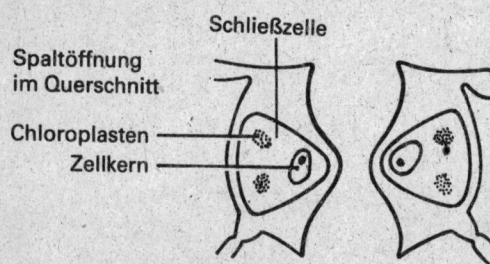

Schließzelle

Spaltöffnung
im Querschnitt

Chloroplasten —
Zellkern —

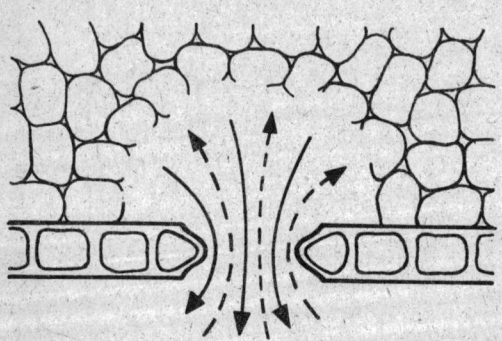

Diffusion von Wasser und Kohlendioxid durch
die Spaltöffnungen (nach RΛUBER)

zuwenden, die übrigens nicht nur in der Familie der *Cactaceae,* sondern auch bei anderen Sukkulenten (z. B. bei Vertretern aus der Familie *Euphorbiaceae)* zu finden ist. Hier handelt es sich um Konvergenzerscheinungen (Abb. S. 15).

Die Abb. S.17 zeigt die Ableitung der Kakteenform innerhalb der *Cactaceae.*

Erläuterungen zur Abb.

A Ausbildung einer normalen Sproßpflanze mit Wurzeln und 2 Keimblättern. Darauf folgen gut ausgebildete Laubblätter mit Achselknospen, die gewöhnlich zu Seitenästen auswachsen können.

B Pflanze vom · Pereskiatyp (beblätterter Typ). Ausbildung einer normalen, später zum Teil verholzenden und mäßig sukkulenten Sproßachse sowie von Laubblättern. Die Achselknospen schon kurztriebig mit Dornen (umgewandelten Blättern) besetzt (Areolen).

C Pflanze vom Cereentyp (stammsukkulente Kaktee). Der Primärsproß hat sich stark verdickt. Ausbildung eines mächtigen Wassergewebes. Ebenfalls 2 Keimblätter; starke Reduktion der Laubblätter; Achselknospen als dornenbesetzte Areolen. In der weiteren Entwicklung verschwinden die Keimblätter. Der ausgesprochene Kakteentypus ergibt sich dann durch die Ausformung der Blattansatzstellen (Ausbildung von Warzen (Mamillen), Verschmelzung zu Rippen, vgl. Abb. S. 17).

Wir haben bereits festgestellt, daß die Dornen der Kakteen umgewandelte Blätter sind. Aus solchen Blattanlagen gehen neben den Dornen auch Schuppen, Borsten und Haare hervor. Sie sind also bei den Kakteen keine Gebilde der Epidermis.

Die Form der Dornen ist sehr vielfältig. Abgesehen von der unterschiedlichen Größe — von kleinen, mit dem Auge kaum sichtbaren Dornen bis zu 30 cm langen «Spießen» — ist auch die Ausformung verschiedenartig, z. B. gerade, hakig oder gedreht (vgl. Abb. S. 18). Kakteendornen können ferner als drahtige, lange Haare, als Borsten oder als Flaumhaare auftreten. Bei relativ wenigen Kakteenarten sind kaum Dornen, Haare oder Borsten ausgebildet (z. B. bei *Rhipsalis pachyptera, Zygocactus truncatus, Lophophora williamsii, Astrophytum myriostigma);*

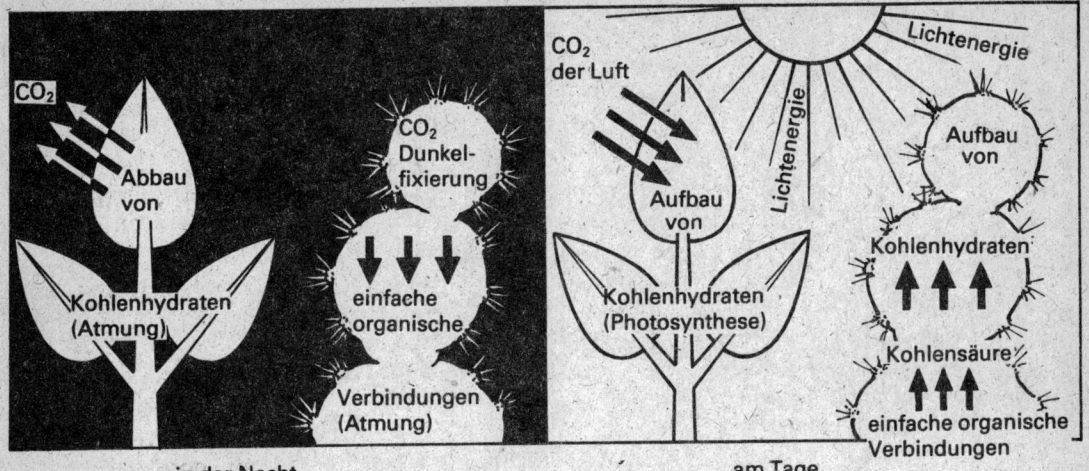

in der Nacht
(bei Dunkelheit)

am Tage
(bei Beleuchtung)

Ökologische Anpassung in der Photosynthese bei Sukkulenten (verändert nach Rawald)

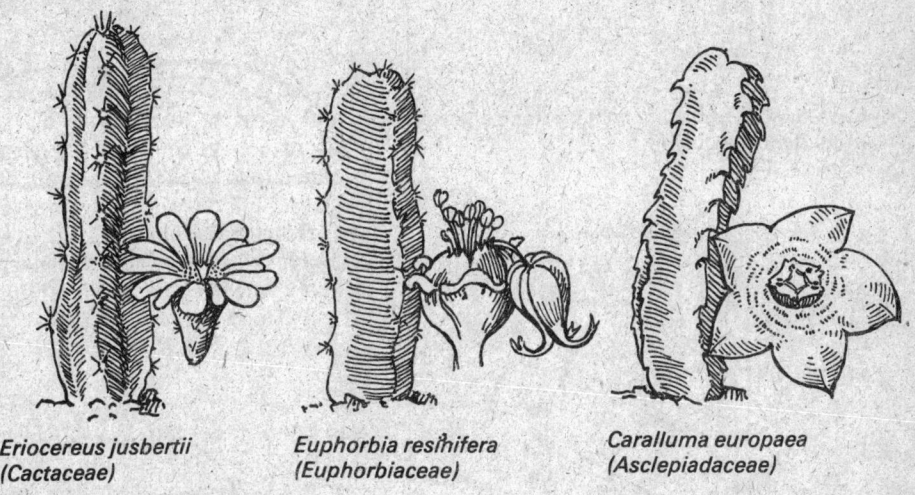

Eriocereus jusbertii
(Cactaceae)

Euphorbia resinifera
(Euphorbiaceae)

Caralluma europaea
(Asclepiadaceae)

Beispiele der Sukkulenz bzw. Ausbildung
der «Kakteenform» bei Pflanzenarten verschiedener Familien (nach Stocker)

andere besitzen wiederum ein dichtes und ansehnliches «Dornenkleid» (z. B. *Echinocactus grusonii, Cleistocactus strausii, Notocactus scopa, Mammillaria bocasana*).
Die Farbe der Bedornung ist von Art zu Art sehr unterschiedlich; sie reicht in Abstufungen von Schwarz über Braun, Rot und Gelb bis Weiß und macht die Schönheit vieler Kakteenarten aus (z. B. *Eriocactus leninghausii, Mammillaria plumosa, Opuntia microdasys, Hildewintera aureispina*).

Sicher kommt den Kakteendornen auch eine bestimmte praktische Bedeutung zu: es ist nämlich möglich, daß durch die Dornen Feuchtigkeit, z. B. Tau, gesammelt und aufgenommen wird. Da die Oberfläche der Dornen bei manchen Kakteenarten relativ groß ist, läßt sich denken, daß die Menge an aufgefangener Flüssigkeit nicht unerheblich und damit für die Pflanzen lebenswichtig sein mag. Ein dichtes Dornenkleid schützt die Kakteen auch vor zu starker Sonnenein-

Ableitung der Stammsukkulenz bei Kakteen (nach STOCKER)

normale Sproßpflanze

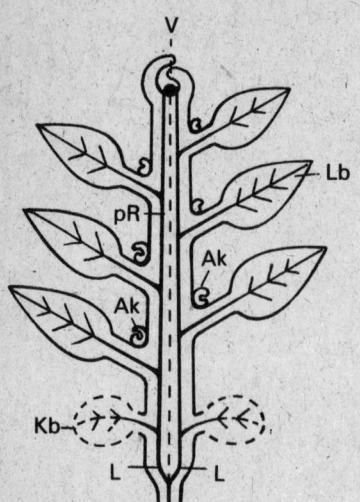

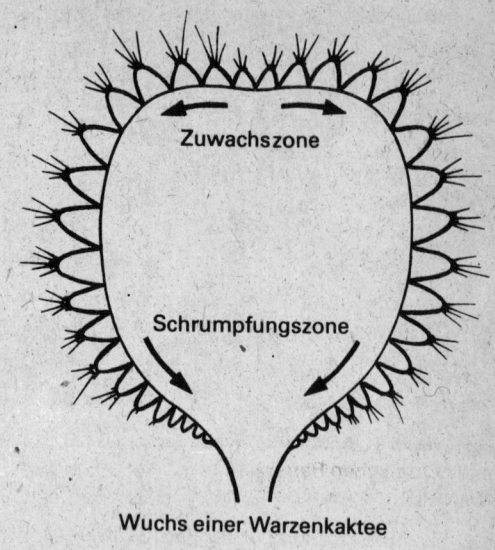

Wuchs einer Warzenkaktee

Pereskia als Vertreter einer beblätterten Kaktee, Vertreter der *Cereoideae*

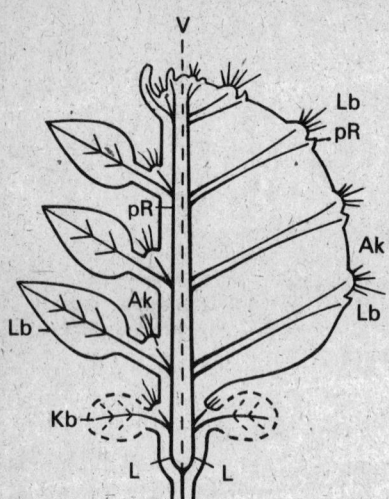

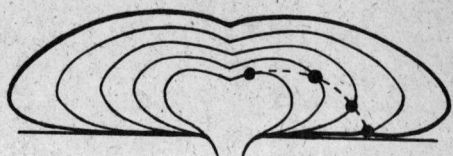

scheibenförmiger Wuchs
(ein scheitelnaher Punkt gelangt durch
Zuwachs schließlich an die Unterseite)

kurzsäuliger
Wuchs

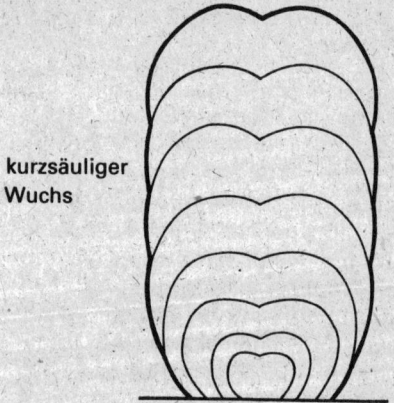

Kb Keimblätter (Cotyledonen),
Lb Laubblätter bzw. deren Rudimente,
Ak Achselknospen (bei den Kakteen mit
Dornen als umgewandelte Laubblätter),
pR primäre Rinde (bei den Kakteen als
mächtiges Wassergewebe ausgebildet),
V Vegetationspunkt, L Leitbündel

Schematische Darstellung des Wuchses von
Warzenkakteen und kurzsäuligen Formen bzw.
des scheibenförmigen Wuchses (nach BUXBAUM)

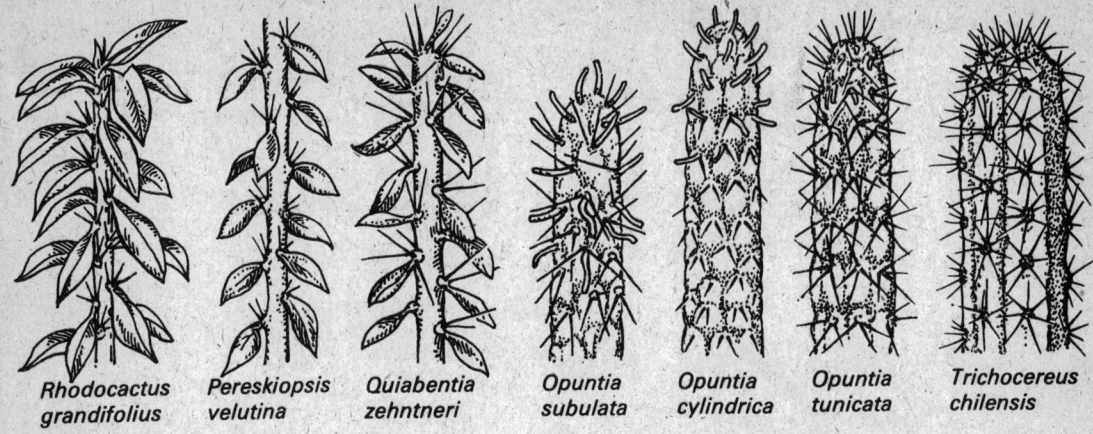

| Rhodocactus grandifolius | Pereskiopsis velutina | Quiabentia zehntneri | Opuntia subulata | Opuntia cylindrica | Opuntia tunicata | Trichocereus chilensis |

Die Kakteen-Formenreihe (nach EBEL) macht die morphologischen Baueigentümlichkeiten bei den verschiedenen Kakteenarten und -gattungen deutlich, wobei in dieser Reihe von links nach rechts der Grad der Stammsukkulenz zunimmt, die Größe der Blattspreite abnimmt.

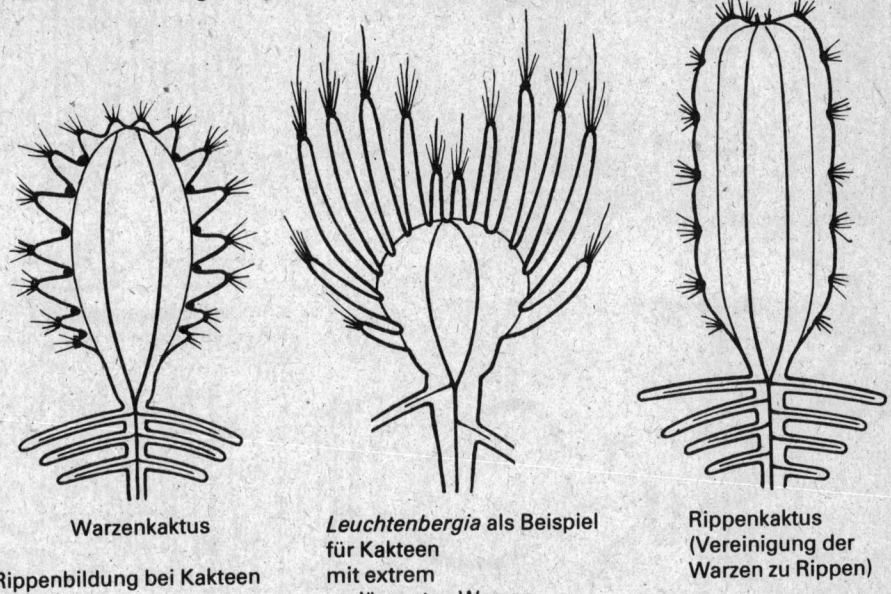

Warzenkaktus

Leuchtenbergia als Beispiel für Kakteen mit extrem verlängerten Warzen

Rippenkaktus (Vereinigung der Warzen zu Rippen)

Warzen- und Rippenbildung bei Kakteen (nach RAUH)

strahlung, denn das auftreffende Licht wird durch die Dornen gemildert; Verbrennungen können dadurch verhindert werden. Ob eine dichte Behaarung manchen Kakteenarten Schutz vor der oft empfindlichen Kälte während der Nacht bietet, soll dahingestellt bleiben. Zweifelsohne bildet die kräftige Bedornung einen sicheren Schutz vor Tierfraß. Das auffallendste Merkmal der Kakteen sind nun einmal ihre Dornen, die diesen eigenwilligen Gewächsen auch das typische Aussehen, ihre bizarre Gestalt geben. Im übrigen heißt «Stachel», «Dorn» im Altgriechischen «kaktos», so daß sich sogar der Name unserer Pfleglinge von ihren Dornen herleitet.

Die Abb. S. 17 (oben) zeigt deutlich, wie unterschiedlich die morphologischen Baueigentümlichkeiten, vor allem Bedornung und Sukkulenz, bei den Kakteen sein können. Neben Unterschieden im äußeren Bau lassen sich selbstverständlich auch Differenzierungen in den Wuchsformen erkennen (Abb. S. 16). Es gibt relativ wenige Kakteenarten, die gänzlich unverzweigt wachsen (z. B. *Ariocarpus fissuratus, Astrophytum asterias*).

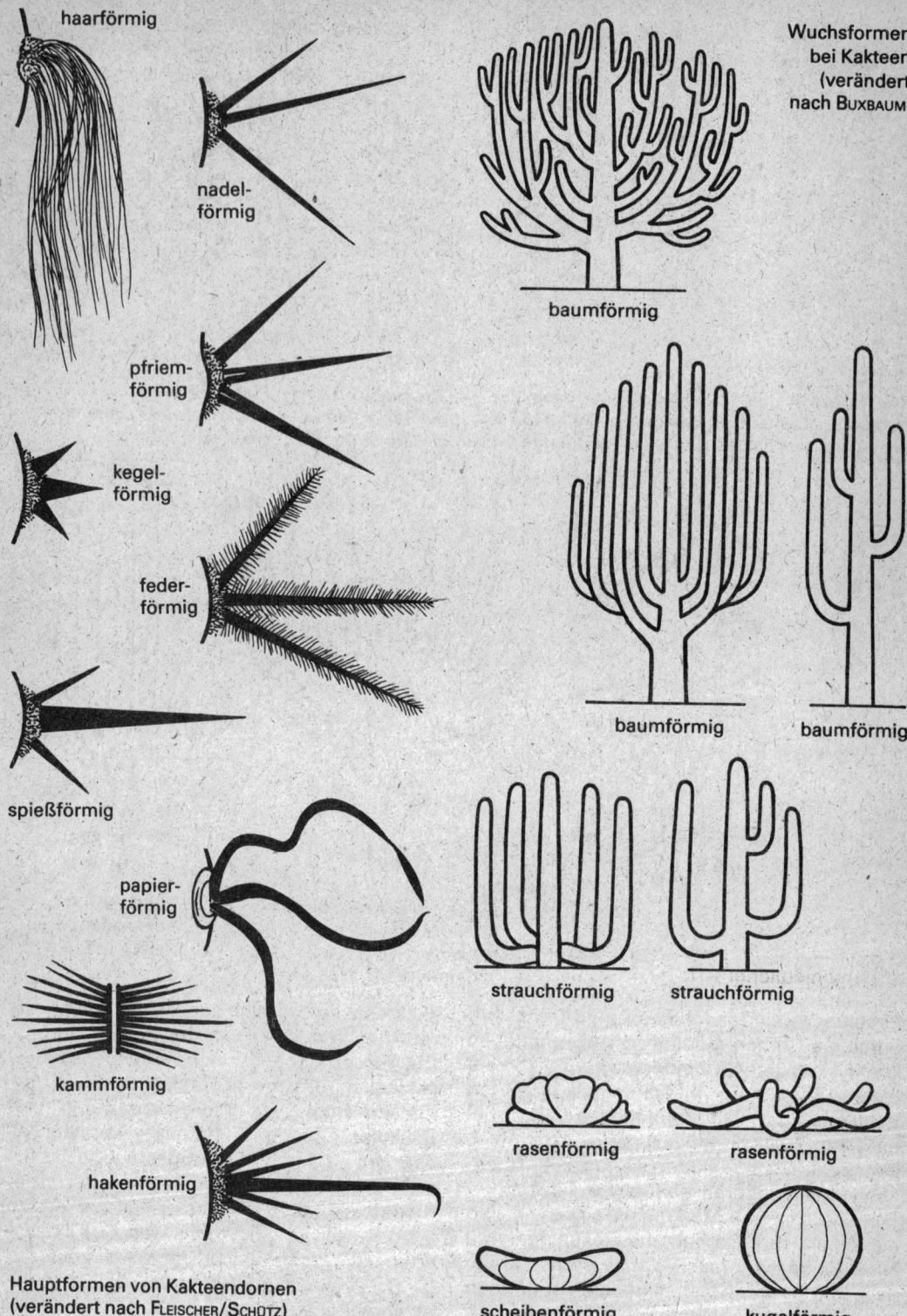

haarförmig

nadel-
förmig

pfriem-
förmig

kegel-
förmig

feder-
förmig

spießförmig

papier-
förmig

kammförmig

hakenförmig

Hauptformen von Kakteendornen
(verändert nach FLEISCHER/SCHÜTZ)

Wuchsformen
bei Kakteen
(verändert
nach BUXBAUM)

baumförmig

baumförmig　　　baumförmig

strauchförmig　　strauchförmig

rasenförmig　　　rasenförmig

scheibenförmig　　kugelförmig

Kakteen mit auffallend
schöner und kräftiger
Bedornung

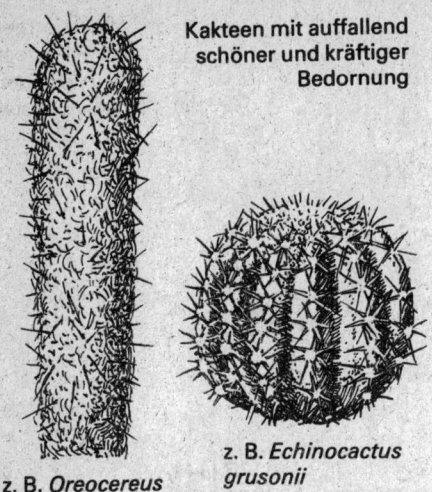

z. B. *Oreocereus*
trollii

z. B. *Echinocactus*
grusonii

Kakteen «ohne»
Bedornung

z. B. *Lophophora*
williamsii

z. B. *Astrophytum*
myriostigma

In der Regel wachsen die gestauchten Achselsprosse (Areolen) zu Seitenzweigen aus.
Dabei entstehen verzweigte Sproßsysteme
unterschiedlicher Art:
a) Baumförmigen Wuchs finden wir bei vielen Säulenkakteen, ebenso bei verschiedenen Opuntienarten. Dabei kommt es
zur Kronen- oder Kandelaberbildung (z. B.
Carnegia gigantea, *Stenocereus weberi*,
Browningia candelaris, *Dendrocereus nu-*
diflorus).
b) Busch- oder strauchförmigen Wuchs gibt
es bei den Pereskien (z. B. *Pereskia acule-*
ata), bei vielen Opuntien (z. B. *Opuntia*
dillenii, *Opuntia leucotricha*) und bei den
Cereoideen (z. B. *Rhipsalis*-Arten, Blattkakteen, *Aporocactus flagelliformis*, *Haa-*
geocereus zehnderi).

c) Kugelförmigen Wuchs haben z. B. *Mam-*
millaria-. *Astrophytum-*, *Lobivia-*, *Noto-*
cactus-, *Ferocactus*, *Parodia*-Arten. Die
Kugelform ist bei den Kaktusgewächsen
recht häufig vertreten. Sie ist die höchste
Entwicklungsstufe der Sukkulenz.
d) Rasen- oder polsterbildender Wuchs ist
bei vielen *Mammillaria*-Arten (z. B. *M.*
prolifera, *M. geminispina*, *Dolichothele*
surculosa), bei Tephrocacteen (z. B.
Tephrocactus floccosus), aber auch bei
Rebutien (z. B. *R. miniscula*) anzutreffen.

Blüte

Neben den bizarren, fast abenteuerlich wir-
kenden Formen und der vielfältigen Bedornung sind es die herrlichen, zum Teil in
leuchtenden Farben — weiß, gelb, braun, rot,
violett, grün — erscheinenden Blüten der
Kakteen, die manchen Pflanzenfreund Gefal-
len an diesen eigenartigen Gewächsen haben finden lassen.

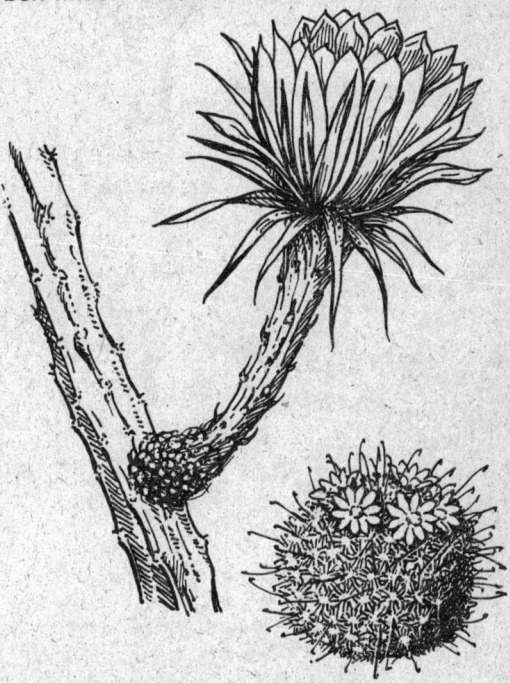

Kakteen bilden manchmal sehr große Blüten
(z. B. *Selenicereus grandiflorus*), vielfach
aber auch relativ kleine Blüten (z. B. *Mammillaria*
bocasana) aus

Immerhin zählen die Blüten der Kakteen mit zu den größten und schönsten im ganzen Pflanzenreich (z. B. *Selenicereus grandiflorus, Hylocereus triangularis, Epiphyllum*). Allerdings gibt es auch Kakteenarten mit sehr kleinen, oft auch unscheinbaren Blüten (z. B. *Rhipsalis*-Arten, Melokakteen), deren Schönheit sich erst bei einem Blick durch die Lupe offenbart. Die Form der Kakteenblüten kann sehr unterschiedlich sein. So finden wir neben tellerartigen vor allem trichter-, glocken- und röhrenförmige Blüten (Abb. S. 20). Sie sind in der Regel radiärsymmetrisch gebaut. Nur bei einigen Gattungen

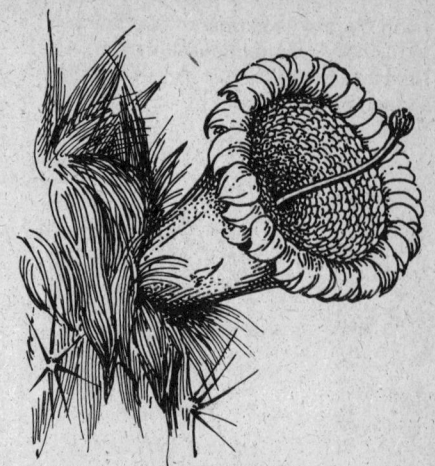

Pseudocephalien bei einem *Cephalocereus*

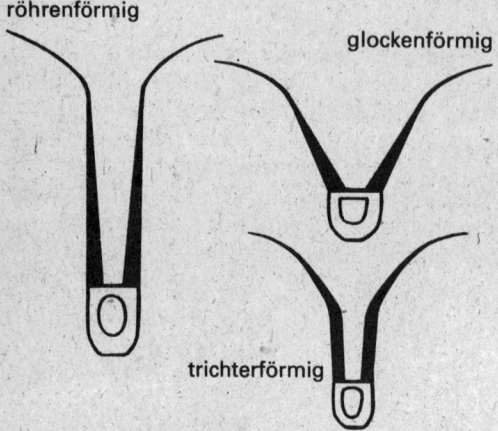

Blütenröhrenformen bei den *Cereoideae* (nach Buxbaum)

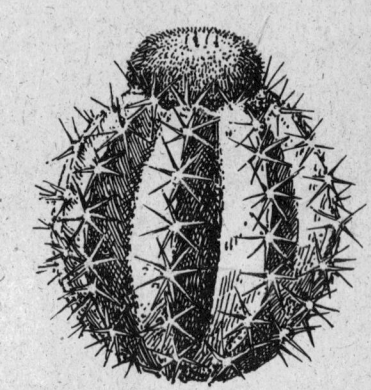

Cephalienbildung bei einem *Melocactus*

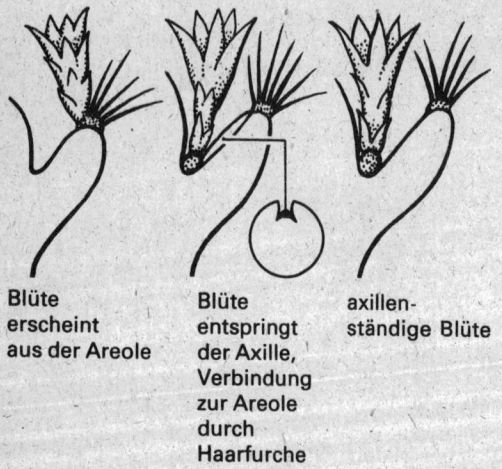

Blüte erscheint aus der Areole

Blüte entspringt der Axille, Verbindung zur Areole durch Haarfurche

axillenständige Blüte

Warzenformen und Blütenstellungen bei Kakteen (nach Rauh)

(z. B. *Cleistocactus, Bolivicereus, Zygocactus*) treten zygomorphe Blüten auf.
Bei den Kakteen unterscheiden wir zwischen Tag- und Nachtblühern. Die Nachtblüher entfalten ihre Blütenpracht mit anbrechender Dunkelheit. Am bekanntesten dafür sind die «Königin der Nacht» *(Selenicereus grandiflorus)*, die «Prinzessin der Nacht» *(Selenicereus pteranthus)*, Seti-Echinopsis mirabilis u. a. Bereits am Morgen ist die Pracht vorbei; die verwelkten Blüten hängen zusammengefallen an den Pflanzen herunter. Es muß schon ein phantastischer und beeindruckender Anblick sein, wenn eine «Königin der Nacht» mit einem Mal über 300 Blüten öffnet, wie es Kupper aus einem botanischen Garten berichtet.
Die Kakteen blühen vielfach nur kurze Zeit (5 bis 12 Stunden). Bei manchen Tagblühern je-

Blüte von *Nyctocereus guatemalensis* mit deutlicher Ausbildung von Areolen und Nektarausscheidungen an der Blütenröhre (nach BUXBAUM)

Bei einigen Kakteengattungen, z. B. *Cephalocereus, Espostoa, Thrixanthocereus, Melocactus, Discocactus,* erscheinen die Blüten aus bestimmten Blühzonen, den Pseudocephalien oder den echten Cephalien. Diese zeichnen sich durch eine starke Haar- und Borstenbildung an den Areolen aus (Abb. S. 20).
Schauen wir uns nun den Aufbau einer Kakteenblüte, die im wesentlichen die Teile einer Angiospermenblüte zeigt, näher an!

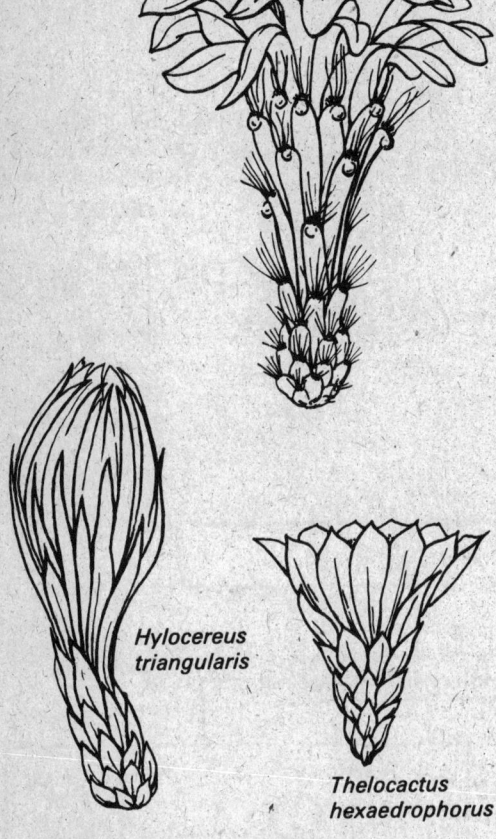

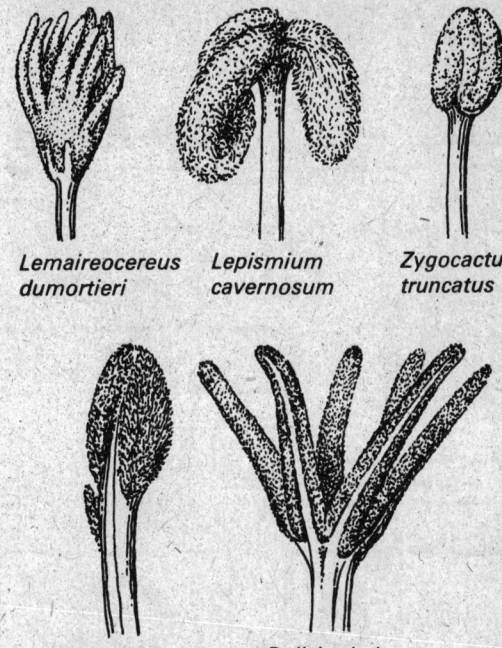

Lemaireocereus dumortieri   *Lepismium cavernosum*   *Zygocactus truncatus*

Hylocereus triangularis

Thelocactus hexaedrophorus

Blüten mit breiten Schuppenblättern an der Blütenröhre (nach BUXBAUM)

Aporocactus flagelliformis   *Dolichothele longimamma*

doch (z. B. bei Parodien) halten sich die Blüten mitunter über mehrere Tage, schließen sich aber in der Regel am Abend. Der Öffnungszustand ist also ganz offensichtlich vom Grad der Helligkeit und Wärme abhängig.
Nur in wenigen Fällen, z. B. bei der ursprünglichen Kakteengattung *Pereskia*, stehen die Blüten in Blütenständen (ein Blütenkranz, z. B. bei Mammillarien, ist kein Blütenstand!); ansonsten erscheinen sie einzeln aus den Areolen oder Axillen bzw. aus einer Seitensproßabzweigung in Verbindung mit einer Haarfurche (z. B. bei *Coryphantha*, Abb. S. 20).

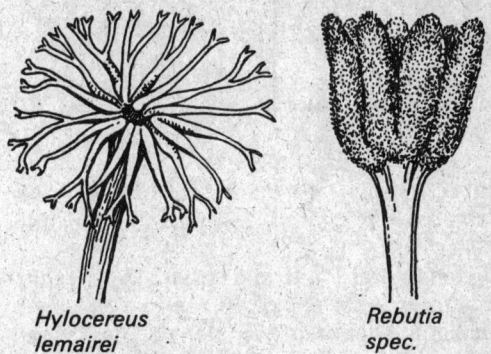

Hylocereus lemairei   *Rebutia spec.*

Narben verschiedener Kakteenarten (aus KRAINZ)

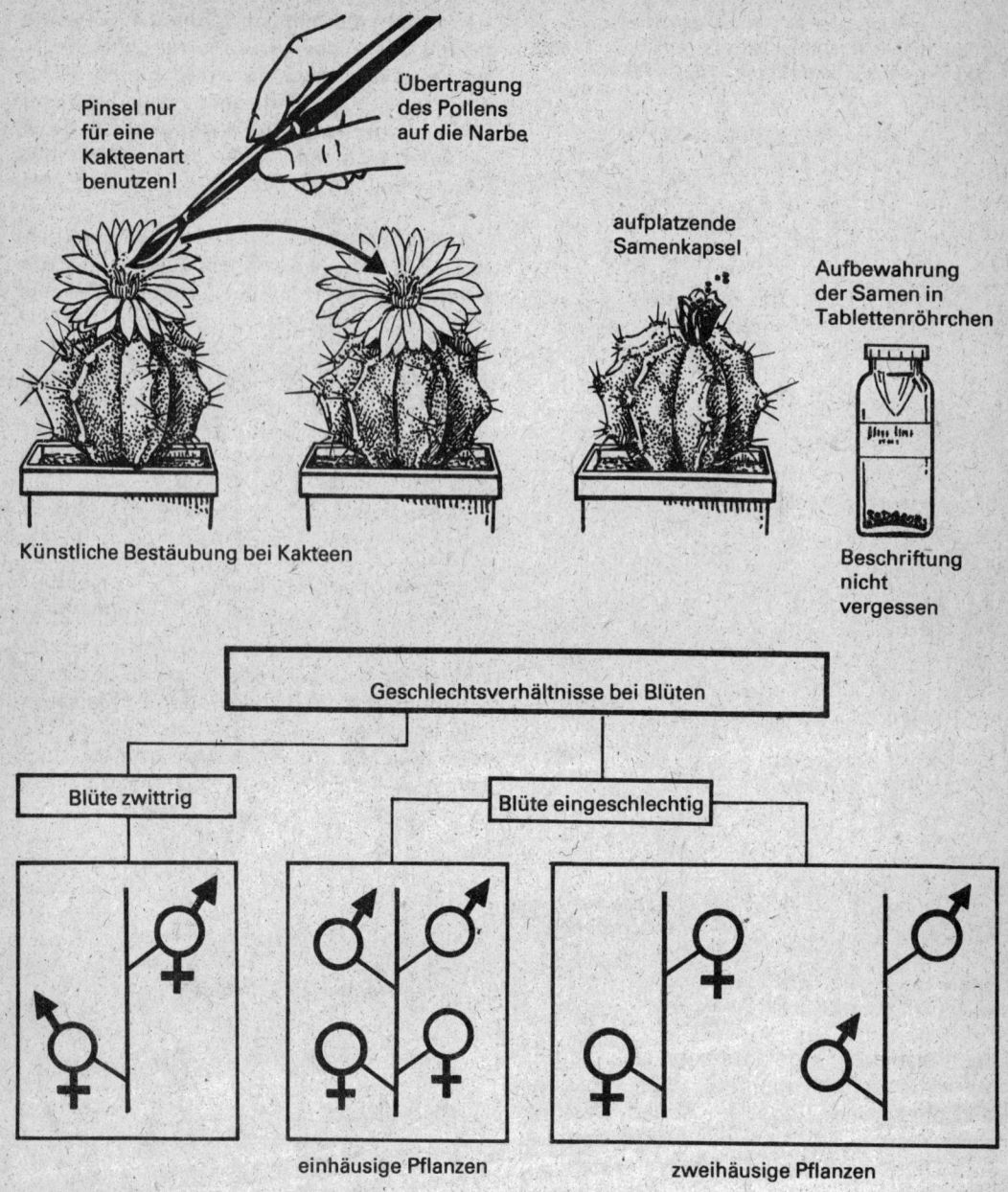

Pinsel nur
für eine
Kakteenart
benutzen!

Übertragung
des Pollens
auf die Narbe

aufplatzende
Samenkapsel

Aufbewahrung
der Samen in
Tablettenröhrchen

Künstliche Bestäubung bei Kakteen

Beschriftung
nicht
vergessen

Geschlechtsverhältnisse bei Blüten

Blüte zwittrig

Blüte eingeschlechtig

einhäusige Pflanzen

zweihäusige Pflanzen

Dabei müssen wir daran denken, daß bei Kakteen die Blüten Sproßbildungen darstellen.

Kakteenblüten sind ungestielt. Der Fruchtknoten ist unterständig. Er wird von einem Achsenbecher umgeben, der sich nach oben hin zur Blütenröhre (Receptaculum) erweitert. Sie ist mit Schuppenblättern und vielfach auch mit Areolen einschließlich Borsten oder Haaren besetzt. Am Ende der Blütenröhre befinden sich die oftmals in kräftigen Farben erstrahlenden Kron- oder Blumenblätter (Petalen). Der Innenwand der Blütenröhre entspringen eine Vielzahl von Staubgefäßen (Staubblätter), die oft von dem zum Teil auffällig gefärbten Griffel mit unterschiedlich gestalteten Narben (Abb. S. 21) überragt werden.

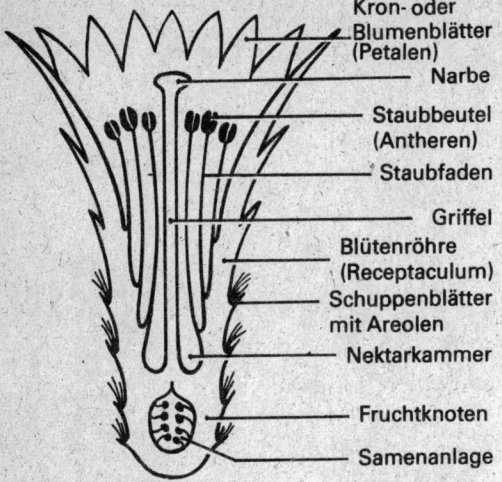

Kron- oder
Blumenblätter
(Petalen)
Narbe
Staubbeutel
(Antheren)
Staubfaden
Griffel
Blütenröhre
(Receptaculum)
Schuppenblätter
mit Areolen
Nektarkammer
Fruchtknoten
Samenanlage

Schema einer Kakteenblüte

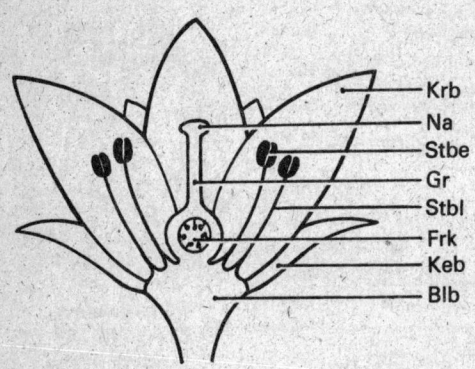

Krb
Na
Stbe
Gr
Stbl
Frk
Keb
Blb

Blb – Blütenboden
Keb – Kelchblätter
Krb – Kronblätter
Frk – Fruchtknoten
Gr – Griffel
Na – Narbe
Stbl – Staubblätter
Stbe – Staubbeutel

Schematischer Bau der Angiospermenblüte

Die Narbe sondert eine klebrige Flüssigkeit ab, so daß die Pollenkörner bei der Bestäubung besser anhaften können. Fruchtknoten mit Samenanlage, Griffel und Narbe bilden zusammen den Stempel (Pistill), das weibliche Geschlechtsorgan (Gynäzeum). Die männlichen Geschlechtsorgane der Blüte sind die Staubblätter (Andrözeum), die aus dem Staubfaden (Filament) und dem Pollen-

sack (Staubbeutel, Anthere), der die Pollenkörner enthält, bestehen.
In der Regel besitzen die Kakteenblüten männliche und weibliche Geschlechtsorgane in derselben Blüte, d. h., sie sind zwittrig. Einige wenige Kakteen sind jedoch zweihäusig (z. B. *Mammillaria dioica*), d. h., bei ihnen haben die Blüten entweder nur männliche Geschlechtsorgane (Staubblätter) oder nur weibliche (Stempel). Am Grund der Blütenröhre befindet sich die Nektarkammer, wo durch Drüsen, die Nektarien, ein honigartiges Sekret, der Nektar, ausgeschieden wird, der zum Anlocken von Blütenbesuchern dient. Solche Nektarausscheidungen treten bei einigen Kakteenarten auch an den Schuppenblättern der Blütenröhre (Abb. S. 21 oben) auf.
Die Bestäubung der Kakteen kann auf unterschiedliche Weise geschehen. Am häufigsten ist die Fremdbestäubung, die durch Tag- oder Nachtinsekten, Vögel oder Fledermäuse erfolgt. Über die Windbestäubung liegen keine sicheren Erkenntnisse vor. Bei manchen Kakteenarten herrscht Selbstbestäubung vor (z. B. bei *Rebutia*). Kleistogamie ist typisch für die Gattung *Frailea*. Kakteen können sowohl selbstfertil als auch selbststeril sein.

Schwebfliegen
auf einer
Lobivia-Blüte

Vielfach werden Kakteen durch Insekten bestäubt

Früchte

Die Früchte sind aus einer Blüte hervorgegangene Organe – und damit ebenfalls
Sproßableitungen –, die den Samen bis zur
Reife umgeben und zu dessen Verbreitung
beitragen. Bei den Kakteen erfolgt, wie bei
den anderen Angiospermen (Bedecktsamern), die Fruchtbildung mit der Umwandlung der Samenanlage zum Samen. Die Kakteenfrucht ist eine Beere. Sie besteht aus
einem Gehäuse, das die Samen umgibt. Die
Wandung des Gehäuses wird als Fruchtwand *(Pericarp)* bezeichnet.

Die Früchte der Kakteen sind Einzelfrüchte,
d. h., sie entstehen nur aus einem Fruchtknoten; man zählt sie zu den Schließfrüchten
mit saftiger fleischiger Fruchtwand. Oftmals
sind auch die Samenstränge von gleicher
Beschaffenheit. Die Früchte, in denen u. a.
Zucker und organische Säuren gespeichert
sind, stellen ein gern genommenes Nah-
rungsmittel für Tiere dar, die auf diese
Weise für die Verbreitung der Pflanzen sorgen (Zoochorie).

Übrigens stehen die Früchte mancher Kakteenarten (z. B. *Opuntia ficus-indica*, *Myrtillocactus geometrizans*) aufgrund ihres angenehmen Geschmackes auch auf dem Speisezettel des Menschen. Vielfach werden
Kakteen zur Gewinnung der Früchte ange-
baut (z. B. *Opuntia ficus-indica* im Mittel-
meergebiet).

Bei einigen Kakteenarten (z. B. Rebutien,
Astrophytum myriostigma) trocknet die
Fruchtwand allerdings recht schnell ein; sie
wird pergamentartig. Die Früchte bekommen dann ein kapselartiges Aussehen und
reißen später auf, so daß der Samen heraus-
fallen oder z. B. durch Ameisen verbreitet
werden kann. Die Früchte der Kakteenarten
sind in ihrer Größe recht unterschiedlich.
Die größten findet man z. B. bei *Selenicereus grandiflorus*, *Dendrocereus nudiflorus*,
Hylocereus trigonus, *Hylocereus guatemalensis;* die kleinsten Früchte tragen manche
Mammillarien, vor allem aber die *Rhipsalis*-
Arten.

Die Form der Kakteenfrüchte ist mannigfal-
tig, z. B. feigenartig (bei Opuntien), kugel-,
ei- oder keulenförmig, aber auch stark länglich (z. B. bei manchen *Mammillaria*-Arten).
Das Äußere der Früchte kann glatt, schup-

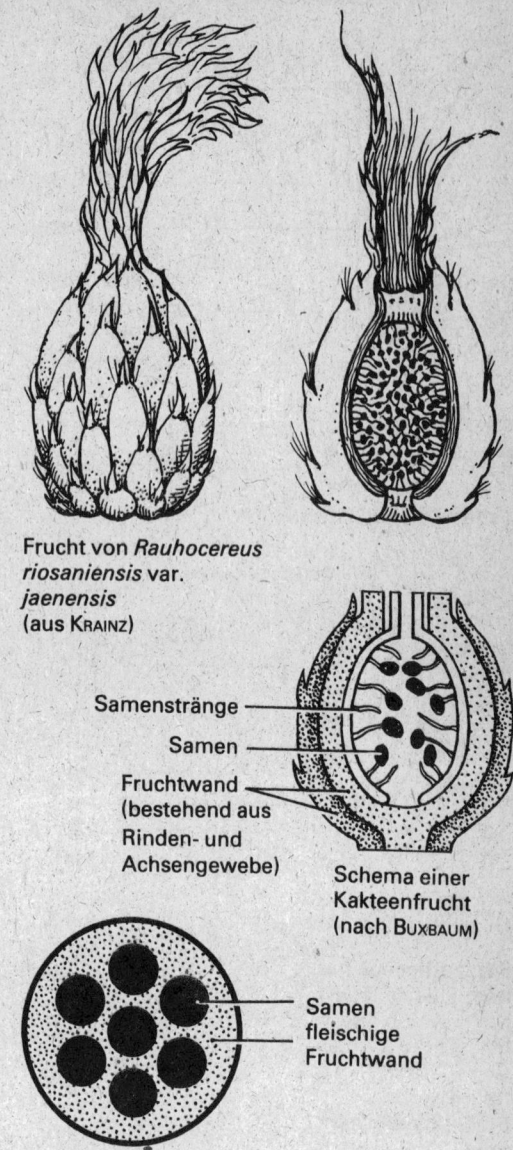

Frucht von *Rauhocereus
riosaniensis* var.
jaenensis
(aus Krainz)

Samenstränge
Samen
Fruchtwand
(bestehend aus
Rinden- und
Achsengewebe)

Schema einer
Kakteenfrucht
(nach Buxbaum)

Samen
fleischige
Fruchtwand

Schematischer Querschnitt durch eine
Schließfrucht (Beere)

pig, behaart oder bedornt sein. An Farben
finden sich vor allem unterschiedliche Rot-
töne (z. B. bei *Selenicereus grandiflorus*,
Eriocereus martinii, *Haageocereus*, *Mammillaria prolifera*); aber auch weiße, gelbe,
grüne, violette, braune oder schwarze Fär-
bungen kommen vor. Vielfach sind die
leuchtend-glänzenden Früchte sogar auffallender und schöner als die Blüten.

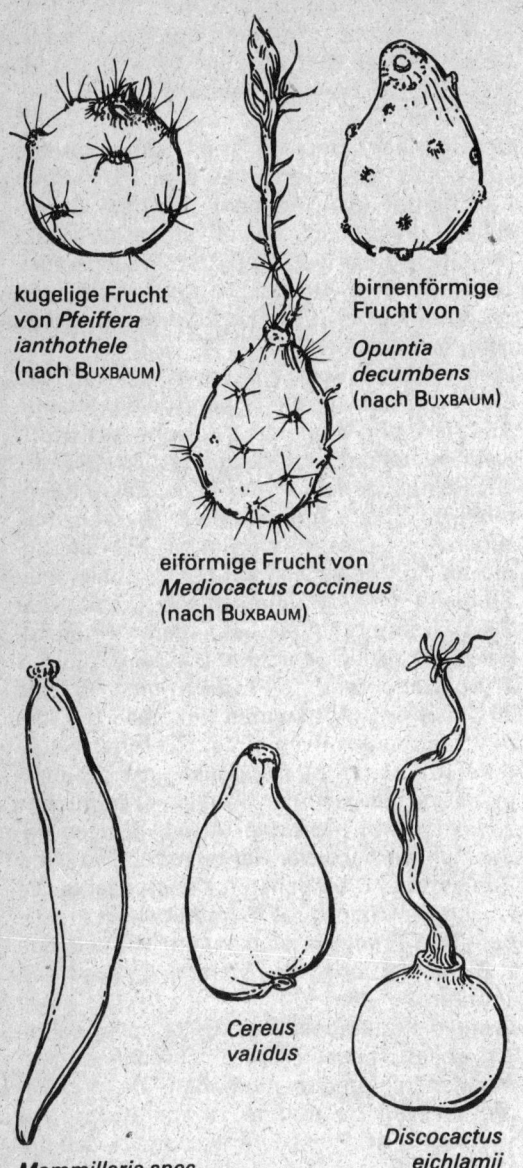

kugelige Frucht
von *Pfeiffera
ianthothele*
(nach BUXBAUM)

birnenförmige
Frucht von

*Opuntia
decumbens*
(nach BUXBAUM)

eiförmige Frucht von
Mediocactus coccineus
(nach BUXBAUM)

*Cereus
validus*

*Discocactus
eichlamii*

Mammillaria spec.

glatte Kakteenfrüchte (verändert nach BUXBAUM)

Manche Früchte reifen sehr schnell, z.B. bei
Rebutia, andere erreichen die Reife aber
erst im folgenden Sommer, z.B. bei vielen
Opuntien und Mammillarien.
Die Zahl der Samen in den Früchten ist
außerordentlich verschieden. Innerhalb
einer Frucht können sich nur wenige Samenkörner befinden; bei *Thrixanthocereus blossfeldiorum* sollen es über 1 500 sein.

Proliferierende Früchte finden wir vor allem
bei Opuntien. Diese Früchte können in jedem Jahr neu austreiben und wieder blühen.
Im Laufe der Zeit entsteht so eine ganze
Kette von Früchten. Bei einigen Opuntien-
Arten fallen die Früchte auch sehr leicht ab,
bilden Wurzeln und wachsen zu neuen Pflanzen heran, ohne daß der Samen zum Keimen gelangt ist.
Viele Kakteen blühen und fruchten erst in
einem fortgeschrittenen Alter.

Samen und Keimling

Nach der Befruchtung bildet sich aus den
Samenanlagen der Samen, der aus dem
Keimling (Embryo), einem unterschiedlich
stark ausgebildeten Nährgewebe (Peri-
sperm) und der Samenschale (Testa) besteht.
Die Samenschale dient vor allem dem
Schutz des Keimlings und ist deshalb vielfach mit entsprechenden Festigungselementen (z. B. Kutikula, Korkgewebe, Skleren-
chymgewebe) versehen. Man kann deshalb
bei Kakteen dünnschalige und hartschalige
Samen unterscheiden. Die Samenschale
und damit die Oberfläche des Kakteensamens kann unterschiedlich ausgebildet sein,
z. B. glatt, höckerig, grubig, gefurcht. Die
Farbe schwankt gewöhnlich zwischen grau-
grün, hellbraun und schwarz.
Gut sichtbar ist an der Samenschale die An-
satzstelle des Funiculus als eine kleine, rund-
liche, helle Erhebung, die als Samennabel

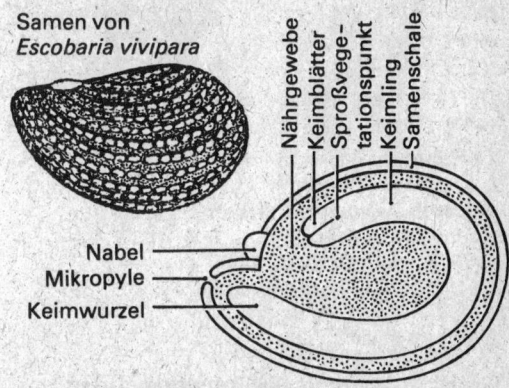

Samen von
Escobaria vivipara

Nährgewebe
Keimblätter
Sproßvege-
tationspunkt
Keimling
Samenschale

Nabel
Mikropyle
Keimwurzel

Bau des Kakteensamens (nach BUXBAUM)

(Hilum) bezeichnet wird. Darüber befindet sich der Keimmund (Mikropyle), das Austrittsloch der Keimwurzel bzw. des Hypokotyls.

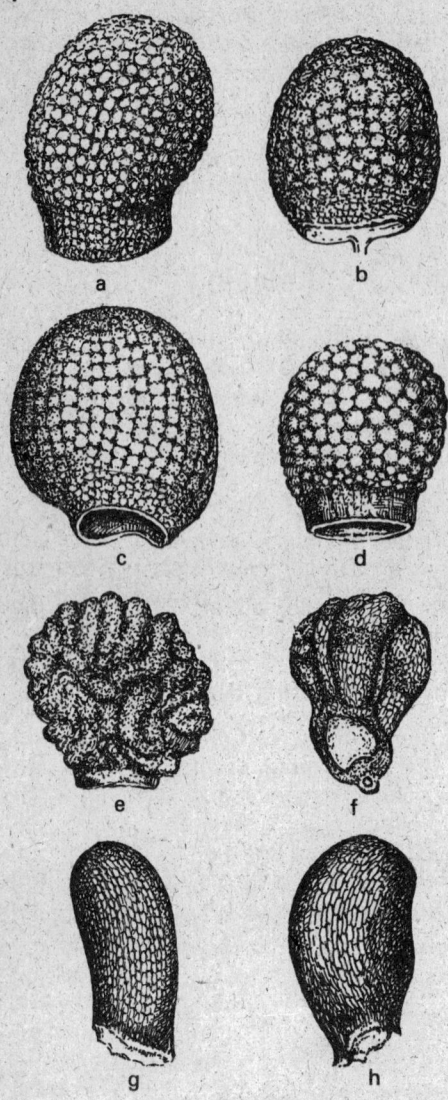

a Echinopsis ancistrophora
b Aylostera fiebrigii
c Acanthocalycium violaceum
d Echinocereus fitchii
e Neoporteria jussieui
f Echinocactus horizonthalonius
g Pfeiffera ianthothele
h Rhipsalis pachyptera

Testastrukturen verschiedener Kakteenarten (nach Buxbaum)

Im Nährgewebe erfolgt die Speicherung von Nährstoffen (z. B. Stärke und Eiweiß), die für den Embryo bei der Keimung von Bedeutung sind.

Der Keimling (Embryo) ist im Samen bereits so weit differenziert, daß sich die beiden Keimblätter (Kotyledonen) mit dem dazwischen liegenden Sproßvegetationspunkt (Plumula), das Hypokotyl (Verbindungsstück zwischen dem Ansatz der Keimblätter und der Keimwurzel) und die Keimwurzel (Radicula) hervorheben.

Beim Samen liegt ein gewisses Ruhestadium vor, das vor allem durch weitgehende Austrocknung erreicht wird, wobei der Stoffwechsel sehr stark reduziert ist. Dadurch ist der Kakteensamen in der Lage, seine Keimfähigkeit über einen längeren Zeitraum beizubehalten. Dieser Zeitraum ist bei den einzelnen Kakteenarten recht unterschiedlich. So bleibt die Keimfähigkeit z. B. bei *Rebutia* 1 bis 2 Jahre erhalten, bei anderen Arten sogar mehr als ein Jahrzehnt (Cullmann gibt für *Thrixanthocereus blossfeldiorum* 15 bis 20 Jahre an). Wir kennen Kakteenarten, deren Samen erst nach einiger Zeit der Nachreife (Samenruhe) die günstigsten Keimergebnisse zeigen (z. B. bei *Mammillaria zeilmanniana*). Manche Arten bringen jedoch sofort nach der Samenreife, also ohne Samenruhe, die höchsten Keimprozente. Es ist sogar möglich, daß Samen bereits in ausgereiften Früchten auskeimen, wie wir das z. B. bei *Eriocereus martinii* beobachten konnten.

Wenn die Kakteensamen zur Keimung gelangen sollen, müssen also entsprechende Keimungsbedingungen herrschen. Dazu gehören Wasser, bestimmte Temperaturen und vielfach Licht. Es ist bemerkenswert, daß die Samen z. B. von *Tephrocactus* und *Opuntia* erst keimen, wenn sie Frost bekommen haben.

Der Keimung des Samens geht zunächst die Quellung voraus, d. h., es erfolgt eine Wasseraufnahme, die zu einer Volumenvergrößerung des Samens führt.

Gleichzeitig wird dabei die nur wenig quellfähige Samenschale «aufgeweicht», so daß sie schließlich aufreißt und als erstes die Keimwurzel hervorbrechen kann. Sie dringt unter Bildung von Wurzelhaaren in den Boden ein. Dadurch ist es dem Keimling mög-

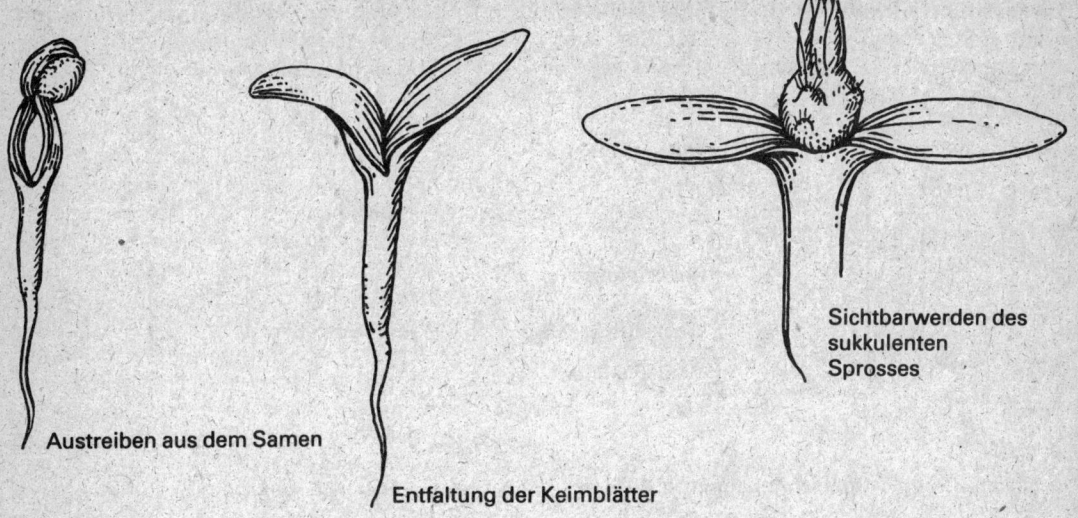

Sichtbarwerden des sukkulenten Sprosses

Austreiben aus dem Samen

Entfaltung der Keimblätter

Sämlingsentwicklung von *Opuntia rafinesquei* (nach BUXBAUM)

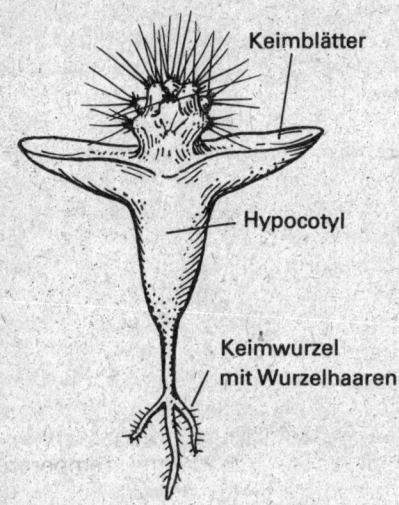

Keimblätter

Hypocotyl

Keimwurzel mit Wurzelhaaren

Bau des Kakteensämlings

Wurzel

Bei den Kakteen erfolgt die Wasser- und Nährstoffaufnahme, außer CO_2, durch die Wurzeln; das ist bei der Pflege der Kakteen zu beachten. Gleichzeitig dienen die Wurzeln der Verankerung der Pflanzen im Boden; sie können außerdem Reservestoffe und Wasser speichern.

Im Gegensatz zum Sproß besitzen die Wurzeln keine Blätter oder Blattanlagen; die Wurzelspitze ist durch eine Wurzelhaube geschützt.

Trotz unterschiedlicher äußerer Gestalt stimmt der innere Bau der Wurzeln bei allen Kakteenarten prinzipiell überein. Sie bestehen aus der Rhizodermis mit Wurzelhaaren, der Rinde und dem Zentralzylinder. Die Rhizodermis verkorkt mit zunehmendem Alter der Wurzel. Der Zentralzylinder enthält das Leitgewebe, das aus Holzteil und Siebteil besteht.

Der Längsschnitt durch die Wurzelspitze läßt verschiedene Teile erkennen: die Wurzelhaube, den Vegetationspunkt, die Strekkungszone und die Wurzelhaarzone.

Der kegelförmige Vegetationspunkt mit seinen teilungsfähigen Zellen wird durch die Wurzelhaube geschützt. Das ermöglicht der zarten Wurzelspitze das Eindringen in den Erdboden; nur extrem harte Bodenschichten

lich, Wasser und Nährsalze als Grundlage für sein weiteres Gedeihen aufzunehmen. Die Keimdauer der Kakteensamen ist sehr unterschiedlich; sie hängt von den Keimungsbedingungen und von der Größe der Samen bzw. von der Beschaffenheit der Samenschale (dünn- oder hartschalig) ab. Eine Reihe von Kakteenarten (z. B. *Rebutia*) keimen schon nach 3 bis 4 Tagen, andere brauchen dazu ein ganzes Jahr (z. B. *Opuntia*).

Wachstumszonen an der Wurzelspitze

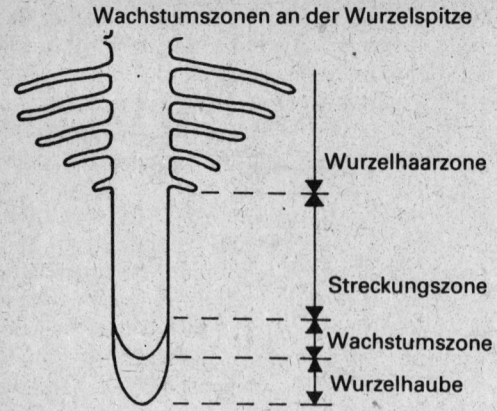

- Wurzelhaarzone
- Streckungszone
- Wachstumszone
- Wurzelhaube

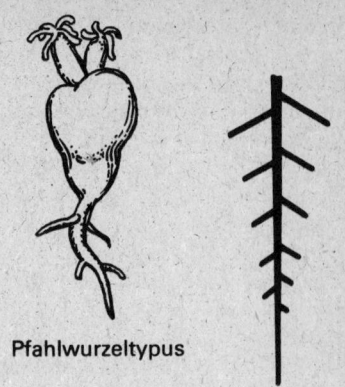

Pfahlwurzeltypus

Querschnitt durch eine Wurzel

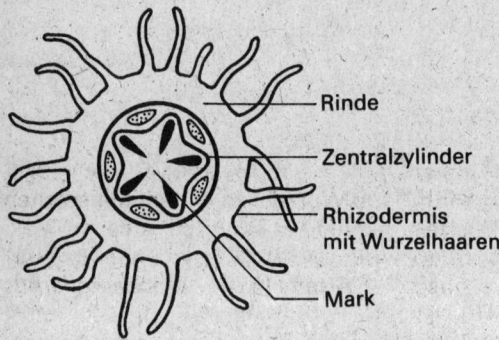

- Rinde
- Zentralzylinder
- Rhizodermis mit Wurzelhaaren
- Mark

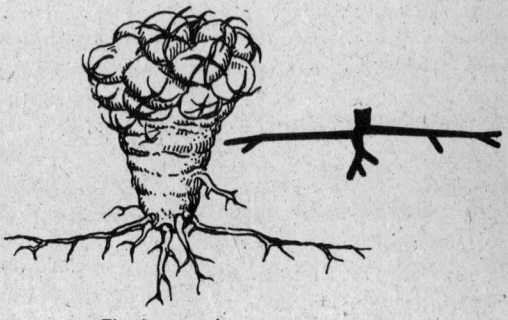

Flachwurzeltypus

oder Gestein können nicht durchbrochen werden. Nach der Wurzelspitze folgt eine wenige Millimeter lange Streckungszone. Die in großer Zahl entstehenden feinen Wurzelhaare sind Bildungen der Rhizodermis. In der Wurzelhaarzone erfolgt vor allem die Wasser- und Nährstoffaufnahme, wobei durch die Wurzelhaare die aufnehmende Oberfläche um ca. das Zwölffache vergrößert wird. Kakteen sind in der Lage, unter günstigen Bedingungen innerhalb weniger Stunden vor allem die feinen Saugwurzeln neu zu bilden. Überhaupt hängt die Ausbildung des Wurzelsystems in starkem Maße von der Wasserversorgung im Boden ab; große und länger anhaltende Trockenheit sowie zu hohe Luftfeuchtigkeit führen zu einer Verringerung der Wurzelmenge. Die Umweltfaktoren – Temperatur, Niederschläge, Bodenbeschaffenheit – und der Habitus (Grundform) der Kakteen stellen an

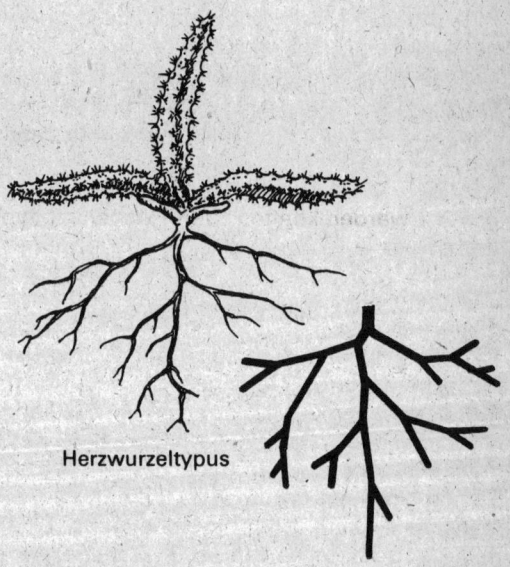

Herzwurzeltypus

Typen des Gesamtwurzelsystems
(nach TROLL und BUXBAUM)

das Wurzelsystem ganz unterschiedliche, z. T. sogar extreme Ansprüche. Deshalb finden wir hier – wie beim Sproßsystem – entsprechende Anpassungserscheinungen. So sind Hauptwurzeln (Pfahlwurzeln) vor allem in der Lage, in tiefere Bodenschichten einzudringen, während sich horizontal verlaufende Wurzelsysteme flächig und weniger tief im Erdboden ausbreiten.

Es ist deshalb nicht verwunderlich, daß bei einzelnen Kakteengattungen und -arten unterschiedliche Wurzelsysteme ausgebildet sind. Sie reichen in unterschiedliche Bodenhorizonte; ihre Ausbreitung hängt vor allem von der Bodenbeschaffenheit ab. TROLL unterscheidet 3 Grundtypen von Wurzelsystemen, die im Prinzip auch bei Kakteen zu finden sind, Übergänge eingeschlossen: 1. Pfahlwurzeltyp, 2. Flachwurzeltyp und 3. Herzwurzeltyp (Abb. S. 28).

Weit verbreitet sind unter den Kakteen die Flachwurzler. Ihr stark entwickeltes Wurzelsystem streicht flach unter der Erdoberfläche entlang. Es ist dadurch in der Lage, die oft nur kurzfristig zur Verfügung stehenden Regenmengen schnell aufzunehmen und an das Speichergewebe (Wassergewebe) in der Sproßachse weiterzugeben. Aber auch geringe Niederschläge, die durch Tau und Nebel hervorgerufen werden, können von den Flachwurzlern noch aufgenommen werden. BUXBAUM verweist in diesem Zusammenhang auf die Tatsache, daß gerade in Trockengebieten die obersten Bodenschichten aufgrund der geringen Niederschläge und des aufsteigenden Wasserstromes sehr stark mit Nährsalzen angereichert sind, die von den flachwurzelnden Kakteen günstig genutzt werden können. Den Flachwurzeltyp finden wir u. a. bei Opuntien und Melokak-

teen. So berichtet ANTON zum Beispiel darüber, daß die nur 5 cm unter der Erdoberfläche dahinstreichenden Wurzeln von *Melocactus intortus* eine Länge von über 7 m erreichten. Von BRITTON und ROSE werden Seitenwurzellängen bis zu 20 m bei *Carnegia gigantea* angegeben.

Manche Kakteen besitzen Rübenwurzeln, die aus der Hauptwurzel (Pfahlwurzel), aber auch aus Seiten- oder sproßbürtigen Wurzeln hervorgegangen sein können. Diese sukkulentverdickten Wurzeln dienen der Wasser- und Reservestoffspeicherung, z. B. bei *Peniocereus, Pterocactus,* verschiedenen *Mammillaria*-Arten, *Ariocarpus, Lophophora*. Manchmal ist hier die Rübenwurzel stärker ausgebildet als der eigentliche Kakteenkörper.

Wurzelknollen finden wir z. B. bei verschiedenen *Opuntia*- und *Wilcoxia*-Arten. Diese Kakteen weisen oft nur eine geringe Sukkulenz der Sprosse auf; dafür sind die knolligen Wurzeln zu ansehnlichen Speicherorganen umgestaltet.

Kakteen sind relativ leicht in der Lage, sproßbürtige Wurzeln zu bilden. Mit solchen Wurzeln suchen epiphytisch lebende Kakteen (z. B. *Rhipsalis*-Arten), am Boden liegend wachsende Arten (z. B. *Machaerocereus eruca*) und Rankcereen (z. B. *Selenicereus*-Arten) genügend Halt auf bzw. an den jeweiligen Unterlagen, oder sie erschließen damit zusätzliche Nährstoffquellen.

Bei dieser Art von sproßbürtigen Wurzeln sprechen wir von Luftwurzeln. Sie werden übrigens auch leicht, insbesondere bei hoher Luftfeuchtigkeit, von Phyllokakteen *(Epiphyllum), Rhipsalis*-Arten und *Zygocactus truncatus* gebildet.

Empfehlenswerte Gattungen und Arten

Die Familie der Kakteen oder Kaktusgewächse *(Cactaceae)* umfaßt etwa 200 Gattungen und 3000 Arten. Aufgrund bestimmter Merkmale, z. B. beim Bau des Pflanzenkörpers und der Blüten, bei der Ausbildung und Anordnung der Dornen, werden von den Pflanzensystematikern drei deutlich voneinander abgegrenzte Unterfamilien unterschieden:

1. Unterfamilie: *Pereskioideae*
2. Unterfamilie: *Opuntioideae*
3. Unterfamilie: *Cactoideae (Cereoideae)*

Im folgenden sind Gattungen und Arten aus diesen drei Unterfamilien zusammengestellt worden, die sowohl für den Anfänger als auch für den fortgeschrittenen Kakteenfreund von Interesse sein können. Daß diese Auswahl nicht unbeeinflußt von subjektiven Erwägungen und Erfahrungen ist, muß von vornherein in Rechnung gestellt werden, denn es bestand nicht die Absicht, einen Überblick über das gesamte Kakteensystem zu geben und sämtliche Gattungen und Arten vorzustellen bzw. zu charakterisieren. Die angeführten Kakteengattungen und -ar-

Systematische Einordnung der Kakteen
(nach Urania Pflanzenreich)

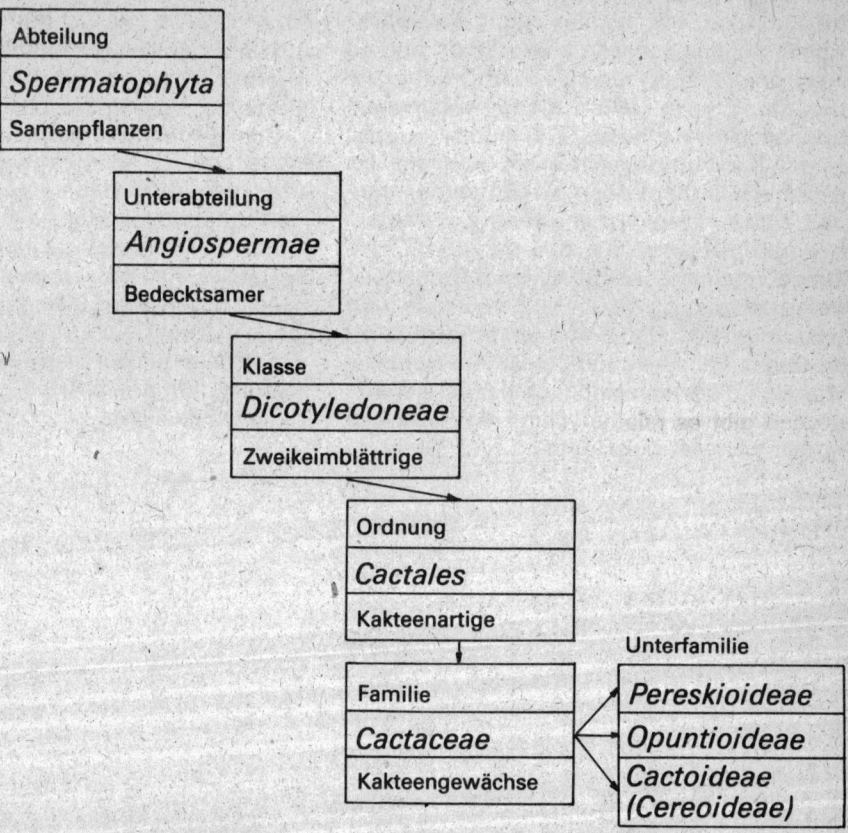

ten sind also nur ein Ausschnitt aus der Fülle der Gesamtheit, wobei vermerkt werden muß, daß immer noch neue Kakteenarten gefunden und Änderungen im System vorgenommen werden. Demzufolge erschien es zweckmäßig, bei manchen Gattungen bzw. Arten auch die Synonyme anzugeben. Soweit für einige Kakteengattungen und -arten deutsche Bezeichnungen bekannt sind, wurden diese mit genannt.

Die folgende Übersicht möchte vor allem dem interessierten Pflanzenfreund und Anfänger, der seine Kakteen in der Regel am Fenster oder auf dem Balkon unterbringen kann, Hilfe leisten bei der Auswahl geeigneter, leicht zu pflegender Gattungen und Arten, die seinen Bedingungen am ehesten entsprechen.

Es ist von Vorteil, zunächst mit der Pflege einfacher, bewährter und bewiesenermaßen «harter» Arten zu beginnen und sich erst mit zunehmender Erfahrung der Kultur schwieriger, sogenannter «heikler» Arten zuzuwenden. Möglicherweise könnte sonst eine hohe Verlustquote die Freude am Sammeln schnell erlahmen lassen — von den Geldeinbußen einmal ganz abgesehen.

Die Übersicht verfolgt aber auch den Zweck, dem ernsthaften Kakteenfreund Anregung zu geben, sich, wenn vielleicht auch nur in bescheidenem Umfang, mit der Kakteensystematik zu beschäftigen. Allerdings wäre dann die Zuhilfenahme weiterer Spezialliteratur notwendig. Auch für den Anfänger sind gewisse Kenntnisse der Kakteennomenklatur unentbehrlich. Das beginnt schon mit der Beherrschung der Fachtermini für die Pflanzen, denn deutsche Bezeichnungen für Kakteen gibt es relativ wenige, wobei manche von ihnen nicht einmal eindeutig sind wie z. B. Schlangenkaktus oder Igelkaktus.

Das Eindringen in die Kakteensystematik wird gewiß erleichtert, wenn sich der Kakteenfreund eine Pflanzenkartei oder -liste anlegt, die die in seiner Sammlung befindlichen Kakteen enthält. Folgende Angaben sollten darin erfaßt werden:

- Unterfamilie (wiss. Bezeichnung, Synonyme, evtl. deutscher Name, Autor)
- Gattung (wiss. Bezeichnung, Synonyme, deutscher Name, Autor)
- Art (wiss. Bezeichnung, Synonyme, deutscher Name, Autor)
- Artcharakteristik (Beschreibung der Merkmale des Pflanzenkörpers, der Blüte einschl. Dauer der Blütezeit und Farbe der Früchte)
- Pflegehinweise (Kulturbedingungen)
- Anzahl der Exemplare in der Sammlung
- Bemerkungen

Nachfolgend noch einige Hinweise für den Gebrauch der folgenden Übersicht:
- Die Gliederung richtet sich nach den 3 Unterfamilien, wobei die Gattungen innerhalb der jeweiligen Unterfamilie alphabetisch angeordnet sind.
- In der ersten Spalte sind einige knapp gefaßte Merkmale der jeweiligen Gattung sowie deren Verbreitung angeführt.
- Die zweite Spalte enthält im allgemeinen Pflegehinweise für die gesamte Gattung, manchmal aber auch für spezielle Arten.
- In der letzten Spalte werden Arten besonders für den Anfänger empfohlen (Vollständigkeit war nicht beabsichtigt) und kurz charakterisiert.

Gattung	Pflegehinweise	Arten

1. Unterfamilie:
Pereskioideae · Laubkakteen

Pereskia (PLUM.) MILL. syn. Peireskia Laubkakteen Strauch- oder baumförmige Kaktéen mit gut ausgebildeten Laubblättern und in den Achseln typische Areolen. Die Blätter fallen während der Ruheperiode meist ab. USA bis Südamerika.

Für den Kakteenfreund sind diese Pflanzen nur insofern von Interesse, als *P. aculeata* als Pfropfunterlage (z.B. bei *Zygocactus)* Verwendung findet. Ansonsten Pflanzen für das Gewächshaus, benötigen relativ viel Platz. Kräftige, nahrhafte Kakteenerde (Beimischung von Sand und Lehm vorteilhaft). Im Sommer warmer, sonniger Stand; regelmäßig, aber nicht zuviel gießen.

Pereskia aculeata (PLUM.) MILL., Blüten weiß, gelblich oder rosa in Büscheln. Mittel- und Südamerika.

2. Unterfamilie:
Opuntioideae · Feigenkakteen

Austrocylindropuntia BCKBG. Von manchen Autoren zur Gattung *Opuntia* gestellt. Strauch- oder baumförmige Kakteen mit langgestreckten, zylindrischen Gliedern. Stachelscheiden fehlen. Südamerika (Ekuador, Peru, Chile, Bolivien, Argentinien, Paraguay).

Relativ anspruchslose und vor allem schnellwachsende Kakteen (vorwiegend für das Gewächshaus). Nahrhafte, mineralische und durchlässige Erde (Lehmzusatz möglich). Sommerstandort hell, sonnig und warm, in der Wachstumsperiode kann gedüngt werden, nicht zu wenig gießen. Überwinterung hell, trocken und kühl (8 bis 12°C). *A. subulata* wird häufig als Pfropfunterlage z.B. für *Austrocylindropuntia clavaroides* und *Tephrocactus articulatus* var. *papyracanthus* verwendet.

Austrocylindropuntia clavaroides (PFEIFF.) BCKBG., Negerhand, Negerfinger, bräunliche fingerartige Sprosse, Blüten gelb. Argentinien.
Austrocylindropuntia cylindrica (LAMARCK) BCKBG., säulig, Blüten rosa. Argentinien.
Austrocylindropuntia subulata (MÜHLPF.) BCKBG., strauchförmig, sehr wüchsig, Blüten rot. Südperu.
Austrocylindropuntia vestita (SD.) BCKBG., in der Heimat kugelige, in Kultur längliche Glieder, gruppenbildend, schön weiß behaart, Blüten violett. Bolivien.

Brasilopuntia (K. SCHUM.) BERG. Baumförmig mit zylindrischem Stamm wachsende Kakteen. Glieder relativ dünn, zur Basis des Stammes hin nach und nach abfallend, so daß immer nur eine Krone vorhanden ist. Südamerika.

B. brasiliensis ist als junge Pflanze nicht selten in den Sammlungen zu finden. Da sie auch öfter in Blumenläden angeboten wird, hat sie bei manchem Kakteenliebhaber einen Platz auf dem Fensterbrett erhalten. Unter guten Bedingungen im Gewächshaus (am besten ausgepflanzt) entwickelt sich *B. brasiliensis* rasch zu einem stattlichen Baum. Pflege: wie Opuntia.

Brasilopuntia brasiliensis (WILLD.) BERG., Blüten gelb, klein. Brasilien. Paraguay, Peru, Bolivien, Argentinien.

Der Sammler von Kakteen kann verschiedene Wege gehen. Der eine mag nur eine bestimmte Gattung oder wenige Arten, der andere sammelt alles, was ihm in die Hände
kommt. Man sollte nicht darüber richten, was besser ist.

Bedornung

Scheitel

Blüte

Früchte

Neochilenia residua bevorzugt wie alle anderen Arten der Gattung einen sonnigen Sommer-standort, wobei die braune Epidermis den Pflanzen Schutz vor zu starker Sonneneinstrah-lung bietet. Wegen der Wachstumsruhe darf im Sommer nur wenig gegossen werden.

Bedornung

Scheitel

Blüte und Frucht

Frucht

Islaya islayensis zeigt sehr gut einige typische Merkmale der Gattung: den dichten Woll-schopf im Scheitel, nur wenige Zentimeter lange Blüten und rote, flockig behaarte Früchte, die meist nur eine geringe Anzahl von Samen enthalten.

Bedornung

Scheitel

Blüten

Früchte

Mammillaria spinosissima ist eine einfach zu pflegende Kakteenart. Ihr kurzzylindrischer, grüner Körper ist von feinborstigen Dornen bedeckt, die in der Färbung sehr variabel sein können. Die Blüten erscheinen zahlreich in Kränzen.

Bedornung

Scheitel

Blüte

Früchte

Neochilenia mebbesii wächst zunächst kugelig, später etwas länglich. Bei Prallsonne färbt sich der grüne Körper dunkelbraun. Höckerige Rippen mit Vorsprüngen sind ein weiteres Kennzeichen dieser Kaktee. Die Früchte enthalten meist nur wenige Samen,

Eriocactus magnificus

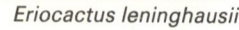

Eriocactus leninghausii

Echinofossulocactus lamellosus

Echinofossulocactus lloydii

Echinofossulocactus vaupelianus

Echinofossulocactus ochoterenaus

Während bei den *Eriocactus*-Arten die gelbbraune Bedornung charakteristisch ist, fallen bei den Echinofossulocacteen die schmalen, lamellenförmigen Rippen und die eigenartige Bedornung auf. Der Mitteldorn erinnert bei manchen Arten an die Form eines Dolches.

Astrophytum asterias

Astrophytum myriostigma

Astrophytum ornatum

Roseocactus lloydii

Homalocephala texensis

Gymnocalycium riograndense

Kakteen sollten öfter durch die Lupe angeschaut werden. Dabei eröffnet sich dem Betrachter eine ganz neue Seite seiner Pfleglinge. Bei den Astrophyten tritt beispielsweise dadurch die feine, weiße Beflockung viel deutlicher hervor.

Lobivia famatimensis

Notocactus submammulosus

Sulcorebutia steinbachii

Rebutia krainziana

Parodia penicillata

Thelocactus lophothele

Die Bedornung der Kakteen ist außerordentlich vielgestaltig. So finden sich neben Dornen auch Borsten und Haare. Abgesehen von der unterschiedlichen Größe, kann auch die Ausbildung der Dornen verschiedenartig sein, z. B. gerade, hakig, gedreht.

Espostoa lanata

Lobivia pentlandii

Coryphantha andreae

Coryphantha radians

Uebelmannia pectinifera var. *elegans*

Neobuxbaumia polylopha

Die Dornen der Kakteen sind Umbildungen der Blätter, also echte Blattdornen. Durch neuere rasterelektronenmikroskopische Untersuchungen konnte nachgewiesen werden, daß Kakteendornen in der Lage sind, Feuchtigkeit aufzunehmen.

Mammillaria sempervivi

Mammillaria pseudorekoi

Mammillaria shurliana

Mammillaria vaupelii

Mammillaria hahniana

Mammillaria pygmaea

Es gibt Warzenkakteen, deren Bedornung den grünen Pflanzenkörper nicht völlig verdeckt. Andere Arten fallen durch dichte Bedornung oder Behaarung auf. Grüne Arten sind vor praller Sonne zu schützen.

3

Mammillaria spinosissima

Mammillaria spec.

Mammillaria painteri

Mammillaria geminispina

Mammillaria neocoronaria

Mammillaria ritteriana

Beheimatet sind die Mammillarien vor allem in Mexiko. Das gesamte Verbreitungsgebiet erstreckt sich jedoch vom Süden der USA bis in das nördliche Südamerika (Kolumbien). Sie wachsen einzeln oder bilden durch starkes Sprossen z. T. umfangreiche Gruppen.

Mammillaria glauca

Mammillaria bravoae

Mammillaria confusa

Mammillaria bombycina

Mammillaria woodsii

Mammillaria elegans

In der Gattung *Mammillaria* gibt es viele Arten, die leicht blühen und einen reichen Flor bringen. Wenn auch die Blüten vielfach recht klein sind, erscheinen sie oft so zahlreich, daß sie kranzförmig um den Scheitel stehen.

Mammillaria insularis

Mammillaria sheldonii

Mammillaria crucigera

Mammillaria peninsularis

Mammillaria zeilmanniana 'Alba'

Mammillaria zeilmanniana

Mammillarien sind meistens Flachwurzler und sollten deshalb in flachen Pflanzgefäßen gehalten werden. Besonders günstig ist das für die polsterförmig wachsenden Arten. Das
Pflanzsubstrat soll gut durchlässig, mineralisch und nicht zu humusreich sein.

Roseocactus kotschoubeyanus

Ariocarpus retusus

Thelocactus hexaedrophorus

Submatucana paucicostata

Echinocereus reichenbachii

Echinocereus knippelianus

Für manche Kakteenarten ist ein Filz- oder Wollschopf im Scheitel charakteristisch. Diese Arten sollten in der Regel von unten gegossen werden, so daß kein Wasser auf den Scheitel gelangen kann. Das Einnebeln macht auch diesen Pflanzen nichts aus.

Weingartia pulquinensis

Weingartia neocumingii

Sulcorebutia tiraquensis

Sulcorebutia rauschii

Sulcorebutia arenacea

Sulcorebutia xanthoantha

In der letzten Zeit sind Sulcorebutien und Weingartien durch eine Reihe von Neufunden wieder stärker in das Blickfeld der Kakteenfreunde gerückt, wobei es über die richtige taxonomische Einordnung beider Gattungen z. T. noch unterschiedliche Ansichten gibt.

Eriocactus leninghausii, die Goldsäule, ist eine sehr schöne, attraktive Art, die sich leicht pflegen läßt und die dem Anfänger besonders empfohlen werden kann. Bevor sich die Pflanze im blühfähigen Alter befindet, vergehen jedoch einige Jahre.

Gattung	Pflegehinweise	Arten
Cylindropuntia (ENGELM.) KNUTH emend. BCKBG. Von manchen Autoren zur Gattung *Opuntia* gestellt. Baum- oder buschförmige, zum Teil auch niederliegende Kakteen mit zylindrischem Körper. Dornen von Scheiden umhüllt. USA, Mexiko, Westindien.	Nicht schwierig zu pflegende und relativ langsam wachsende Kakteen. Zur Haltung auf dem Fensterbrett aus Platzgründen nicht zu empfehlen. Nahrhafte, mineralische und durchlässige Erde (Lehmzusatz günstig). Im Sommer heller, warmer Standort nötig. Überwinterung hell und nicht zu kühl (um 15 °C).	*Cylindropuntia bigelowii* (ENGELM.) KNUTH, strauchförmig, ca. 1 m hoch, kräftige und zahlreiche gelblichweiße Dornen, Blüten violettrot oder gelbgrün. USA und Mexiko. *Cylindropuntia fulgida* (ENGELM.) KNUTH, baumförmiger Wuchs, Blüten hellrot. USA und Mexiko.
Opuntia (TOURNEF.) MILL. Feigenkaktus Kakteen mit baum-, busch- oder polsterförmigem Wuchs. Pflanzenkörper ist meist in einzelne Glieder unterteilt und besitzt mit Widerhaken versehene Borsten (Glochidien oder Glochiden). Bei vielen Opuntien-Arten erscheinen die Blüten erst im fortgeschrittenen Alter. Nord-, Mittel- und Südamerika.	Opuntien gehören mit zu den beliebtesten Kakteen. Einige Arten wachsen aber rasch und müssen bei Zimmerpflege gestutzt werden, da sie sonst anderen Pflanzen das Licht wegnehmen. Große Exemplare wirken sehr attraktiv, beanspruchen aber viel Platz (z.B. in einem Gewächshaus oder Wintergarten). Die Pflege ist in der Regel nicht schwierig. Durchlässige, mineralische Erde (Lehmzusatz günstig). Sommerstandort: Opuntien lieben einen hellen, sonnigen, warmen Platz; nicht zu wenig gießen. Einige Arten (z.B. *O. bergeriana, O. ficus-indica, O. robusta)* können von Juni bis September im Freien aufgestellt werden (große Exemplare in Kübeln z.B. auf der Terrasse). Dabei ist Schutz vor zu viel Nässe und praller Sonne angebracht. Winterstandort hell und kühl (8 bis 12 °C), wenig gießen. *O. ficus-indica* und *O. bergeriana* werden gern als Pfropfunterlagen verwendet. Die winterharten *Opuntia*-Arten eignen sich besonders gut für die Bepflanzung von sonnigen, geschützten Standorten (z.B. Trockenmauern, etwas geneigte Flächen vor Gewächshäusern). Dabei ist ein leicht erhöhter Standort vorteilhaft. Kultiviert werden diese Arten in gut durchlässiger, mineralischer, mit Steinen durchsetzter Erde (Ziegelbrocken und Lehm günstig). Das Anlegen eines Kiesbettes ist anzuraten (gute Entwässerung, keine stauende Nässe). Im Winter mit Reisig abdecken, um ein Ausfrieren der Pflanzen zu verhindern.	*Opuntia bergeriana* WEB., baumförmiger Wuchs, längliche Glieder mit gelben Dornen, wächst schnell, ca. 3 m hoch, Blüten in verschiedenen Rottönen, Herkunft nicht bekannt. *Opuntia dillenii* (KER.-GAWL.) HAW., stark wachsende Kakteen mit länglichen Gliedern und gelben Dornen, Blüten gelb. USA, Westindien, Nordvenezuela; in Südindien und Australien vom Menschen eingeschleppt und verwildert. *Opuntia ficus-indica* (L.) MILL., Indische Feige, bis 5 m hoch werdender Baum mit breiter Krone, Blüten gelbrot. *Opuntia leucotricha* DC., Weißhaarige Opuntie, längliche Glieder, Blüten gelb. Mexiko. *Opuntia microdasys* (LEM.) PFEIFF., Hasenohrkaktus, Goldopuntie, runde bis eiförmige Glieder ohne Dornen, dicht sitzende gelbe Glochidien, Blüten gelb, von *O. microdasys* gibt es verschiedene Varietäten, z.B. mit weißen Glochidien. *Opuntia pilifera* WEB., Haartragende Opuntie, bis 5 m hoch werdend, attraktive Pflanzen, Blüten dunkelrot. Mexiko. *Opuntia robusta* WENDL., kräftige runde blaugrüne Glieder, wenig bedornt, Blüten gelb. Mittelmexiko. *Opuntia scheerii* WEB., strauchförmiger Wuchs, gelbe, dünne Dornen und Borstenhaare, Blüten gelb. Mexiko.

Gattung	Pflegehinweise	Arten
		Winterharte Arten: *Opuntia fragilis* (NUTT.) HAW., gruppenbildend, rundliche Glieder, Blüten gelb bis rötlich. USA. *Opuntia humifusa* RAF., syn. O. refinesquei, sehr wüchsige Art, Blüten groß und gelb. *Opuntia phaeacantha* ENGELM., Braunrotdornige Opuntie, Blüten gelb. *Opuntia rhodantha* K. SCH., Rotblühende Opuntie, Glieder niederliegend und stark verzweigt. USA.
Tephrocactus LEM. emend. BCKBG. Kugelkaktus, Grauer Kaktus. Von manchen Autoren zur Gattung *Opuntia* gestellt. Kugelförmig bis kurzzylindrisch wachsende Kakteen, meist polsterförmiger Wuchs, zum Teil andines Vorkommen (Prof. RAUH, Heidelberg, fand Tephrocacteen in der zentralperuanischen Hochsteppe noch in 4500 m Höhe). Südamerika (Peru, Chile, Bolivien, Argentinien).	Relativ kleinblühende und recht dekorativ wirkende Kakteen. Für die Zimmerpflege geeignet. Behaarte Arten sind keine Pflanzen für Anfänger und werden am besten unter Glas gehalten. Tephrocacteen wachsen wurzelecht, können aber auch gepfropft werden (Pfropfunterlagen z. B. *Austrocylindropuntia subulata, Eriocereus jusbertii, Opuntia ficus-indica*). Kräftige, nahrhafte mineralische Erde, öfter düngen. Im Sommer heller, luftiger, sonniger und warmer Stand, reichliche Wassergaben, abends kann etwas eingenebelt werden (Taueffekt). Am Tage sollte bei voller Sonne keine gespannte Luft geboten werden. Überwinterung hell und nicht zu kühl (um 15°C), geringe Wassergaben.	*Tephrocactus articulatus* var. *papyracanthus* (PHIL.) BCKBG., Papierstachelkaktus, Hobelspankaktus, mit breiten, bandartigen, weißen Dornen, sehr beliebter Kaktus. *Tephrocactus atroviridis* (WERD. & BCKBG.) BCKBG., Dunkelgrüner T., polsterbildend, Blüten gelb. Peru. *Tephrocactus floccosus* (SD.) BCKBG., polsterbildend, über 10 cm lange Triebe, weiß behaart, Blüten gelb oder orange. Mittelperu bis Bolivien.
Pereskiopsis BR. & R. syn. Peireskiopsis Den Pereskien ähnliche, aber mit den Opuntien näher verwandte Kakteen von strauch- oder baumförmigem Aussehen. Es sind kleine elliptische Blätter und Glochidien ausgebildet. Mexiko, Guatemala.	Von den Kakteenfreunden vor allem als Pfropfunterlagen (insbesondere für Sämlingspfropfungen) gehalten. Die Pflanzen wachsen in Kästen ausgepflanzt besser als einzeln in Töpfen. Gleichzeitig spart man dadurch Platz. Sämlinge von anderen Kakteenarten möglichst auf junge Triebe von *Pereskiopsis* pfropfen, da die Unterlagen dann noch nicht verholzt sind. Zum Verwachsen 100% Luftfeuchtigkeit und 25 bis 30°C Wärme geben; schattieren. Nahrhafte, gut durchlässige Kakteenerde (Gemisch aus Lehm, Torfmull, Sand und	*Pereskiopsis spathulata* (O.) BR. & R., bis 2 m hoch wachsender Strauch, Blüten gelb. Mexiko. *Pereskiopsis velutina* ROSE, strauchförmig, Blätter samtig, Blüten gelb. Mexiko.

Gattung	Pflegehinweise	Arten

Lauberde aus gleichen Anteilen).
Im Sommer hell und warm halten,
bei Prallsonne leicht schattieren,
zusätzliche Düngung ist möglich.
Winterstand nicht zu kühl (um
15°C).

3. Unterfamilie
Cactoideae · Kakteen
(*Cereoideae* · Säulenkakteen)

Acanthocalycium Bckbg.
Stachelkelch
Kugelige bis kurzzylindri-
sche Kakteen mit scharf-
kantigen Rippen.
Argentinien.

Gut wachsende und blühwillige
Kakteen. Anfängerpflanzen!
Geeignet für die Zimmerkultur.
Pflege wie bei Lobivien, im Winter
nicht unter 10°C.

Acanthocalycium klimpelianum
(Weidl. & Werd.) Bckbg., flachku-
geliger Körper, hellbraune
Dornen mit schwarzen Spitzen,
Blüten weiß.
Argentinien (in der Nähe von
Cordoba).
Acanthocalycium violaceum
(Werd.) Bckbg., erst kugelförmig,
dann kurzsäuliger Wuchs, braun-
gelbe Dornen, Blüten hellviolett,
sehr beliebte Art.
Argentinien (Cordoba).

Aporocactus Lem.
Schlangen-, Peitschen-,
Rattenschwanzkaktus.
Epiphytisch wachsende
Kakteen mit langen,
dünnen, verzweigten
Trieben und kurzen, dicht-
stehenden Dornen.
Mexiko.

Beliebte Arten für die Zimmerpflege
(z. B. auf breiten Fenstersimsen, in
Ampeln). Beide Arten sind blühwillig und wachsen gut (Anfängerpflanzen).
Wurzelecht in nahrhafter, durchläs-
siger Kakteenerde, gepfropft z. B.
auf *Eriocereus jusbertii* oder *Selenicereus grandiflorus.*
Im Sommer nicht unbedingt volle
Sonne, auch im Freien im Halbschatten (an Bäumen aufhängen).
Während der Blütezeit reichlicher
gießen.
Winterstandort möglichst hell, kühl
(8 bis 12°C) und nicht ganz trocken.
Empfindlich gegen Spinnmilben!
Haltung in Hydrokultur hat sich
bewährt.

Aporocactus flagelliformis (L.)
Lem., dünntriebig, herabhängend,
Blüten karmesinrot im Frühjahr.
Mexiko.
Aporocactus flagriformis (Zucc.)
Lem., stärkere Triebe als *A. fla-
gelliformis,* Blüten dunkelkar-
mesinrot.
Mexiko (Oaxaca).

Ariocarpus Scheidw.
Mehlbeerfruchtkaktus,
Wollfruchtkaktus
Graugrüne, dornenlose
Kakteen mit blattartigen,
in einer Rosette ste-
henden Warzen und mit
dicker Rübenwurzel.
Mexiko.

Kakteen, die nicht einfach in der
Pflege sind. Am besten wachsen
die Pflanzen gepfropft (Unterlagen,
z. B. *Selenicereus* oder *Pereskiopsis*).
Mineralische Erde, Lehmzusatz günstig.
Warmer, sonniger Sommerstand.
Pflanzen nur in mehrwöchigen

Ariocarpus retusus Scheidw.,
dreikantige, glatte Warzen, wolliger Scheitel, Blüten blaßrosa in
Scheitelnähe.
Mexiko (Coahuila).
Ariocarpus trigonus (Web.), K.
Sch., zahlreiche Warzen mit spiralig angeordneten Warzenhök-
kern, dicke Rübenwurzel, Blüten

Gattung	Pflegehinweise	Arten
	Abständen gießen (Sommertrockenruhe!). Blüten erscheinen im Herbst, dann etwas mehr Feuchtigkeit geben. Kühle Überwinterung (um 12°C) und trocken halten.	gelb, meist zu mehreren in Scheitelnähe. Mexiko.
Astrophytum LEM. Sternkaktus Kugelige bis kurzsäulige Kakteen mit charakteristischer Rippenbildung, zum Teil mit weißen Flockenhärchen, einige Arten ohne Dornen. Mexiko, Texas.	Sehr attraktive und außerordentlich beliebte, blühfreudige Arten. Aufgrund der z.T. nicht ganz einfachen Pflege können sie dem Anfänger nur bedingt empfohlen werden. *A. asterias* wächst gepfropft besser (z.B. auf *Trichocereus spachianus* oder *Eriocereus jusbertii*). Nährstoffreiche, mineralische und gut durchlässige Erde (Lehmzusatz günstig). Sommerstandort: vor allem im Frühjahr die Pflanzen etwas vor praller Sonne schützen (Verbrennungsgefahr bzw. Violettfärbung). Grüne Formen am günstigsten in den Halbschatten stellen. Nicht übermäßig viel gießen. Winterstandort hell, kühl (10 bis 12°C) und trocken.	*Astrophytum asterias* (ZUCC.) LEM., Seeigelkaktus, flachkugeliger, graugrüner Körper, meist 8rippig, Areolen stehen in der Mitte der Rippen, dornenlos, Blüten gelb mit rotem Grund. Durch Züchtung entstanden größer- und früherblühende Hybriden. Mexiko (Tamaulipas, Nuevo Leon), USA (Texas, Rio Grande-Tal). *Astrophytum capricorne* (DIETR.) BR. & R., Bockshornkaktus, zunächst kugeliger, später kurzsäuliger Wuchs, scharfkantige Rippen, braune, gebogene Dornen, vor allem zum Scheitel hin, Blüten gelb mit karminrotem Grund. Von dieser Art existieren mehrere Varietäten. Mexiko (Coahuila, bei Saltillo und La Rinconada). *Astrophytum myriostigma* LEM., Bischofsmütze, Pfaffenhut, kugelig, später kurzsäulig wachsend, Körper mit mehr oder weniger dichter Beflockung, Dornen fehlen, Blüten in der Nähe des Scheitels, gelb, seidig glänzend. Es kommen eine Reihe von Varietäten vor. Mexiko. *Astrophytum ornatum* (DC.) WEB., zunächst kugelig, dann säulig (bis 1 m hoch), 8rippiger, grüner Körper mit Beflockung, Dornen gelb, später braun, Blüten gelb. Mexiko. *Astrophytum senile* FRIČ, im Alter säulig wachsend, 8 scharfkantige Rippen mit dicker Bedornung (bis 9 cm lang), Beflockung fehlt, Blüten gelb mit karminroter Mitte. Mexiko.

Gattung	Pflegehinweise	Arten
Aylostera SPEG. Zwergkaktus. Von manchen Autoren zur Gattung *Rebutia* gestellt. Kleinbleibende Kugelkakteen, die im fortschreitenden Alter sprossen und zum Teil Polster bilden. Mit *Rebutia* verwandt, im Unterschied dazu dünnere Blütenröhren, mit denen der Griffel verwachsen ist. Nordargentinien bis Bolivien.	Früh- und reichblühende, kleinbleibende Kakteen. Anspruchslos, ideal für das Fensterbrett (geringe Platzansprüche). Anfängerpflanzen! Erste Blüten erscheinen bereits im zeitigen Frühjahr, aber auch später (je nach Überwinterungsart). *Aylostera* zählt neben den nahe verwandten Rebutien zu den zuverlässigsten Blühern. Nährstoffreiche, mineralische und gut durchlässige Erde (⅓ Ziegelgrus möglich). Sommerstandort luftig, vollsonnig, in der Wachstumsperiode reichlich wässern. Im Winter hell, kühl und trocken, Temperatur 6 bis 8°C. Empfindlich gegen Spinnmilben!	*Aylostera heliosa* RAUSCH, kleinbleibend und stark sprossend, Rübenwurzel, Areolen eng stehend, Dornen kammartig, Blüten orangegelb, in den Sammlungen verbreitet, vielfach gepfropft. Bolivien. *Aylostera kupperiana* (BÖD.) BCKBG., kaum sprossend, braune Bedornung, Blüten dunkelbronzerot, sehr schöne Art. Bolivien. *Aylostera muscula* (RITT & THIELE) BCKBG., Mäuschen(-kaktus), grüner, länglicher Körper mit dichter, weißer Bedornung, Blüten orangefarben, blüht schon als Jungpflanze. Bolivien. *Aylostera pulvinosa* (RITT & BUIN.) BCKBG., kleinbleibend, stark sprossend, große Areolen, dichte, braune Bedornung, Blüten orangegelb. Bolivien.
Aztekium BOED. Monotypische Gattung. Runder, graugrüner Körper mit kurzer Rübenwurzel. Mexiko.	Keine Art für den Anfänger! Wächst langsam, in der Wachstumszeit häufiger gießen, mineralische Erde mit viel Lehm und Kies, Pflanzen gedeihen am besten gepfropft.	*Aztekium ritteri* (BOED.) BOED., blühen weiß bis rosa. Mexiko (Nueva Leon).
Blossfeldia WERD. Kleinste Kakteen mit flachem Körper, Körperdurchmesser ca. 1 cm, graufilzig behaart, lange, rübenförmige Wurzeln. Ältere Pflanzen bilden mehrköpfige Gruppen. Argentinien, Bolivien.	Keine Anfängerpflanzen! Sie lieben saure Erde (Zusatz von Heideerde möglich), wachsen und blühen am besten gepfropft (als Unterlage *Pereskiopsis*). Gepfropft, neigt *Blossfeldia liliputana* sehr schnell zur Polsterbildung.	*Blossfeldia liliputana* WERD., graugrüner, flacher Körper, sprossend, Blüten weiß. Nordargentinien.
Bolivicereus CARD. syn. Borzicactus. Schlanke, aufrechte, am Grund verzweigte Säulen mit zahlreichen Rippen und gelben Dornen. Bolivien, Nordperu.	Gedeiht am besten ausgepflanzt im Gewächshaus, im Frühbeet oder im Kakteenglaskasten, ist aber auch für den Fensterbrettpfleger zu empfehlen. Nahrhafte, mineralische, gut durchlässige Erde. Sommerstandort hell und warm, bei Prallsonne etwas Vorsicht geboten, nicht übermäßig viel gießen. Winterstandort hell, trocken und kühl, jedoch nicht unter 10°C. Die Pflanzen wachsen wurzelecht sehr gut.	*Bolivicereus samaipatanus* CARD., am Grunde sprossende, hellgrüne Körper mit gelbbrauner Bedornung, Blüten rot, zygomorph, bereits an Jungpflanzen in Scheitelnähe, Tagblüher. Bolivien.

Gattung	Pflegehinweise	Arten
Brasilicactus Bckbg. Von manchen Autoren zur Gattung *Notocactus* gestellt. Kugelkaktus mit dunkelgelben bzw. silbrigweißen Dornen. Südbrasilien, Norduruguay.	Relativ anspruchslose Kakteen; für Zimmerpflege geeignet. Erde gut durchlässig und nahrhaft (Sand- und Lehmzusätze). Im Sommer vor praller Sonne schützen (Verbrennungsgefahr!), halbschattig aufstellen, ausreichende Feuchtigkeit nötig. Trockene Überwinterung, Temperatur um 10°C. Beide Arten wachsen gepfropft erheblich schneller (günstige Unterlagen: *Trichocereus pachanoi, Eriocereus jusbertii*). Blütenknospen erscheinen schon im zeitigen Frühjahr; erst gießen, wenn Knospen über die Dornen hinausragen.	*Brasilicactus graessneri* (K. Sch.) Bckbg., nichtsprossender Kugelkaktus mit gelber, dichter Bedornung, Blüten grün, kurzröhrig. Südbrasilien. *Brasilicactus haselbergii* (Haage) Bckbg., kugeliger Körper mit schrägwachsendem Scheitel (Lichteinfall), dichte, weiße Bedornung, feuer- bis scharlachrote Blüten, zahlreich und lange haltbar, erscheinen bereits zu Beginn des Jahres. Südbrasilien.
Cephalocereus Pfeiff. Schopf-Cereus. Riesige, einfache oder wenig verzweigte und vielrippige Säulenkakteen, bis 15m Höhe, 30cm Durchmesser, mit über 10cm langen, meist abwärts gerichteten Haaren, die zunächst weiß sind und später nachdunkeln. Mexiko.	*C. senilis* ist eine nicht ganz einfach zu pflegende Art, die viel Licht benötigt. Nährstoffreiche Erde (mit viel Kies). Heller, sonniger Standort. Wassergaben im Frühjahr und Herbst (Wachstumszeit), vorsichtig gießen, Pflanzen sind wurzelempfindlich und faulen leicht. Lieber einmal zu wenig als einmal zu viel Wasser geben. An heißen Tagen morgens und abends einnebeln, im Hochsommer Trockenruhe (nicht gießen). Überwinterung nicht unter 15°C, möglichst trocken. Durch Pfropfen besserer Wuchs und unempfindlicher (Unterlagen: *Trichocereus pachanoi* oder *Eriocereus jusbertii*).	*Cephalocereus senilis* (Haw.) Pfeiff., Mexikanisches Greisenhaupt, Greisenhaar, attraktiver Haarsäulenkaktus, der bis 15m Höhe erreichen kann, Ausbildung eines Cephaliums (erst ab 6 bis 8m Höhe), Blüten blaßgelb. Mexiko (Hidalgo bis Guanajuata).
Cereus (Herrmann) Mill. Säulenkaktus, Wachsfackel-Kaktus. Gattung bereits 1768 aufgestellt. Umfaßte früher alle Kakteen mit säuligem Wuchs. Heute in zahlreiche Gattungen zergliedert. Säulenkakteen von strauchigem oder baumförmigem Wuchs, z.T. verzweigt wachsend. Säulen mit relativ wenigen (4 bis 8), im Neutrieb blau bereiften Rippen. Südamerika, Westindische Inseln.	Anspruchslose, robuste und schnellwachsende Kakteen, die sehr dekorativ wirken. Benötigen nahrhafte, mineralische und gut durchlässige Erde. Im Sommer reichlich wässern, Haltung an geschützten Stellen auch im Freien möglich. Trockene Überwinterung, günstigste Temperatur um 12°C. Zu kühle und feuchte Überwinterung, z.B. im schlecht belüfteten, dunklen und feuchten Keller, führt unweigerlich zu Verlusten. Zu große Exemplare können bei ungenügendem Platz gekappt werden. Die Spitzen werden in Sand abgesteckt.	*Cereus forbesii* O., blaugrüne Säulen, 4- bis 7rippig, weißfilzige Areolen, dunkelbraune Dornen, Blüten weiß. Argentinien. *Cereus jamacaru* Dc., Ochsenkaktus, hellgrüne Körper, baumförmig, Areolen gelbbraun, Dornen gelblich bis bräunlich, Blüten weiß. Brasilien. *Cereus peruvianus* (L.) Mill., säuliger Wuchs mit starker Verzweigung, Körper von hellgrün über blaugrün bis grau, Areolen braun, Dornen nicht sehr zahlreich, rotbraun, Blüten weiß.

Gattung	Pflegehinweise	Arten
	C. peruvianus und *C. jamacaru* sind beliebte Pfropfunterlagen. Die Pflanzen sind gegen Spinnmilben empfindlich!	*Cereus peruv.* forma *monstrosa* Dc., Felsenkaktus, bizarre Körper.
Chamaecereus Br. & R. Zwergcereus, Raupenkaktus, Würstelkaktus. Reich verzweigter Zwergkaktus mit fingerdicken, weichen, hellgrünen Trieben. Rasenbildend. Zahlreiche Züchtungen (Hybriden) mit unterschiedlicher Blütenfarbe und -größe existieren (z.B. Kreuzungen mit *Lobivia*-Arten). Argentinien.	Anspruchslose, bei allen Kakteenfreunden beliebte Zwergkakteen, weil willig und reichblühend. Humose, sandige Erde (mit Ziegelgrus versetzen). Keine pralle Sonne, halbschattiger, aber luftiger Sommerstandort und ausreichende Wassergaben. Abgebrochene Glieder können als Stecklinge behandelt werden. Im Winter trockenen, hellen und kühlen Stand (um 6°C), verträgt kurzzeitig Frost. Kühle Überwinterung ist Voraussetzung für einen reichen Blütenflor im Frühjahr.	*Chamaecereus silvestrii* (Speg.) Br. & R., gruppenbildend, hellgrüne Triebe, die sich bei intensiver Sonnenbestrahlung rotviolett färben (ungünstig, Pflanze stockt dann im Wachstum), Blüten zinnoberrot. Nordargentinien. *Chamaecereus silv.* f. *aurea* ist eine chlorophyllose, gelbe Mutante, auch als Bananenkaktus bezeichnet, wächst gut gepfropft z.B. auf *Eriocereus jusbertii*.
Cleistocactus Lem. Vom Grund verzweigte, schlanktriebige Säulen mit z.T. zygomorphen Blüten. Einige Arten mit schöner, dichter reinweißer Bedornung. Südamerika.	Wuchsfreudige Säulenkakteen. Als Jungpflanzen auch auf dem Fensterbrett kultivierbar. Wachsen am besten ausgepflanzt im Gewächshaus. Viele Arten werden vor allem auch wegen ihrer schönen Bedornung (weiß, goldgelb, hell- bis dunkelbraun) gesammelt. Nahrhafte, mineralische und lockere Erde (Beimischung von Ziegelgrus günstig). Im Sommer sonniger Standort. An heißen Tagen Pflanzen morgens und abends einnebeln. Überwinterung bei 10 bis 14°C, Pflanzen leicht feucht halten.	*Cleistocactus baumannii* (Lem.) Lem., kräftig grüner Körper, von Grund auf verzweigend, gelbe bis braune Dornen, Blüten rot, früh und reich blühend. Nordostargentinien, Paraguay, Uruguay. *Cleistocactus flavispinus* (K. Sch. non Sd.) Bckbg., dünntriebig, blaßgelbe Bedornung, Blüten orangerot. Paraguay? *Cleistocactus smaragdiflorus* (Web.) Br. & R., kurzsäulig, am Grund sprossend, Triebe z.T. niederliegend, Dornen gelbbraun, Blüten rot mit grünem Saum, reich blühend. Paraguay, Nordargentinien. *Cleistocactus strausii* (Heese) Bckbg., Silberkerze, Haarsäulenkaktus, bringt kräftige Säulen, dichte weiße Bedornung, Blüten dunkelkarminrot, beliebteste Art. Argentinien, Bolivien.
Copiapoa Br. & R. Breitkugelige, später säulig wachsende Kakteen, z.T. mit Rübenwurzeln. Blüten nahezu röhrenlos, glockenförmig, Blütezeit liegt im Sommer. Chile.	Attraktive, aber langsam wachsende Kakteen (am besten unter Glas), Mineralisches, durchlässiges Erdgemisch. Im Sommer Prallsonne vermeiden, da sonst sehr leicht Verbrennungen. Die Gattung *Copiapoa* kommt in sehr trockenen Gebieten vor, und die Pflanzen nehmen die Feuchtigkeit vor allem in Form von Tau auf. Im Sommer Trockenruhe beachten.	*Copiapoa cinerea* (Phil.) Br. & R., zunächst kugelig, später säuliger Wuchs, Körper weiß bereift, schwarze Dornen, Blüten gelb, im Scheitel oder in dessen Nähe. Chile (Paposo, Taltal bis Copre). *Copiapoa haseltonia* Bckbg., Körper grün mit braunem Anflug, nicht bereift, gelbe Dornen, Blüten gelb. Chile (nördlich von Taltal).

Gattung	Pflegehinweise	Arten
	Die Hauptwachstumszeit liegt im Herbst. Winterstandort hell und trocken, kühl (um 10°C). Die Pflanzen wachsen gepfropft besser und lassen sich vom Anfänger leichter pflegen.	Nennenswerte frühblühende Arten, z.B. *Copiapoa humilis* (PHIL.) HUTCHIS., *Copiapoa hypogaea* RITT., *Copiapoa tenuissima* RITT.
Coryphantha (ENGELM.) LEM. Kugelig bis zylindrisch wachsende mammillariaähnliche Kakteen. Körper einfach oder sprossend. Im Unterschied zur Gattung *Mammillaria* verläuft auf der Warzenoberseite von der Areole bis zur Axille eine Furche, der die großen, trichterförmigen Blüten entspringen. Die Pflanzen besitzen z.T. eine verdickte Pfahlwurzel. Kanada, USA, Mexiko.	Keine ausgesprochenen Anfängerpflanzen! Günstig für das Gewächshaus, das Frühbeet und den Kakteenkasten. *C. elephantidens* als wiesenbewohnende Pflanze verlangt mehr Humusanteile im Erdgemisch, bei den anderen Arten starker Lehmzusatz günstig. Im Sommer sehr sonniger und warmer Standort, ausreichende Bewässerung, vor allem während der Blütezeit, ansonsten weniger gießen. Im Winter heller und kühler Standort (um 8°C). Keine Wassergaben!	*Coryphantha andreae* J.A.PURP. & BOED., tiefgrüner Körper, Scheitel wollig, gelbe Bedornung. Blüten gelb. Mexiko. *Coryphantha clava* (PFEIFF.) LEM., Keulen-C., Keule, säuliger, mehr oder weniger keulenförmiger, dunkelgrüner Körper, Dornen gelb bis braun, Blüten gelb. Mexiko. *Coryphantha elephantidens* (LEM.) LEM., Elefantenzähnige C., flachkugelig, auffallend große Warzen, dichtwollige Axillen, Dornen gelb bis braun, Blüten rosa bis weiß, beliebte Art. Mexiko. *Coryphantha radians* (DC.) BR. & R., kugeliger, grüner Körper, Dornen gelb, Blüten gelb. Mexiko (Hidalgo). Weitere nennenswerte und vor allem einfach zu pflegende Arten: *C. cornifera* (DC.) LEM., *C. erecta* (LEM.) LEM., *C. maiztablasensis* BCKBG., *C. palmeri* BR. & R., *C. pycnantha* (MART.) LEM., *C. sulcolanata* (LEM.) LEM.
Dolichothele (K.SCH.) BR. & R. emend. WERD. & BUXB. Langwarze. Beispielsweise von D. HUNT zur Gattung *Mammillaria* gestellt (z.T. als Untergattung). Zum Teil stark sprossende, weichfleischige Kakteen mit Rübenwurzeln. Von der Gattung *Mammillaria*, der sie besonders durch die oftmals sehr langen Warzen ähneln, durch den Bau der Blüten unterschieden. USA (Texas), Mexiko.	Anspruchslose, leicht zu pflegende Kakteen. Beliebte Anfängerpflanzen! Nahrhafte, mineralische und gut durchlässige Erde mit Lehmzusatz. Im Sommer sonnigen bis leicht schattigen Standort (pralle Sonne vermeiden, ansonsten Verbrennungen). Nicht übermäßig gießen. Im Winter trocken und hell, Temperatur um 12°C. Vermehrung kann auch durch Warzenstecklinge erfolgen.	*Dolichothele baumii* (BOED.) WERD. & BUXB., sprossend, feine, weiße Bedornung, Blüten groß, gelb. Mexiko. *Dolichothele camptotricha* (DAMS.) TIEG., syn. *Pseudomammillaria camptotricha* (DAMS.) BUXB., Vogelnestkaktus, gruppenbildend, konische bis 2cm lange Warzen, gelbe, borstenartige Bedornung, Blüten klein, weiß. Mexiko. *Dolichothele decipiens* (SCHEIDW.) TIEG., syn. *Pseudomammillaria decipiens* BUXB., polsterbildend, grüne Körper mit gelbweißen

Gattung	Pflegehinweise	Arten

Dornen, Blüten weiß mit rosa Mittelstreifen.
Mexiko.
Dolichothele longimamma (Dc.) Br. & R., syn. Mammillaria longimamma (Dc.) Br. & R., vielfach sprossend, langwarzig, Dornen gelb, Blüten weiß.
Mexiko.
Dolichothele surculosa (Boed.) Buxb., polsterbildend, dunkelgrüne, weiche Warzen, hellgelbe Bedornung, Blüten gelb.
Mexiko.

Echinocactus Lk. & O.
Igelkaktus, Kugelkaktus. Früher eine Sammelgattung, heute nur noch 10 Spezies. Zylindrische oder kugelige Kakteen von erheblicher Größe. Vielrippiger Körper mit auffallender und kräftiger Bedornung.
Wolliger Scheitel, aus dem die Blüten (Kranz) hervorbrechen.
Südliche Staaten der USA, Mexiko.

Anspruchslose und wüchsige Kakteen, die besonders dem Anfänger empfohlen werden können, aber auch dem Fortgeschrittenen viel Freude bereiten.
Nährstoffreiche und durchlässige Erde. Möglichst nicht der prallen Sonne aussetzen, da sonst leicht Verbrennungen bzw. Violettfärbung der Pflanzen auftreten.
Im Winter nicht unter 10°C, an geeignetem Winterstandort sind geringe Wassergaben möglich.
Die Pflanzen erreichen erst im Alter ihre Blühfähigkeit.

Echinocactus grusonii Hildm., Goldkugelkaktus, Schwiegermutterstuhl, kugelförmig, im Alter wenig länglich, grüner Körper mit kräftiger goldgelber Bedornung, glockige gelbbraune Blüten, eine der bekanntesten und beliebtesten Kakteenarten.
Mexiko (San Luis Potosi bis Hidalgo).
Echinocactus ingens Zucc., Riesen-Igelkaktus, säulig, bis 1,50m hoch, graugrüner Körper, Dornen braun bis grau, Blüten gelb.
Mexiko (Hidalgo).

Echinocereus Engelm.
Igelkaktus, Igelsäulenkaktus.
Säulige oder kugelige, zum Teil sprossende Kakteen. Weichfleischige Körper, wenig oder aber auch stark bedornt. Blüten farbenprächtig, zum Teil sehr groß und lange haltbar, grüner Stempel.
USA, Mexiko.

Gut wachsende und leicht blühende Kakteen. Viele Arten lassen sich ohne Schwierigkeiten am Fenster pflegen (z.B. *E. fitchii, E. knippelianus, E. salm-dyckianus*).
Nahrhafte, mineralische und gut durchlässige Erde (Zusatz von Ziegelgrus und Lehm günstig).
Wenig bedornte Arten vor direkter Sonnenbestrahlung schützen (schattieren!); dicht bedornte Arten benötigen viel Sonne und trockenen Standort (vorsichtig gießen, nicht nebeln!).
Winterstandort hell, trocken, Temperatur um 6°C. Manche Arten schrumpfen im Winterquartier erheblich. Diese Erscheinung ist normal. Wenige Wochen nach dem Ausräumen ins Sommerquartier sind die Glieder wieder prall.
Viele Arten wachsen gepfropft erheblich besser (Unterlagen z.B. *Trichocereus spachianus, Echinopsis, Eriocereus jusbertii*), günstig vor allem bei Zimmerkultur am Fenster.

Echinocereus blanckii (Pos.) Palm., dunkelgrüner Körper, reich sprossend, Glieder etwa 2,5cm stark, Blüten rotviolett, ca. 6cm Durchmesser.
Südtexas, Mexiko.
Echinocereus cinerascens (Dc.) Rümpl., gruppenbildend, weiße Bedornung, Blüten rot.
Mexiko.
Echinocereus fitchii Br. & R., kurzsäulig wachsend, gering sprossend, weißbraune Bedornung, Blüten rosa mit rotem Schlund, sehr reichblühende und blühwillige Art.
USA.
Echinocereus knippelianus Liebn., dunkelgrüner, wenig bedornter Körper. Rübenwurzel, Blüten rosa, blühwillig und reichblühend.
Mexiko.

Gattung	Pflegehinweise	Arten
	Sprossende und polsterbildende Arten möglichst in Schalen pflanzen. Echinocereen sind sehr empfindlich gegen Spinnmilben.	*Echinocereus salm-dyckianus* (Scheer), dunkelgrüne Triebe mit gelblichen Dornen, sprossend, Blüten möhrenrot. Mexiko (Chihuahua, Durango). *Echinocereus subinermis* Sd., kurzzylindrischer Wuchs, wenig sprossend, gelbe Bedornung, Blüten gelb. Mexiko (Chihuahua). *Echinocereus viereckii* Werd., sprossend, Glieder wachsen aufrecht, über 20 cm lang, Dornen goldgelb, Blüten violett-rosa. Mexiko (Tamaulipas). Beispiele für weitere schöne Arten: *E. baileyi* Rose, *E. coccineus* Engelm., *E. delaetii* Gürke, *E. eneacanthus* Engelm., *E. fendleri* (Engelm.) Rümpl., *E. laui* Frank, *E. nivosus* Glass & Forster, *E. pectinatus* (Scheidw.) Engelm., *E. pentalophus* (Dc.) Rümpl., *E. purpureus* Lahm., *E. reichenbachii* (Tersch.) Haage, *E. viridiflorus* Engelm.
Echinofossulocactus Lawr. syn. Stenocactus Lamellenkaktus, Kleinfurchenkaktus. Einzeln wachsende Kugelkakteen, zum Teil mit keulenförmigem Wuchs und scharfkantigen, gewellten Rippen (lamellenartig); manche Arten mit langen, dolchartigen Dornen; Blüten erscheinen in der Nähe des Scheitels bereits im Frühjahr. USA (Texas), Mexiko.	Anfängerpflanzen. Sie stellen keine besonderen Ansprüche und sind vor allem nicht empfindlich. Nahrhafte, mineralische und lockere Erde. Halbschattiger Sommerstandort (wenn möglich, unter Glas), bei Prallsonne entstehen sehr schnell Verbrennungen, ausreichende Feuchtigkeit. Helle und trockene Überwinterung, Temperatur 8 bis 12°C. Die Pflanzen können wurzelecht gehalten werden, wachsen aber auch gepfropft sehr gut.	*Echinofossulocactus hastatus*, kugelförmig, hellgrüner Körper, 30 bis 40 Rippen, Blüten weiß mit rot. Mexiko. *Echinofossulocactus lamellosus* (Dietr.) Br. & R., blaugrüner Körper, ca. 30 gewellte Rippen, Blüten karminrot. Mexiko. *Echinofossulocactus multicostatus* (Hildm.) Br. & R., kugelförmig, hellgrüner Körper, über 100 gewellte Rippen, Blüten weiß mit violetter Mitte. Mexiko. *Echinofossulocactus ochoterenaus* Tieg., blaugrüner Körper, ca. 30 Rippen, dichte gelbe Bedornung, Blüten weiß oder purpurrot. Mexiko. *Echinofossulocactus vaupelianus* (Werd.) Tieg. & Oehme, dichte, weiße Bedornung, Blüten cremefarben. Mexiko.

Gattung	Pflegehinweise	Arten
		Weitere interessante Arten: *E. coptogonus* (LEM.) LAWR., *E. crispatus* (DC.) LAWR., *E. gladiatus* (LK. & O.) LAWR., *E. kellerianus* KRAINZ, *E. lloydii* BR. & R., *E. phyllacanthus* (MART.) LAWR.

Echinopsis ZUCC. Seeigelkaktus, Igelkaktus. Breitkugelige, später kurzsäulig wachsende Kakteen mit zum Teil starker Bedornung, Blüten trichterförmig, langröhrig, groß; viele Arten sind Nachtblüher. Eine Gattung, die bereits 1837 aufgestellt wurde und zunächst eine große Sammelgattung darstellte. Nach BACKEBERG umfaßte sie nur noch etwa 50 Arten. In jüngster Zeit wurden erneut beträchtliche Veränderungen vorgenommen. So stellen z. B. manche Autoren alle *Pseudolobivia*-Arten, einige *Lobivia*-, *Acanthocalycium*-, *Helianthocereus*- und *Trichocereus*-Arten zu dieser Gattung. Südamerika.

Häufig die erste Pflanze einer Sammlung! Beliebte, leicht kultivierbare und bei Einhaltung einer Ruheperiode mit kühler Überwinterung auch reich blühende Kakteen. Manche Laien bezeichnen diese oft fälschlicherweise als «Königin der Nacht». Kräftige, humusreiche und durchlässige Erdmischung, regelmäßige Düngergaben während des Wachstums. Überdüngung mit Stickstoff fördert starke Kindelbildung, reichlich wässern. Sommerstandort sonnig bis leicht schattig, Aufstellung auch im Freien möglich. Im Winter hell und trocken, kühl, Temperatur 6 bis 10 °C. Echinopsen werden oft zu Kreuzungen, z. B. mit Lobivien, benutzt. Es existieren aber auch von ihnen selbst viele Hybriden. Echinopsen sind beliebte und widerstandsfähige Pfropfunterlagen, z. B. für Sämlinge und kleinere Pfröpflinge.

Echinopsis bridgesii SD., erst kugelig, später kurzsäulig wachsend, dunkelgrüner Körper, braune Bedornung, Blüten weiß, ca. 20 cm lang, öffnen sich gegen Abend. Bolivien.
Echinopsis calochlora K. SCH., kugelig, grünglänzender Körper, Dornen gelb, Blüten weiß, ca. 15 cm lang. Brasilien.
Echinopsis eyrisii (TURP.) ZUCC., zunächst kugelig, dann kurzsäulig, später sprossend, Areolen weiß, braune, kurze Dornen, Blüten weiß, ca. 25 cm lang. Südbrasilien bis Argentinien.
Echinopsis leucantha (GILL.) WALP., kugelig, Areolen gelb, gelbe bis braune Bedornung, Blüten weiß. Argentinien.
Echinopsis multiplex (PFEIFF.) ZUCC., länglich, gelbbraune Bedornung, Blüten rosa, ca. 20 cm lang. Südbrasilien.
Echinopsis oxygona (LK.) ZUCC., nahezu kugelig, braune Dornen, Blüten rosa. Südbrasilien, Uruguay bis Nordostargentinien.
Echinopsis tubiflora (PFEIFF.) ZUCC., kugelig, dunkelgrüner Körper, Randdornen gelblich mit dunkler Spitze, Mitteldornen schwarz, Blüten weiß, ca. 20 cm lang. Argentinien.

Epiphyllopsis BERG. syn. Rhipsalidopsis BR. & R. Osterkaktus. Epiphytische, strauchförmig wachsende Kakteen, die den *Zygocactus*-Arten ähnlich sind. Flache oder kantige Glieder. Brasilien.

In Sammlungen und Blumenfenstern sehr häufig verbreitete Kakteen; werden zur Osterzeit auch öfters in den Blumenläden angeboten. Nahrhafte, etwas humose, sehr gut durchlässige Erde (Zusatz von Torfmull, etwas Lehm und grobem Kies günstig).

Epiphyllopsis gaertneri (REG.) BERG., Osterkaktus, Einzelglieder flach, schwach gekerbt, Randareolen wenig beborstet, Blüten scharlachrot; es existieren zahlreiche Züchtungen, z. B. mit ziegelroten Blüten. Ostbrasilien.

Gattung	Pflegehinweise	Arten

Im Sommer halbschattiger Stand, auch im Freien, regelmäßige Wassergaben.
Winterstandort hell und kühl (um 12°C), wenig gießen, Winterruhe von November bis Februar, danach die Pflanzen wieder an einen wärmeren Platz stellen.
Pfropfen auf *Eriocereus jusbertii, Selenicereus* oder *Pereskia* möglich, ergibt Kronenbäumchen.

Epiphyllum Haw.
syn. Phyllocactus Link.
Blattkaktus.
Epiphytisch, im Urwald auf Bäumen wachsende Kakteen. Am Grund mit stielrunden, weiter oben blattartigen Trieben (blattähnliche Flachsprosse), in Einkerbungen sitzen die Areolen.
Ausbildung von Luftwurzeln. Blüten großblumig und teilweise duftend, blühen nachts.
Mexiko bis Südamerika.

Anspruchslose, leicht wüchsige, wegen ihrer prächtigen und vor allem auch großen Blüten sehr beliebte und verbreitete Kakteen. Günstig als Anfängerpflanzen fürs Fensterbrett!
Bei uns findet man heute kaum noch die reinen Arten. In Kultur sind vor allem Hybriden (z.B. Kreuzungen mit Cereen) mit großen, prächtig gefärbten Blüten.
Humusreiche, aber lockere Erde (Zusatz von Torf und Kies günstig).
Nach dem Verblühen umpflanzen. In der Vegetationsperiode Düngergabe erwünscht.
Halbschattiger Sommerstandort, auch im Freien (z.B. Balkon, Terrasse, Garten), reichlich gießen.
Winterstandort hell, Temperatur um 15°C, geringe Wassergaben.

Epiphyllum anguliger (Lem.) G. Don., Fischgrätenkaktus, Sägeblattkaktus, wächst strauchig, Triebe am Grund schmal, dann breit und flach, stark gezähnt, Blüten gelbrot.
Mexiko.
Epiphyllum chrysocardium Alex., syn. Marniera chrysocardia Bckbg., sehr breite gezähnte Triebe, Blüten mit Röhre über 30cm lang, weißrosa, nur für das Gewächshaus.
Mexiko.
Epiphyllum phyllanthus (L.) Haw., wächst strauchig, bis 7cm breite Triebe, Blüten weiß.
Panama bis Britisch Guayana, Peru, Bolivien, Brasilien, Paraguay.
Die weitverbreiteten Züchtungen bringen Blüten von weiß über hellgelb bis rosa und rot.

Epithelantha (Web.) Br. & R.
Kleinbleibende, zum Teil gruppenbildende, weißbedornte Kakteen, die gewisse Ähnlichkeit mit Mammillarien aufweisen.
Süden der USA bis Nordmexiko.

Keine Anfängerpflanzen, weil Kultur nicht ganz einfach (Gewächshaus oder Frühbeet). In den Sammlungen wird vorwiegend E. micromeris kultiviert, häufig gepfropft (z.B. auf *Eriocereus jusbertii*).
Mineralische, lockere Erde. Sommerstandort hell (vollsonnig) und warm, geringe Wassergaben.
Im Winter hell, trocken und nicht zu kühl (um 15°C) aufstellen.

Epithelantha micromeris (Engelm.) Web., kleiner Kugelkaktus, gruppenbildend, weiße Bedornung, Blüten weiß bis rosa.
USA (Westtexas) bis Nordmexiko.

Eriocactus Bckbg.
Borstenkaktus, Wollkaktus.
Manche Autoren stellen diese Kakteen zur Gattung *Notocactus*.
Kugelige, zum Teil später kurzsäulige Kakteen, vor

Als Anfängerpflanze besonders *E. leninghausii* zu empfehlen. Andere Arten sind mehr Pflanzen für den erfahrenen Kakteenfreund.
Mineralische, gut durchlässige Erde (Zusatz von etwas Torf günstig).
Sonniger Sommerstandort mit ausreichenden Wassergaben.

Eriocactas leninghausii (Haage) Bckbg., syn. Notocactus leninghausii Berg., Goldsäule, als Jungpflanze kugelig, später säulig wachsend, stark sprossend, borstige goldgelbe Bedornung, Blüten gelb.
Südbrasilien.

Gattung	Pflegehinweise	Arten
allem ältere Pflanzen mit schrägem Scheitel. Südbrasilien, Paraguay.	Überwinterung bei 10 bis 12°C. Alle Arten wachsen wurzelecht sehr gut.	*Eriocactus magnificus* RITT., erst kugelig, dann kurzsäulig, Körper blaugrün bereift, Dornen borstig, braun, Blüten gelb, sehr schöne Art. Südbrasilien.
Eriocereus (BERG.) RICC. syn. Harrisia. Kakteen mit schlanktriebigen Körpern, kletternd oder niederliegend, Dornen zunächst rotbraun, dann grau werdend, große Trichterblüten, Nachtblüher. Südamerika.	Rankcereen, obwohl anspruchslose Arten, nicht für die Zimmerpflege sehr günstig, aber geeignet in Gewächshäusern oder verglasten Veranden zur Bepflanzung von Wänden. Zum Ranken muß den Pflanzen allerdings ein Gerüst oder eine Stütze angeboten werden. Nahrhafte, gut durchlässige Erde, Humusanteil kann etwas größer sein. Warmer Sommerstandort, aber keine Prallsonne (schattieren), ausreichende Feuchtigkeit. Winterstandort hell, Temperatur nicht unter 10°C. *Eriocereus*-Arten werden vor allem auch als Pfropfunterlagen kultiviert (Anzucht aus Samen oder Stecklingen leicht möglich), beliebte Pfropfunterlagen *E. jusbertii, E. bonplandii*.	*Eriocereus bonplandii* (PARM.) RICC., kletternde oder niederhängende, graugrüne Triebe, 4- bis 6rippig, Dornen zunächst rotbraun, dann grau, Blüten weiß, ca. 25cm lang. Bolivien. *Eriocereus jusbertii* (REB.) BERG., syn. Harrisia jusbertii BR. & R. rankend, dunkelgrüner Körper, 5- bis 6rippig, Dornen erst rotbraun, dann schwarzbraun, Blüten weiß, ca. 20cm lang. *Eriocereus martinii* (LAB.) RICC., kletternde, grüne Triebe, 4- bis 5rippig, hellbraune Dornen, Blüten weiß. Argentinien.
Espostoa BR. & R. emend. WERD. Vorwiegend säulig und verzweigt wachsende Kakteen mit weißer, wollartiger Behaarung, Ausbildung von Cephalien. Südekuador bis Nordperu.	Mit die schönsten Säulenkakteen! Nährstoffreiche, mineralische und lockere Erde (Zusatz von Ziegel- oder Sandsteingrus günstig). Im Sommer heller, sonniger Standort, mit Wasser sparen, Trockenruhe; im Frühjahr und Herbst Wachstumszeit, dann mehr gießen, aber nicht von oben auf die Pflanzen, besonders Jungpflanzen sind gegen zu viel Feuchtigkeit empfindlich. Überwinterung weitgehend trocken, Temperatur um 12°C, gegen Bodenfeuchtigkeit jetzt sehr empfindlich. Pfropfen ist möglich (besseres Wachstum, schönere Wollausbildung, leichtere Überwinterung), Pfropfunterlagen sollen starkwüchsig sein, z.B. *Trichocereus spachianus* oder *pachanoi, Cereus peruvianus. Espostoa*-Arten sollten unter Glas gehalten werden, um sie vor Staub zu schützen.	*Espostoa lanata* BR. & R., Südamerikanisches Greisenhaupt, Humboldtkaktus, wächst baumförmig, Körper dicht weiß behaart, wollig, Blüten weiß, einer der beliebtesten Haarsäulenkakteen. Nordperu. *Espostoa ritteri* BUIN., ähnlich *E. lanata*, Haare aber mehr abstehend, Blüten weiß. Nordperu.

Gattung	Pflegehinweise	Arten
Eulychnia PHIL. Wüstenfackel, Schöne Fackel. Baum- oder strauchartig wachsende Kakteen mit weißwolligen, eng beieinanderstehenden Areolen und auffallend langen Mitteldornen. Chile, Peru.	*Eulychnia*-Arten sind in unseren Sammlungen allgemein verbreitet. Es sind gut wüchsige und sehr schön aussehende Kakteen, die vor allem gepfropft in der Kultur gehalten werden (Unterlage z. B. *Trichocereus spachianus*). Im Sommer heller und warmer Stand (keine Prallsonne), sparsam gießen. Überwinterung hell, kühl (8 bis 10°C), trocken.	*Eulychnia ritteri* CULM., baum- oder strauchförmig und stark verzweigt wachsend, dunkelgrüner Körper mit ca. 20 Rippen, weißfilzige Behaarung, Dornen braun bis schwarz, die Behaarung um einiges überragend, Blüten weiß. Peru. Eine ähnliche Art ist *Eulychnia saintpieana* RITT. aus Nordchile.
Ferocactus BR. & R. Kugelige oder mit zunehmendem Alter säulig wachsende Kakteen, die sich durch kräftige Rippen und derbe, farbige Dornen auszeichnen, Körper z.T. sprossend und gruppenbildend, Blüten kurztrichterig, in Scheitelnähe. Süden der USA, Mexiko.	Vor allem wegen der auffallenden und schönen Bedornung gern kultivierte Kakteen. Sie wachsen allerdings recht langsam, Blüten erscheinen erst an älteren Pflanzen. Nährstoffreiche, mineralische Erde (Lehmzusatz, günstig für die Bedornung). Sonniger Sommerstandort, schattieren oft notwendig, sonst Verbrennungen bzw. Violettfärbung der Pflanzenkörper, nicht zu häufig gießen und düngen. Helle, trockene Überwinterung, Temperatur um 12°C. Die Pflanzen können gepfropft werden (z.B. auf *Eriocereus jusbertii*), am besten schon als Sämlinge oder Jungpflanzen; bei entsprechender Größe dann wurzelecht weiterkultivieren.	*Ferocactus glaucescens* (DC.) BR. & R., zunächst kugelig, später länglich wachsend, blaugrüner Körper, gleichmäßige, gelbe Bedornung, Blüten gelb. Mittelmexiko. *Ferocactus histrix* (DC.) LINDS., syn. Ferocactus melocactiformis DC., kugelförmig, Jungpflanzen mit auffallend großen Höckern, Körper blaugrün, Dornen gelb. Mexiko. *Ferocactus latispinus* (HAW.) BR. & R., Teufelszunge, gedrücktrunder Körper mit z.T. sehr breiten Dornen, Blüten weißrosa oder purpurfarben. Mittelmexiko. Weitere empfehlenswerte Arten sind zum Beispiel: *Ferocactus emoryi* (ENGELM.) BCKBG., *Ferocactus horridus* BR. & R., *Ferocactus stainesii* (HOOK.) BR. & R., *Ferocactus wislizenii* (ENGELM.) BR. & R.
Frailea BR. & R. Kleine kugelige oder kurzsäulig wachsende Kakteen, die oft rasenbildend sind. Die Blüten öffnen sich vielfach nicht (Kleistogamie). Südamerika (Brasilien, Uruguay, Argentinien, Paraguay, Bolivien, Kolumbien).	Frohwüchsige und blühfreudige Zwergkakteen. Ideal für das Fensterbrett, weil geringer Platzanspruch, wenig empfindlich. Lockere, durchlässige und mineralische Erde. Im Sommer warmer, aber etwas schattiger Standort (Prallsonne meiden); reichlich gießen, vor allem während der Wachstumsphase. Überwinterung bei etwa 12°C, hell, trocken. Anzucht größerer Pflanzen sehr schnell durch Sämlingspfropfung, *Selenicereus*-Unterlage möglich.	*Frailea asteroides* WERD., gedrücktrunder Wuchs, Körper rotbraun, nicht sprossend, Blüten gelb, nicht ganz einfach zu pflegen. Brasilien. *Frailea grahliana* (HAAGE) BR. & R., etwas abgeflachter runder braungrüner Körper, stark sprossend, Blüten gelb, Anfängerart. Argentinien, Paraguay. *Frailea pumila* (LEM.) BR. & R., sehr kleiner, dunkelgrüner Körper, Blüten gelb. Anfängerart. Paraguay und Argentinien.

Gattung	Pflegehinweise	Arten

Weitere interessante Arten können empfohlen werden, z.B. *Frailea cataphracta* (DAMS.) BR. & R., *Frailea pulcherrima* (AR.) BCKBG., *Frailea schilinskyana* (HAAGE) BR. & R., *Frailea uhligiana* BCKBG.

Gymnocalycium PFEIFF. Nackter Blütenkelch. Kugelkakteen mit höckerigen Rippen. Die Pflanzen wachsen einzeln oder in Gruppen. Blüten trichterförmig, außen nackt mit Schuppen. Südamerika (Bolivien, Paraguay, Uruguay, Brasilien, Argentinien).

Frohwüchsige, anspruchslose und leicht blühende Kakteen. Sowohl Pflanzen für den Anfänger als auch für den Fortgeschrittenen (Spezialsammlung!). Nahrhafte, gut durchlässige Erdmischung (Torfzusatz günstig). Während der Vegetationszeit im Sommer pralle Sonne vermeiden (leichter Sonnenschutz, z.B. Schattierleinewand), Verbrennungen bzw. Violettfärbung verhindern. Pflanzen normal gießen, Erde nie ganz trocken werden lassen. Winterstandort hell, trocken und kühl (um 12°C). Pflanzen wachsen wurzelecht sehr gut und brauchen nicht gepfropft zu werden.

Gymnocalycium andreae (BOED.) BCKBG., relativ kleiner, dunkelgrüner Körper, Blüten gelb. Argentinien.
Gymnocalycium baldianum (SPEG.) SPEG., flachkugeliger, dunkelgrüner Körper, nicht sprossend, Blüten rot, kann trocken und sehr kühl überwintert werden, Anfängerart. Argentinien.
Gymnocalycium denudatum (LK. & D.) PFEIFF., Spinnenkaktus, zunächst gedrückt rund, später länglich wachsend, grünglänzender Körper, Dornen gelb und anliegend, spinnenartig, Blüten weiß, beliebte Art. Brasilien bis Argentinien.
Gymnocalycium mihanovichii (FRIČ & GUERK.) BR. & R., Zebrakaktus, kleiner, graugrüner bis rotbrauner Körper, Rippen hell und dunkel erscheinend, Blüten grüngelb, viele Varietäten, am bekanntesten *G. mihanovichii* var. *friedrichii* f. *rubra*, eine rote Mutation, die nur gepfropft wächst, da ihr das Chlorophyll fehlt; als Pfropfunterlage z.B. *Trichocereus pachanoi* oder *Hylocereus*. Paraguay.
Weitere empfehlenswerte Arten: *Gymnocalycium multiflorum* (HOOK.) BR. & R., *Gymnocalycium quehlianum* (HAAGE) BERG., *Gymnocalycium saglionis* (CELS.) BR. & R.

Haageocereus BCKBG. Säulenkakteen mit auffallend bunter und dichter Bedornung, Triebe vom Grund her sprossend, aufrechter, aber auch liegender Wuchs, Blüten trichterförmig. Peru.

Sehr schöne, auch für den Anfänger geeignete Säulenkakteen. Nährstoffreiche, mineralische, gut durchlässige Erde (Lehmzusatz günstig). Sommerstandort sonnig, möglichst dicht an der Scheibe auf dem Fensterbrett, günstig im Gewächshaus oder Glaskasten, reichlich gießen.

Haageocereus chosicensis (WERD. & BCKBG.) BCKBG., sprossend, gelbe bis bräunliche Bedornung, Blüten rotviolett. Mittelperu.
Haageocereus pachystele RAUH & BCKBG., am Grund sprossend, bernsteingelbe Bedornung, Blüten weiß bis grünlich,

Gattung	Pflegehinweise	Arten
	Im Winter hell und fast trocken halten, Temperatur um 12°C. Diese Pflanzen kommen in der Zimmerkultur selten zur Blüte, werden aber wegen ihrer farbigen Bedornung sehr gern gepflegt. Pfropfen nicht notwendig, Pflanzen wachsen wurzelecht gut.	wüchsige Art. Mittelperu. *Haageocereus versicolor* (WERD. & BCKBG.) BCKBG., Triebe schlank, Bedornung an der Basis gelb, nach oben hin rotbraun, Blüten weiß. Nordperu. *Haageocereus zehnderi* RAUH & BCKBG., sprossend, dichte gelbe Bedornung, Blüten weiß. Peru.
Hamatocactus BR. & R. Hakenkaktus. Kugelkakteen mit zahlreichen Rippen und langen, hakig gekrümmten Mitteldornen, Blüten trichterförmig. Süden der USA bis Nordmexiko.	Ohne Schwierigkeiten zu pflegende, leicht blühende Arten, die besonders dem Anfänger empfohlen werden können. Nährstoffreiche, mineralische und gut durchlässige Erde. Sonniger Platz im Sommer, bei Prallsonne etwas Halbschatten geben, mäßig gießen. Winterstandort hell, trocken und kühl, Temperatur um 12°C.	*Hamatocactus hamatacanthus* (MUEHLPF.) KNUTH, zunächst kugelig, später kurzsäulig, auffallend lange Hakendornen (Mitteldornen bis 12 cm), erst rötlich, dann gelb, Blüten gelb mit rotem Schlund. USA (Texas) bis Nordmexiko. *Hamatocactus setispinus* (ENGELM.) BR. & R., Borstendorniger H., Hakenstachelkaktus, erst kugelig, dann länglich wachsend, nicht so starke Bedornung wie vorige Art, Blüten gelb mit rotem Grund, Anfängerart, sicherer Blüher. USA (Texas) bis Nordmexiko.
Helianthocereus BCKBG. syn. Trichocereus RITT. Die Arten dieser Gattung werden von manchen Autoren teilweise zur Gattung *Trichocereus*, aber auch teilweise zu den Gattungen *Echinopsis* bzw. *Lobivia* gestellt. Einzeln oder vom Grund her verzweigt wachsende Säulenkakteen, zum Teil mit mächtiger Bedornung. Blüten trichterig, erscheinen am Tage. Argentinien bis Bolivien.	In den Sammlungen weit verbreitete, sehr einfach zu pflegende Kakteen. Anfängerpflanzen, günstig für das Fensterbrett. Nahrhafte, mineralische, gut durchlässige Erdmischung (Zusatz von etwas Ziegelgrus günstig). Sonniger Sommerstandort. Überwinterung hell und trocken, Temperatur um 10°C. Für das Fensterbrett eignen sich allerdings nur Jungpflanzen, ältere Exemplare brauchen viel Platz.	*Helianthocereus pasacana* (WEB.) BCKBG., syn. Echinopsis pasacana (WEB.) FRIEDR. & ROWL., baumförmig mit starken Seitentrieben, Dornen gelb, Blüten weiß. Argentinien und Südbolivien. *Helianthocereus poco* (BCKBG.) BCKBG., syn. Echinopsis poco (BCKBG.) FRIEDR. & ROWL., Dornen hellbraun, Blüten rosa bis hellpurpurfarben. Südbolivien, Nordargentinien
Hildewintera RITT. syn. Winterocereus BCKBG., Wintera RITT. Von manchen Autoren zu *Loxanthocereus* oder zu *Borzicatus* gestellt. Vom Grund her sprossende	*Hildewintera aureispina* ist eine verhältnismäßig neue Kakteenart. Es sind wüchsige, anspruchslose und blühwillige Pflanzen; bei den Kakteenfreunden sehr beliebt, vor allem als Ampelpflanze gehalten, kann dem Anfänger sehr empfohlen	*Hildewintera aureispina* RITT., Goldbeborsteter Hängekaktus, Blüten orangerot. Diese Art wurde erst 1958 von F. RITTER entdeckt, ist aber in den Kakteensammlungen inzwischen weit verbreitet.

Gattung	Pflegehinweise	Arten
Kakteen mit herabhängenden Trieben, dichte Bedornung, kräftig goldgelb. Bisher nur eine Art bekannt. Bolivien.	werden. Nahrhafte, etwas humose und lockere Erde. Sommerstand soll sonnig und luftig sein, nicht zu wenig gießen. Überwinterung hell, trocken oder nur geringe Wassergaben, Temperatur 8 bis 12°C. In den Blumengeschäften werden fast nur Pfropfungen angeboten, obwohl die Pflanzen auch wurzelecht sehr gut wachsen.	
Homalocephala Br. & R. Flachkopf, Teufelskopf. Monotypische Gattung. Kugelkakteen mit zahlreichen, scharfkantigen Rippen, nicht sprossend. Süden der USA bis Nordmexiko.	Interessante Art. Benötigt mineralische Erde mit Lehmzusatz. Im Sommer heller, warmer Standort. Vom Frühjahr bis zum Frühsommer reichlich Feuchtigkeit, im Hochsommer Trockenruhe. Im Winter ebenfalls trocken halten.	*Homalocephala texensis* (Hopff.) Br. & R., Dornen gelb, Blüten orange- und scharlachrot, federähnlich. Sämlingspfropfung ist zu empfehlen.
Hylocereus (Berg.) Br. & R. Waldcereus, Mondkaktus. Epiphytisch wachsende, dreikantige und reichlich Luftwurzeln ausbildende Kakteen, die vor allem in feuchttropischen Wäldern vorkommen. Sehr große, trichterförmige, stark beschuppte Blüten, Nachtblüher. Mexiko bis nördliches Südamerika.	Kakteen vor allem für das Gewächshaus, die, wenn sie älter sind, viel Platz und Rankmöglichkeiten brauchen (z.B. Gewächshauswand); wachsen ausgesprochen gut in feuchtwarmer Luft und mehr humushaltiger Erde. Überwinterung hell, Temperatur um 12°C, geringe Wassergaben möglich. Gelegentlich als Pfropfunterlagen z.B. für *Gymnocalycium mihanovichii* f. *rubra* verwendet, aber auf die Dauer wenig haltbar.	*Hylocereus triangularis* (L.) Br. & R., Dreikantiger H., kletternd, oft epiphytisch lebend, Triebe dreikantig, Blüten weiß. Jamaika. *Hylocereus undatus* (Haw.) Br. & R., hängend, kriechend und kletternd, Triebe meist dreirippig, deutlich abgestuft, sehr kurze Dornen (einfaches Unterscheidungsmerkmal zur vorigen Art), Blüten weiß, sehr groß, an älteren Pflanzen zahlreich.
Islaya Bckbg. Kugelkakteen, deren Scheitel von einem dichten Filz bedeckt ist, kleine Blüten. Südperu, Nordchile.	Empfehlenswerte Kakteen, vielleicht aber für den erfahrenen Pfleger. Mineralische Erde (Zusatz von Lehm und Ziegelgrus günstig, nur geringe Humusanteile). Auch in der Wachstumsphase nur sparsam gießen; warmen Stand, möglichst unter Glas, geben. Im Winter hell, kühl (um 12°C) und trocken halten. Die Pflanzen wachsen sehr langsam, Pfropfen ist anzuraten.	*Islaya grandis* Rauh & Bckbg., blaugrüner, bis 30cm hoch wachsender Körper, braune Bedornung, Blüten rosa. Südperu. *Islaya islayensis* (Foerst.) Bckbg. Blüten gelb. *Islaya krainziana* Ritt., graugrüner Körper, Dornen kurz, gelblich bis bräunlich, Blüten gelb. Nordchile. Empfehlenswert auch *Islaya divaricatiflora* Ritt.

Gattung	Pflegehinweise	Arten
Krainzia Bckbg. Die Gattung wird heute allgemein zu *Mammillaria* gestellt. *Mammillaria*-ähnliche Kugelkakteen, z.T. mit dichter, weißer Bedornung, Blüten 4 bis 5 cm lang. Mexiko.	In unseren Sammlungen vor allem *Krainzia guelzowiana* – ein sehr schöner weißbewollter Kugelkaktus mit rotbraunen Hakendornen (ähnl. *Mammillaria bocasana*) und purpurfarbenen, großen Blüten. Nährstoffreiche, mineralische, sehr gut durchlässige Erdmischung (Lehmzusatz und Beigabe von Ziegelgrus günstig). Im Sommer sonniger Standort, möglichst unter Glas (Staubschutz); vorsichtig gießen, gegen zuviel Nässe ist diese Art empfindlich. Im Winter besser trocken halten, kühl, Temperatur 8 bis 12 °C.	*Krainzia guelzowiana* (Werd.) Bckbg., richtig: *Mammillaria guelzowiana* (Werd.) Bckbg.
Leptocladodia Buxb. *Leptocladodia* wurde von F. Buxbaum als eigene Gattung aufgestellt und von *Mammillaria* abgetrennt. Nach dem System von Hunt gehören *L. elongata*, *L. microhelia* und *L. microheliopsis* wieder zur Gattung *Mammillaria*.		
Leuchtenbergia Hook. Prismenkaktus. Monotypische Gattung. Im Alter zum Teil sprossende Kakteen mit langen, abstehenden, dreikantigen Mammillen von blaugrüner Farbe und dicken Rübenwurzeln. Die Blüten erscheinen aus den jüngsten Areolen. Mexiko.	Eine aus Samen relativ leicht anzuziehende Kakteenart; trotzdem weniger für den Anfänger geeignet. Am günstigsten im Gewächshaus zu kultivieren. Nährstoffreiche, lockere Erdmischung (Zusatz von viel Lehm und Sand). Im Sommer viel Sonne und Wärme, Kultur am besten unter Glas, nicht zuviel gießen. Winterstandort hell, trocken und kühl (um 10 °C). Sämlingspfropfung ist möglich.	*Leuchtenbergia principis* Hook., starkwollige Areolen, papierartige, weiße bis gelblichbraune Dornen, trichterförmige, große, gelbe Blüten. Mittel- bis Nordmexiko
Lobivia Br. & R. Kugelige oder kurzsäulige, zum Teil am Grunde sprossende Kakteen. Blüten kurzröhrig, trichterförmig, Blütenröhre behaart, Tagblüher. Artenreiche Gattung, deren Name sich von dem Wort Bolivien ableitet (Anagramm, d. h. Buchstabenumstellung).	Vorwiegend Hochgebirgspflanzen. Frohwüchsige und blühwillige, aber relativ kleinbleibende Kugelkakteen, die aufgrund ihrer geringen Ansprüche in der Pflege zu den verbreitetsten Liebhaberpflanzen gehören. Ideal für das Fensterbrett. Das Erdgemisch soll nährstoffreich, etwas humos, gut durchlässig locker sein (Zusatz von Ziegelgrus günstig). Im Sommer sonniger und luftiger	*Lobivia allegraiana* Bckbg., meist sprossend, dunkelgrüner Körper mit gelber Bedornung, Blüten dunkelrot. Südostperu. *Lobivia backebergiana* Y. Ito., braungelbe Bedornung, großtrichterige, gelbe Blüten. Bolivien. *Lobivia chrysantha* (Werd.) Bckbg., kugelig, Blüten goldgelb. Argentinien.

Gattung	Pflegehinweise	Arten
Südamerika (Hauptverbreitungsgebiet Bolivien, ferner Argentinien und Peru).	Standort, reichlich Feuchtigkeit geben. Lobivien können sogar geschützt im Freien untergebracht werden, z.B. auf dem Balkon. Häufiges Nebeln beugt dem Befall mit Spinnmilben vor. Winterstandort hell, trocken und sehr kühl (um 6°C). Von Mitte Oktober bis zum Knospenansatz absolute Ruhephase durch Trockenheit (also nicht gießen), wichtige Voraussetzung für reichliches Blühen. Lobivien wachsen und blühen auch sehr gut gepfropft (z.B. auf *Selenicereus*). Die Pflanzen werden häufig von Spinnmilben befallen; ständige Kontrolle notwendig.	*Lobivia drijveriana* BCKBG., kugelig, kleinwüchsig, Blüten gelborange, Schlund grünlich. Argentinien. *Lobivia famatimensis* (SPEG.) BR. &R., länglicher Wuchs, Dornen relativ klein, anliegend, Blüten gelb, verschiedene Varietäten, Anfängerpflanze. Argentinien. *Lobivia haageana* BCKBG., säulig, z.T. sprossend, starke, gelbliche Bedornung, Blüten gelb mit rotem Schlund, beliebte Art, verschiedene Varietäten. Nordargentinien. *Lobivia jajoiana* BCKBG., nicht sprossend, kurzsäulig, Blüten mit schwarzem Schlund, ansonsten variiert Blütenfarbe (vorherrschend Rottöne), beliebte Art. Nordargentinien. *Lobivia rebutioides* BCKBG., rebutienähnlich, sprossend, anliegende, weißliche Bedornung, Blüten rot. Nordargentinien. *Lobivia rubescens* BCKBG., graugrüner bis rötlicher Körper, kräftige Bedornung, Blüten rotgelb. Nordargentinien. *Lobivia winteriana* RITT., Jungpflanzen mit kugeligen, ältere Pflanzen mit länglichem Wuchs, hellbraune Bedornung, Blüten rubinrot, sehr schöne Art. Peru.
Lophophora COULT. syn. Anhalonium Rauschkaktus, Rauschgiftkaktus, Büschelkaktus, Schnapskopf, Teufelswurzel. Graugrüne, dornenlose Kugelkakteen mit pinselförmigen Haarbüscheln auf den Areolen. Wuchs einzeln, z.T. aber auch stark sprossend. Weichfleischige Körper mit Rübenwurzel. Blüten klein. Die Pflanzen enthalten eine Reihe von Alkaloiden. USA bis Nordmexiko.	Widerstandsfähige und anspruchslose Kakteen, die in kaum einer Sammlung fehlen. Nährstoffreiche, mineralische, gut durchlässige Erde mit etwas Lehmzusatz. Warmer, sonniger Stand im Sommer, bei Prallsonne etwas schattieren, sonst Violettfärbung der Pflanzen. Nicht zu wenig gießen. Wegen der Rübenwurzeln am besten tiefe Pflanzgefäße benutzen. Trockener und kühler Winterstandort, Temperatur um 10°C. Die Pflanzen wachsen auch gut gepfropft, sprossen aber dann oft sehr stark.	*Lophophora williamsii* (LEM. & SD.) COULT., grau bis blaugrüner, weichfleischiger Körper, Blüten rosa, bekannteste und verbreitetste Art in den Sammlungen. Süden der USA bis Nordmexiko.

Gattung	Pflegehinweise	Arten

Mamillopsis (MORR.) WEB. ex BR. & R.
Zum Beispiel von D. HUNT als Untergattung zu *Mammillaria* gestellt. Gruppenbildende, kugelige bis kurzzylindrische Hochgebirgskakteen, *mammillaria*ähnlich. Zahlreiche weiße, borstenförmige Dornen. Mexiko.

In den Sammlungen ist vor allem *M. senilis* anzutreffen. Nahrhafte, mineralische und gut durchlässige Erdmischung (Zugabe von Ziegelgrus und Lehm günstig). Im Sommer warmer und luftiger Standort. Kultur am besten unter Glas. Winterstand sehr trocken und kühl (um 8°C). Im Hinblick auf das Blühen etwas problematische Pflanzen, vielfach gepfropft gehalten.

Mamillopsis senilis (LODD.) WEB. ex BR. & R., syn. Mammillaria senilis LODD., zunächst kugeliger, später zylindrischer Wuchs, weißwollige Areolen mit vielen, borstenartigen, weichen Dornen, Blüten rot. Mexiko.

Mammillaria HAW.
Warzenkaktus
Mit über 300 Arten die größte Gattung innerhalb der Familie *Cactaceae*. D. HUNT hat neuerdings ein originelles System für die Gattung *Mammillaria* aufgestellt. Unter der Einbeziehung von Überlegungen K. SCHUMANNS werden 6 Untergattungen unterschieden:
1. *Mammilloydia* (F. BUXB.) MORAN
2. *Oehmea* (F. BUXB.) D. R. HUNT
3. *Dolichothele* K. SCHUM.
4. *Cochemiea* K. BRANDEG.
5. *Mamillopsis* (MORR. ex BR. & R.) D. R. HUNT
6. *Mammillaria*
Die Untergattung *Mammillaria* unterteilt D. HUNT in 3 Sektion und 14 Serien. Kugelige oder kurzsäulige Kakteen mit spiralig angeordneten Warzen. Einzeln oder in Gruppen wachsend, rasen- bzw. polsterbildend. Häufig mit kräftiger Rübenwurzel. Bei manchen Arten tritt eine dichotome (zweiteilige) Gabelung des Scheitels auf.
Die Blüten entspringen aus den Axillen, oft in «Kränzen» um den Scheitel. Warzenbildung und Bedornung sind vielgestaltig.

Sehr schöne, gutwüchsige, blühwillige und in der Regel leicht zu pflegende Kakteen. Enorme Vielfalt in der Gestalt, Bedornung und Blüte. Viele Arten für das Fensterbrett besonders geeignet, da kleinbleibend und geringe Kulturansprüche stellend.
Nahrhafte, mineralische, gut durchlässige Erde (⅓ groben Sand und Ziegelgrus zusetzen).
Im Sommer heller, sonniger Standort.
Feinbedornte und behaarte Typen am besten unter Glas.
Grüne, ungeschützte Pflanzenkörper möglichst nicht der direkten Sonnenbestrahlung aussetzen, teilweise schattieren oder leichten Halbschatten geben, ansonsten Verbrennungsgefahr oder unschöne Violettfärbung. Bei warmem Wetter reichlich wässern.
Behaarte Arten so gießen, daß kein Wasser längere Zeit auf dem Pflanzenkörper verbleibt. Gruppenbildende Arten möglichst in flache Pflanzgefäße setzen, günstiger als in tiefe Töpfe.
Überwinterung hell und trocken, Temperatur 8 bis 12°C.
Mammillaria plumosa braucht einen warmen Stand im Winter und wenig Wasser (am besten Zufuhr von unten). Blütezeit: Dezember/Januar. In der Regel wachsen die Pflanzen wurzelecht sehr gut. Durch Sämlingspfropfung lassen sich relativ schnell größere Exemplare heranziehen. Manche Arten sollten aber gepfropft werden, z. B. *M. haudeana*,

Mammillaria albilanata BCKBG., kurzzylindrisch, weiße Bedornung, Blüten karminrot, schöne Art. Mexiko.
Mammillaria aureilanata BCKBG., goldgelbe Bedornung, Blüten blaßrosa. Mexiko.
Mammillaria bachmannii BOED., kugelig, dunkelgrüner Körper, Axillen stark weißwollig, Blüten klein, hellrosa. Mexiko.
Mammillaria bocasana POS., kugelig bis länglich, gruppenbildend, weichfleischiger Körper mit weißer Bedornung, Blüten gelblich, beliebte Anfängerpflanze. Mexiko.
Mammillaria bombycina QUEHL, kurzsäulig, kaum sprossend, Bedornung weißgelblich, sehr attraktiv, Blüten rosa. Mexiko.
Mammillaria boolii LINDS., kugelig, gruppenbildend, Dornen weiß, Blüten groß, rosa, nicht einfach in der Pflege (nässeempfindlich). Mexiko.
Mammillaria centricirrha LEM., gedrücktrund, ältere Pflanzen sprossend, grüner Körper, Blüten dunkelkarminrot, viele Varietäten, wüchsige Art, für Anfänger geeignet.
Mammillaria elongata DC., syn. Leptocladodia elongata BUXB., kleine, kurze Säulen, gelbe Bedornung, Blüten gelblichweiß, verschiedene Varietäten, beliebte Anfängerpflanze.

Gattung	Pflegehinweise	Arten
Pflanzen mit Milchsaft oder wäßrigem Saft. Die Blüten haben eine kurze schuppenlose Blütenröhre. Auffallend sind die kräftig rot bis violett gefärbten Beerenfrüchte. Südliche USA bis nördliches Südamerika. Hauptverbreitungsgebiet ist Mexiko.	*M. falcicruzigera, M. fraileana, M. insularis, M. longiflora, M. napina, M. olivae, M. theresae.*	Mexiko. *Mammillaria hahniana* WERD., breitkugelig, gruppenbildend, dichte, weiße Bedornung, Blüten purpurrot, schöne Art. Mexiko. Weitere Beispiele für weißbedornte Arten: *M. elegans* DC., *M. geminispina* HAW., *M. herrerae* WERD., *M. lanata* (BR. & R.) ORCUTT, *M. plumosa* WEB., *M. spinosissima* LEM. Weitere Beispiele für großblütige Arten: *M. haudeana* LAU & WAGNER, *M. insularis* GAT., *M. mazatlanensis* K. SCH., *M. shurliana* GAT. Weitere Beispiele für einfach zu pflegende und schöne Arten: *M. compressa* DC., *M. densispina* (COULT.) VPL., *M. hidalgensis* J. A. PURP., *M. ingens* BCKBG. *M. magnimamma* HAW., *M. pringlei* (COULT) K. BRANDEG., *M. prolifera* (MILL.) HAW., *M. rhodantha* LK. & O., *M. schiedeana* EHRENBG., *M. wildii* DIETR., *M. woodsii* CRAIG, *M. zeilmanniana* BOED.
Marginatocereus BCKBG. syn. Stenocereus (BERG.) RICC., Perlbandkaktus. Monotypische Gattung. Säulenkakteen mit 5 bis 7 Rippen und kurz bedornten, weißen oder braunen Areolen, die dicht aufeinander folgen (Perlbandkaktus). Nachtblüher. Mexiko.	*M. marginatus* ist eine dekorative und leicht zu pflegende Kakteenart, wächst langsam und kann deshalb auch auf dem Fensterbrett Platz finden. Nahrhafte, mineralische und durchlässige Erde (Zusatz von Ziegelgrus günstig). Sonniger, warmer Sommerstandort, an geschützten Stellen auch im Freien, nicht zu wenig gießen. Im Winter hell, nicht unter 10 °C.	*Marginatocereus marginatus* (DC.) BCKBG., syn. Stenocereus marginatus (DC.) BR. & R., Blüten weiß. Mexiko.
Matucana BR. & R. emend. BUXB. Von verschiedenen Autoren werden die *Submatucana*-Arten gleichfalls in die obige Gattung einbezogen. Kugelkakteen, als ältere Pflanzen zylindrischer Wuchs, gehöckerte Rippen, zygomorphe Blüten. Peru.	Stellen keine besonderen Ansprüche an die Pflege, sind blühwillig und wachsen gut. Mineralische, durchlässige Erde. Im Sommer sonniger Stand, gedeihen aber auch im Halbschatten, normal gießen. Im Winter trocken, kühl (um 10 °C) und hell stellen. Die Pflanzen machen im Hochsommer eine Trockenruhe durch (kaum gießen). Hauptwachstumszeit im Herbst, dann mehr gießen. *Matucana*-Arten wachsen gepfropft am besten.	*Matucana haynei* (O.) BR. & R., erst kugelig, später kurzsäulig wachsend, weiße bis bräunliche Bedornung, Blüten karmin- bis scharlachrot. Peru. *Matucana histrix* RAUH & BCKBG., Stachelschwein-M., dunkelbraune Bedornung, Blüten dunkelkarminrot. Südperu. *Matucana weberbaueri* (VPL.) BCKBG., flachkugelig, dunkelbraune Bedornung, Blüten gelb. Peru.

Gattung	Pflegehinweise	Arten
Mediolobivia Bckbg. BACKEBERG unterteilte die von ihm aufgestellte Gattung in 2 Untergattungen: 1. *Mediolobivia* 2. *Pygmaeolobivia* *Mediolobivia* ist eine sehr umstrittene Gattung. Manche Autoren sehen sie zwischen *Lobivia* und *Rebutia* stehend, andere ordnen sie sogar *Rebutia* als Untergattung zu. Kleine, leicht sprossende Kugelkakteen mit trichterförmigen Blüten und Rübenwurzeln. Rippen in Warzen aufgelöst. Südamerika (Bolivien bis Nordargentinien).	Sehr beliebte, kleinbleibende Kakteen, leicht wachsend und blühend, anspruchslos in der Pflege. Nährstoffreiche, mineralische und lockere Erde (Zusatz von Ziegelgrus günstig). Luftiger, vollsonniger Sommerstandort, auch im Freien bei entsprechendem Schutz, in der Wachstumsperiode reichliche Wassergaben. Im Winter hell, trocken und kühl (um 8°C). Pfropfen, z. B. auf *Cereus peruvianus, Selenicereus*, möglich, dadurch früherer und reicherer Blütenflor.	*Mediolobivia aureiflora* Bckbg., gruppenbildend, Körper grün, bei Sonneneinwirkung rötlich, gelbliche bis bräunliche Bedornung (borstenartig), Blüten gelborange, beliebte Art. Nordargentinien. *Mediolobivia costata* (Werd.) Krainz, Körper länglich, stark sprossend, Dornen braun, Blüten orangerot. Nordargentinien. *Mediolobivia pygmaea* (R. E. Fries) Bckbg., syn. Mediolobivia haagei (Frič & Schelle), klein bleibend, fingerförmig, Dornen anliegend, Blüten gelborange. Nordargentinien. Einige weitere empfehlenswerte Arten: *Mediolobivia euanthema* (Bckbg.) Krainz, *Mediolobivia nigricans* (Wessn.) Krainz, *Mediolobivia pectinata* (Bckbg.) Bckbg. non Frič.
Melocactus (Tourn.) Lk. & Otto Melonenkaktus, Melonendistel, Perückenkaktus, Türkenkappe, Mönchskopf, Schopfkaktus. Zunächst kugelig, später zylindrisch wachsende Kakteen mit starker Bedornung. Charakteristisch ist bei älteren Pflanzen die Ausbildung eines Cephaliums. Aus diesem Wollschopf («Schopfkaktus») kommen die kleinen Blüten und Früchte hervor. Mexiko bis nördliches Südamerika (Brasilien, Zentralperu).	Keine Anfängerpflanzen. Selbst der erfahrene Kakteenpfleger hat mit der Kultur dieser Pflanzen oft Schwierigkeiten, insbesondere bei Importpflanzen. Anzucht aus Samen leichter, Pfropfen möglich. Nährstoffreiche, kalkfreie und gut durchlässige Erdmischung (Zusatz von grobem Sand oder Ziegelgrus und Lehm günstig). Besser flache als tiefe Pflanzgefäße benutzen. Sommerstandort vollsonnig und warm unter Glas, hohe Luftfeuchte (nebeln) und nicht übermäßig viel gießen. Hauptwachstumszeit liegt im Herbst. Im Winter heller Stand, Pflanzsubstrat ab und zu anfeuchten, Temperatur um 15°C.	*Melocactus bahiensis* (Br. & R.) Werd., kugeliger, grüner Körper, braune Bedornung, Blüten rosa. Brasilien. *Melocactus communis* Lk. & Otto, kugeliger, dunkelgrüner Körper, gelbliche bis bräunliche Bedornung, Blüten rot. Westindische Inseln. *Melocactus neryi* K. Sch., gedrücktrunder, dunkelgrüner Körper, Dornen braun bis grau, Blüten karminrot. Brasilien. *Melocactus peruvianus* Vpl., kugelig, starke, rotbraune Bedornung, Blüten rosa. Mittelperu. Weitere Arten: *Melocactus azureus* Buin & Bred., *Melocactus caesius* Wendl; *Melocactus glaucescens* Buin. & Bred., *Melocactus levitestatus* Buin. & Bred., *Melocactus maxonii* (R.) Gürke, *Melocactus violaceus* Pfeiff.
Myrtillocactus Cons. Baumförmig wachsende Säulenkakteen, kandelaberartig verzweigend, mit heidelbeerähnlichen Früchten, Blüten kurztrich-	In den Sammlungen wird vor allem *M. geometrizans* gehalten, als Jungpflanzen besonders wegen der blaugrünen Bereifung beliebt, raschwüchsig, Anfängerart. Nährstoffreiche, mineralische und	*Myrtillocactus geometrizans* (Mart.) Cons., Blüten grünlich weiß, beliebte Pfropfunterlage. Mexiko.

Gattung	Pflegehinweise	Arten
terig, klein, Tagblüher. Mexiko, Guatemala.	gut durchlässige Erde (Zusatz von grobem Sand und Lehm günstig). Sommerstandort sonnig und warm, reichlich gießen. Im Winter hell, wenig Wasser, Temperatur um 15°C. Diese Art ist gegen niedrige Temperaturen empfindlich.	
Neobesseya Br. & R. Kleinbleibende, gruppenbildende Kugelkakteen mit langen Warzen (oberseits gefurcht), relativ große Blüten. Westliche USA, Nordmexiko.	Interessante, nicht sehr schwer zu pflegende Arten. Aufgrund der geringen Größe günstig für das Fensterbrett. Mineralische Erdmischung. Im Sommer sonniger Stand, reichlich gießen. Winterstandort hell, trocken und kühl (um 10°C).	*Neobesseya missouriensis* (Sweet), Br. & R., kugeliger Körper mit grauer Bedornung. Blüten grünlichgelb. USA. *Neobesseya similis* (Engelm.) Br. & R., gruppenbildend, Dornen weiß, Blüten gelb. USA.
Neobuxbaumia Bckbg. Große, z.T. verzweigt wachsende Säulenkakteen, mit zahlreichen Rippen und relativ kurzen Dornen, kleine Blüten. Mexiko.	In den Sammlungen findet sich vor allem *N. polylopha*. Dieser Kaktus erreicht in seiner mexikanischen Heimat über 10m Höhe und bis zu 50cm Durchmesser. Eine attraktive Art für das Gewächshaus. Nährstoffreiche, mineralische und lockere Erde. Im Sommer sonniger und warmer Standort, nicht zu wenig gießen. Winterstand hell, nicht zu hohe Luftfeuchtigkeit und nicht zu kühl, Temperatur um 12°C.	*Neobuxbaumia polylopha* (Dc.) Bckbg., Blüten hell- bis dunkelrot. Mexiko.
Neochilenia Bckbg. Diese Gattung wird von manchen Autoren zu *Neoporteria*, aber auch teilweise zu *Thelocephela*, teils zu *Chilerebutia* oder teils zu *Pyrrhocactus* gestellt. Kugelkakteen mit kräftiger Bedornung, oftmals mit dunkelbraunem Körper, zum Teil sprossend, manche Arten haben eine Rübenwurzel, Blüten mit stark behaarter Blütenröhre. Chile.	Relativ leicht zu kultivierende, blühwillige Pflanzen, die allerdings langsam wachsen. Nahrhafte, mineralische und durchlässige Erde. Im Sommer einen sonnigen, aber nicht zu heißen Standort, grünen Arten besser absonnigen Platz bieten, Arten mit Rübenwurzeln vorsichtig gießen, Pfropfen ist günstig. Winterstandort hell und nicht kühl, Temperatur um 15°C. Im Hochsommer wenig gießen, Wachstumsruhe.	*Neochilenia chilensis* (Hildm.) Bckbg., kurzsäulig, dichte, weiße bis gelbliche Bedornung, Blüten rosa. Südchile. *Neochilenia hankeana* (Först.) Dölz, länglicher Wuchs, grüner Körper mit kräftiger, schwarzer Bedornung, Blüten cremeweiß. Chile. *Neochilenia napina* (Phil.) Bckbg., kugeliger, graugrüner, oft braunroter Körper, Rübenwurzel, sehr kleine, anliegende, schwarze Dornen, Blüten hellgelb. Chile. *Neochilenia paucicostata* (Ritt.) Bckbg., blau-graugrüne Körper mit kräftiger schwarzer Bedornung, Blüten weiß bis leicht rötlich. Nordchile.

Gattung	Pflegehinweise	Arten
Neolloydia Br. & R. emend. Klad. & Fittk. Kleinbleibende, kugelige bis säulenförmige, z.T. sprossende Kakteen mit Warzen (Verwandtschaft zu *Coryphantha*) und schöner Bedornung, großblütig. USA, Mexiko, Kuba.	Für die Zimmerkultur und für den Anfänger nicht zu empfehlende Pflanzen. Ansonsten sehr beliebte Kakteen wegen der attraktiven Bedornung und der großen Blüten. Mineralische und lockere Erdmischung (Zusatz von $\frac{2}{3}$ Ziegelgrus). Warmer, sonniger Platz im Sommer, nicht übermäßig gießen, Pflanzen sind am Wurzelhals empfindlich. Winterstandort hell, trocken und kühl (10 bis 12°C). Das Pfropfen der Pflanzen ist anzuraten.	*Neolloydia conoidea* (Dc.) Br. & R., kurzsäulig, zum Teil sprossend, hellgrüner Körper mit stark wolligen Axillen, weiße Bedornung, Blüten purpurviolett. USA (Texas), Mexiko (Zacatecas, Hidalgo). *Neolloydia grandiflora* (O.) Berg., kurzsäulig, bewollte Axillen, ca. 20 weiße Randdornen, Mitteldorn hervorstehend, schwarz, Blüten purpurrot. USA (Texas) bis Mexiko (Tamaulipas, bei Jaumave).
Neoporteria Br. & R. Der Gattung *Neochilenia* in mancher Hinsicht nahestehend. Kugelig oder kurzsäulig wachsende Kakteen mit kräftiger Bedornung, teilweise ist eine Rübenwurzel ausgebildet. Chile, Nordargentinien.	Kakteen, die aufgrund ihrer schönen Bedornung und der eigenartigen dunklen Körperfarbe gern gepflegt werden. Für den Anfänger nicht unbedingt zu empfehlen. Es sind Pflanzen für das Gewächshaus oder das Frühbeet. Nährstoffreiche, mineralische und gut durchlässige Erde (mit etwas Lehmzusatz). Heller, warmer Sommerstandort, aber nicht unbedingt direkte Sonnenbestrahlung (Prallsonne vermeiden). Sommertrockenruhe beachten. Blühperiode teilweise im Frühjahr, zum Teil auch im Herbst. Pfropfen ist anzuraten. Überwinterung hell, trocken und kühl, Temperatur um 12°C.	*Neoporteria gerocephala* Y. Ito, länglicher Wuchs, dichte, stark variierende Bedornung (weiß über gelb bis dunkelbraun), Blüten karminrot, Frühjahrsblüher. Nordchile. *Neoporteria subgibbosa* (Haw.) Br. & R., kurzsäulig, hellgrüner Körper mit weißwolligen Areolen, Dornen gelb, Blüten karminrosa. Chile. *Neoporteria wagenknechtii* Ritt., kurzzylindrisch, graugrüner Körper, braune Bedornung, Blüten purpurrot, Herbstblüher. Nordchile. Weitere empfehlenswerte Arten: *Neoporteria atrispinosa* (Bckbg.) Bckbg., *Neoporteria castaneoides* (Cels.) Werd., *Neoporteria nidus* (Söhr.) Br. & R., *Neoporteria rapifera* Ritt.
Nopalxochia Br. & R. Blattkaktus. Epiphytisch auf Bäumen vorkommende Sträucher. Triebe am Grund stielrund, dann blattartig verbreitert, der Rand stufig eingekerbt, Tagblüher. Mexiko.	Beliebte Pflanzen, vor allem wegen ihrer schönen, farbenprächtigen und großen Blüten. Anspruchslos in der Pflege. Günstig für breite und tiefe Blumenfenster oder das Gewächshaus (sperriger Wuchs). In Kultur fast nur Hybriden (Einkreuzungen z.B. von *Heliocereus speciosus* und *Selenicereus*-Arten). Kräftige, humusreiche und lockere Erde (Zusatz von Torf günstig). Sommerstandort hell, aber keine Prallsonne (schattieren), auch an einem halbschattigen Platz im Freien möglich, gleichmäßig und nicht zu wenig gießen. Im Winter heller, nicht zu kühler Stand (um 12°C), wenig Feuchtigkeit.	*Nopalxochia ackermannii* (Haw.) Knuth,, Blüten rot, artenrein kaum in Kultur. Mexiko. *Nopalxochia phyllanthoides* (Dc.) Br. & R., Blüten rosa, in Kultur viele Hybriden. Südmexiko.

Gattung	Pflegehinweise	Arten
Normanbokea KLADIVA & BUXB. Asselkaktus Kugelige, später kurzsäulige, relativ kleinbleibende Kakteen mit kammförmiger Bedornung. Blüten scheitelständig und breittrichterig. Mexiko.	In vielen Sammlungen zu finden, oft gepfropft. Mineralische, gut durchlässige Erde, sparsam gießen. Sommerstandort sonnig und warm. Im Winter hell, trocken und kühl halten, Temperatur um 12°C. Pfropfen auf *Eriocereus jusbertii* hat sich bewährt.	*Normanbokea pseudopectinata* (BCKBG.) KLAD. & BUXB., syn. Pelecyphora pseudopectinata (BCKBG.) KLAD. & BUXB., syn Solisia pseudopectinata BCKBG., syn. Turbinicarpus pseudopectinatus (BCKBG.) GL. & F., kugeliger Körper mit kurzen Warzen, weiße Bedornung, kammartig, Blüten hellrosa mit braunem Mittelstreifen. Nordamerika. Zu empfehlen auch *Normanbokea valdeziana* (MÖLL.) KLAD. & BUXB., Blüten violettrosa. Mexiko.
Notocactus (K.SCH.) BERG. emend. BUXB. Buckelkaktus, Büschelkaktus, Südkaktus. Kugelkakteen, zum Teil auch kurzsäulig wachsend, selten stark sprossend, Bedornung variierend, Blüten groß, trichterförmig, Blütenröhre behaart. Südamerika (Argentinien, Uruguay, Südbrasilien).	Sehr schöne, gut wachsende und leicht zu pflegende Kakteen. Anfängerpflanzen. Die großen Blüten erscheinen bereits an Jungpflanzen (auch in Zimmerkultur). Nährstoffreiche, etwas humose und gut durchlässige Erde (Zusatz von grobem Sand, Lehm und Torf). Im Sommer sonnigen und warmen Standort, weniger behaarte Arten nicht der direkten Sonnenbestrahlung aussetzen (leichter Halbschatten), während der Wachstumsperiode nicht zu wenig gießen. Winterstandort hell, nicht ganz trocken und kühl, Temperatur 10 bis 12°C. Die Pflanzen wachsen wurzelecht sehr gut, Pfropfen kaum notwendig, höchstens von Sämlingen.	*Notocactus buiningii* BUXB., graugrüner Körper, kräftige dunkelbraune Bedornung, Blüten gelb, Narben rot. Uruguay. *Notocactus crassigibbus* RITT., frischgrüner Körper mit hellgelber Bedornung, Blüten gelb. Brasilien. *Notocactus herteri* WERD., frischgrüner Körper mit gehöckerten Rippen, braune Bedornung, Blüten dunkelkarminrot. Uruguay. *Notocactus ottonis* (LEHM.) BERG., grüner Körper mit gelber bis brauner Bedornung, Blüten gelb, Narben dunkelrot. Südbrasilien, Uruguay, Argentinien. *Notocactus scopa* (SPRENG.) BERG., säulig, Körper dicht von weißen, feinen Dornen eingehüllt, Blüten hellgelb, Narben rot. Uruguay. Weitere empfehlenswerte Arten: *Notocactus apricus* (ARECH.) BERG., *Notocactus mammulosus* (LEHM.) BERG., *Notocactus rutilans* DÄN. & KRAINZ, *Notocactus submammulosus* (LEHM.) BCKBG., *Notocactus uebelmannianus* BUIN.

Gattung	Pflegehinweise	Arten
Nyctocereus (Berg.) Br. & R. Dünntriebige, relativ weichborstige Säulenkakteen mit klimmendem oder kriechendem Wuchs. Blüten mittelgroß, Nachtblüher. Mexiko, Guatemala, Nikaragua.	In den Sammlungen vor allem *N. serpentinus* verbreitet. Dieser Kaktus eignet sich gut für geschlossene Veranden und Gewächshäuser, denn er braucht am besten eine Wand, an der er, an einem Gerüst emporklimmend, wachsen kann. Unter guten Bedingungen raschwüchsig. Nahrhafte, mineralische und durchlässige Erde (Zusatz von Lehm und Ziegelgrus). Im Sommer warmer, sonniger Standort, auch Halbschatten. Im Winter heller, trockener und nicht zu kühler Stand (12 bis 14°C).	*Nyctocereus serpentinus* (Dc.) Br. & R., Schlangenkaktus, weißlichgelbe Bedornung, Blüten weiß bis rosa. Mexiko.
Oreocereus (Berg.) Ricc. Bergkaktus, Bergfackelkaktus, Bergsäulenkaktus, Anden-Greisenhaupt. Stark behaarte Säulenkakteen mit gefurchten Rippen und kräftigen Dornen (sehr variabel). Hochandine Pflanzen (Vorkommen in Höhen von 3000 bis 4000 m). Blüten in Scheitelnähe, schiefsaumig. Südamerika (Nordargentinien, Bolivien, Nordchile, Südperu).	Sehr attraktive und äußerst beliebte Haarsäulenkakteen, ohne besondere Kulturansprüche, auch für das Fensterbrett geeignet. Wegen der Behaarung am günstigsten unter Glas (Gewächshäuser, Frühbeet oder Glaskasten). Nahrhafte, mineralische und gut durchlässige Erde (Zusatz von Ziegelgrus und etwas Lehm). Im Sommer viel Sonne, Wärme und frische Luft, abends kräftig einnebeln (Taueffekt). Überwinterung hell, trocken und kühl (10 bis 12°C). Pfropfen ist möglich, z.B. auf *Trichocereus spachianus,* aber nicht unbedingt notwendig.	*Oreocereus hendriksenianus* Bckbg., säuliger Wuchs, gruppenbildend, dichte Behaarung, hellbraune, hervorstehende Mitteldornen, Blüten karminrot. Südperu bis Nordchile. *Orerocereus neocelsianus* Bckbg., graugrüne Säulen mit langer, weißer Behaarung, Mitteldornen gelb bis rotbraun, Blüten rosa. Südbolivien bis Nordargentinien. *Oreocereus trollii* (Kupp.) Bckbg., ca. 50 cm hoch werdende Säulen, Körper von weißen Wollhaaren völlig eingehüllt, braune, abstehende Mitteldornen, Blüten rosa bis karminrot. Nordargentinien.
Pachycereus (Berg.) Br. & R. Sehr groß werdende Säulenkakteen mit eng beieinanderstehenden Areolen und kräftiger Bedornung. Blüten trichterig, Blütenröhre beschuppt, Nachtblüher. Mexiko.	Relativ leicht zu pflegende, sehr wüchsige Kakteen, vor allem für das Gewächshaus. Nahrhafte, mineralische und gut durchlässige Erde (Zusatz von Ziegelgrus bzw. grobem Kies). Sonniger, warmer Sommerstandort, während der Wachstumsperiode nicht zu wenig gießen. Überwinterung hell, trocken und nicht zu kühl (14 bis 16°C).	*Pachycereus pringlei* (Wats.) Br. & R., baumförmig, grauweiße, kräftige Bedornung, in den Sammlungen am häufigsten anzutreffen. Mexiko.
Parodia Speg. Kugelig bis zylindrisch wachsende Kakteen, Blüten mit relativ kurzer, beschuppter Röhre. Pflanzenkörper mit farbiger Bedornung. Blüten scheitelständig, oft in größerer Anzahl.	Wegen ihrer Blühwilligkeit und Blühdauer gehören Parodien zu den sehr gern gesammelten Kakteen (Spezialsammlungen!). Selbst wenige Jahre alte Pflanzen bringen schon einen bemerkenswerten Blütenflor. Parodien wachsen relativ langsam. Daher ist Pfropfen anzuraten. Die Kultur am Fenster gelingt ohne besondere	*Parodia aureispina* Bckbg., frischgrüner, kugeliger Körper mit weißen, feinen Randdornen, gelbe Mitteldornen (der unterste hakig), Blüten goldgelb, zahlreiche Varietäten. Nordargentinien. *Parodia chrysacanthion* (K. Sch.) Bckbg., zunächst gedrücktkugelig,

Gattung	Pflegehinweise	Arten
Südamerika (Brasilien, Bolivien, Paraguay, Argentinien).	Schwierigkeiten, so daß auch der Anfänger mit der Pflege einiger Arten aus dieser umfangreichen Gattung beginnen kann. Nahrhafte, etwas humose und gut durchlässige Erde (Zusatz von grobem Sand oder Ziegelgrus). Warmer, sonniger und luftiger Standort im Sommer, nicht zu wenig gießen. Überwinterung hell, trocken und kühl (6 bis 10°C). Die Pflanzen wachsen sehr gut wurzelecht, können aber auch gepfropft werden (reicherer Blütenflor).	dann länglich wachsend, Scheitel mit dichter gelblicher Wolle, zahlreiche goldgelbe Dornen, Blüten gelb, beliebte Anfängerart. Nordargentinien. *Parodia microthele* BCKBG., kleiner, kugeliger Körper mit feinen, weißen, borstenartigen Dornen, Blüten orangerot. Brasilien. *Parodia mutabilis* BCKBG., kugelig, dichte, weiße, feine Bedornung, 4 bis 5 gelbe bis braune, z.T. hakige Mitteldornen, Blüten gelb. Nordargentinien. *Parodia penicillata* FECHS. & STEEG., kurzsäulig, dichte weiße bis gelbliche Bedornung, Blüten orangerot. Argentinien. *Parodia sanguiniflora* FRIČ ex BCKBG., kugelig, weiße, feine Randdornen, braune Mitteldornen, Blüten blutrot, sehr schöne Art. Nordargentinien.
Pediocactus BR. & R. Fußfesselkaktus Kleinbleibende Kugelkakteen, variable Bedornung, Blüten um den Scheitel gruppiert. Südwestliche USA.	Keine Anfängerpflanzen. Spielen in den Liebhabersammlungen auch kaum eine Rolle. Am besten wachsen die Pflanzen gepfropft; kühler Winterstand ist notwendig.	*Pediocactus bradyi* L. BENSON, kugelig, Dornen weiß bis gelbbraun, anliegend, Blüten gelblich bis weiß. USA. *Pediocactus bradyi* var. *knowltonii* (L. BENS.) BCKBG., Blüten rosa. USA.
Pelecyphora EHRENBG. Beilträgerkaktus. *Solisia pectinata* und *Normanbokea valdeziana* gehörten früher in diese Gattung. Kugelig bis zylindrisch wachsende Kakteen mit einer voluminösen Rübenwurzel, Dornen abgeflacht, kammförmig angeordnet. Blüte scheitelständig, trichterig. Mexiko.	Sehr dekorative und bei den Sammlern begehrte Kakteen. Zimmerpflege ist möglich. *P. aselliformis* läßt sich leicht halten, ist auch blühwillig, wächst aber sehr langsam. Pfropfen ist günstig, z.B. auf *Trichocereus pachanoi, Eriocereus jusbertii*. Mineralische, gut durchlässige Erde mit viel Sand- oder Ziegelgrus, auch Lehmzusatz. Im Sommer einen hellen, sonnigen und warmen Stand (unter Glas vorteilhaft), sparsam gießen. Winterstandort hell, trocken und kühl, Temperatur 10 bis 12°C.	*Pelecyphora aselliformis* EHRENBG., Asselkaktus, Beilkaktus, kleinbleibend, kugel- bis keulenförmiger, graugrüner Körper mit länglichen Areolen und kurzen, kammartig angeordneten Dornen, Blüten karminviolett. Mexiko.

Gattung	Pflegehinweise	Arten
Pfeiffera SALM-DYCK Kleine säulenförmige und z.T. sprossende Kakteen mit wenigen Rippen, manche Arten auf Steinen oder epiphytisch wachsend, Blüten klein. Argentinien, Bolivien.	In den Sammlungen ist vor allem *P. ianthothele* zu finden, deren Triebe bei älteren Pflanzen herabhängen. Günstig als Ampelpflanze. Mineralische, gut durchlässige Erde (etwas Lehmzusatz möglich). Sonniger Standort im Sommer. Im Winter hell und kühl (um 12 °C).	**Pfeiffera ianthothele** (MONV.) WEB., aufrechter oder hängender Wuchs, grüner Körper, meist 4rippig, mit relativ kurzen, gelben, borstenartigen Dornen, Blüte weiß. Bolivien, Argentinien.
Pilosocereus BYL. & ROWL. Baumförmig wachsende Säulenkakteen mit glockig trichterförmigen, kahlen oder filzigen Blüten. Mexiko bis nördliches Südamerika.	Gutwüchsige und sehr attraktive Kakteen, vor allem für das Gewächshaus, in der Zimmerkultur am besten gepfropft (als Unterlage z.B. *Trichocereus spachianus* oder *Tr. pachanoi*). Nahrhafte, mineralische und gut durchlässige Erde (Zusatz von grobem Kies oder Ziegelgrus günstig). Im Sommer heller und warmer Stand, nur mäßig gießen. Winterstandort hell, trocken und nicht zu kühl, Temperatur um 15 °C.	**Pilosocereus chrysacanthus** (WEB.) BYL. & ROWL., baumförmig, an der Basis verzweigend, gelbe Bedornung, Blüten weiß bis rosa. Mexiko. **Pilosocereus glaucescens** (LAB.) BYL. & ROWL., syn. Pseudopilosocereus glaucescens (LAB.) BUXB., baumförmig, Triebe hellblau bereift, Dornen gelb bis braun, Blüten weiß. Brasilien. **Pilosocereus palmeri** (ROSE) BYL. & ROWL., syn. Cephalocereus palmeri ROSE, baumförmig, blaugrüner Körper mit braunen Dornen, in der Blühzone dichte, weiße Wollhaare, Blüten purpurrot. Ostmexiko.
Pseudoespostoa BCKBG., syn. Espostoa BR. & R. Wattecereus. Diese Gattung wird von manchen Autoren nicht anerkannt. Weißbehaarte, strauchig wachsende Kakteen, Ausbildung von Pseudocephalien. Vorkommen in Höhen von 800 bis 2400 m. Blüten erscheinen aus einem Pseudocephalium. Peru.	Sehr schöne Haarsäulen-Kakteen, besonders für das Gewächshaus und Frühbeet sowie den Kakteenglaskasten (Schutz vor Staub). Nährstoffreiche, mineralische und gut durchlässige Erde (Zusatz von Kies, Ziegelgrus und etwas Lehm). Warmer und sonniger Sommerstand (am besten unter Glas); gleichmäßig, nicht zu wenig gießen, abends sprühen (Taueffekt). Überwinterung hell und nicht zu kühl (um 15 °C), geringe Wassergaben (Vorsicht). Die Pflanzen gedeihen sowohl wurzelecht als auch gepfropft recht gut (Pfropfunterlage z.B. *Trichocereus spachianus*).	**Pseudoespostoa melanostele** (VPL.) BCKBG., syn. Espostoa melanostele (VPL.) BORG., dichte, weiße Bedornung, Blüten weiß. Peru. W. HAAGE verweist auf RITTER, der *P. melanostele* für *Pilocereus haagei* hält.
Pseudolobivia BCKBG. Schein-Lobivia Kugelkakteen, die nach BACKEBERG den Gattungen *Lobivia* und *Echinopsis* nahestehen.	Schnellwüchsige und blühwillige Kakteen, die gerade vom Anfänger aufgrund ihrer geringen Ansprüche ohne Schwierigkeiten gepflegt werden können. Nährstoffreiche, mineralische und gut durchlässige Erde.	**Pseudolobivia ancistrophora** (SPEG.) BCKBG., flachkugelig, bis 8 cm Durchmesser mit bis 18 unterbrochene Rippen, Randdornen rückwärts gespreizt, ein hakiger bis 2 cm langer Mitteldorn, weiß, außer des Mitteldornes. Blüte weiß. Tagblühend. Argentinien.

Gattung	Pflegehinweise	Arten

Diese Gattung wird von vielen Autoren nicht anerkannt. Die meisten Arten werden zur Gattung *Echinopsis*, einige Arten zur Gattung *Lobivia* gestellt. Unterschiedliche Rippenzahl und Vielfalt in der Bedornung.
Südamerika (Bolivien, Argentinien).

Sonniger, luftiger Sommerstandort, auch auf dem Blumenbrett vor dem Fenster; Schutz vor Dauerregen notwendig, bei warmem Wetter kräftig gießen. Pflanzen wachsen auch gut gepfropft (z.B. auf *Selenicereus*). Überwinterung hell, trocken und kühl, Temperatur 6 bis 10 °C.

Pseudolobivia aurea (BR & R.) BCKBG. (Echinopsis aurea (BR & R.) RAUSCH), kugelig, bis 10 cm hoch, hellgrün, mit 14 bis 17 geraden Rippen, Areolen anfangs braun, später grau, Mitteldornen 1 bis 4, flach weiß bis schwärzlich. Blüten hellgelb bis dunkelgelb. Tagblühend.
Argentinien.
Pseudolobivia kermesina KRAINZ
Mehr breit als hoch, höchstens bis 15 cm, glänzend grün, 15 bis 23 Rippen, Dornen rötlich gelb. Blüten in Scheitelnähe, nicht duftend, aber 2 bis 3 Tage blühend, karmin.
Bolivien.
Pseudolobivia kratochviliana BCKBG.

Rebutia K.SCH.
Zwergkaktus.
Manche Autoren stellen *Aylostera*, *Mediolobivia* und *Sulcorebutia* ebenfalls zu dieser Gattung. Kleinbleibende, zum Teil stark sprossende Kugelkakteen mit feinborstigen Dornen, Blüten trichterig, erscheinen aus den unteren Areolen des Körpers. Südamerika (Argentinien, Bolivien).

Leicht zu pflegende und sehr gern kultivierte Zwergkakteen mit äußerst geringen Platzansprüchen, leicht wachsend und außerordentlich blühfreudig (blühen z.T. bereits als 1jährige Sämlinge). Es existieren bereits viele Hybriden, die sich auch kaum nachbestimmen lassen. Für Zimmerkultur vorzüglich geeignet.
Nahrhafte, mineralische und gut durchlässige Erde (Ziegel- oder Kiesgrus als Zusatz günstig), keine kalkhaltige Erde verwenden.
Mit dem Gießen erst beginnen, wenn die Knospen sichtbar sind. Sommerstandort warm und sonnig, viel frische Luft (Rebutien können im Freien mit Regenschutz aufgestellt werden), in der Wachstumsperiode ausreichend gießen.
Überwinterung hell, trocken und kühl, Temperatur 6 bis 10 °C.
Die Pflanzen wachsen wurzelecht sehr gut; Pfropfen ist nicht erforderlich. Außerordentlich empfindlich gegen Spinnmilben!

Rebutia kariusiana WESSN., kugeliger, hellgrüner Körper mit weißen bis braunen Dornen, Blüten hellviolett, schöne Art.
Nordargentinien.
Rebutia krainziana KESSELR., kugeliger, dunkelgrüner Körper mit weißen, auffälligen Areolen, Dornen weiß, Blüten blutrot, attraktive Art.
Südbolivien, Nordargentinien.
Rebutia marsoneri WERD., gedrücktkugeliger, hellgrüner Körper mit gelber bis brauner Bedornung, Blüten kräftig gelb, beliebte Art.
Nordargentinien.
Rebutia minuscula K.SCH., kleiner, kugeliger, hellgrüner Körper mit weißen, borstenartigen Dornen, Blüten rot, eine der bekanntesten Anfängerpflanzen.
Nordargentinien.
Rebutia senilis BCKBG., kugeliger, frischgrüner Körper mit dichter, weißer, feinborstiger Bedornung. Blüten karmin- bis orangerot, mehrere Varietäten.
Nordargentinien.
Rebutia violaciflora BCKBG., kugeliger, hellgrüner Körper, Dornen goldbraun, Blüten violettrot.
Nordargentinien.
Rebutia wessneriana BEW., gedrücktkugeliger, grüner Körper, Dornen weißlich, Blüten blutrot.
Nordargentinien.

Gattung	Pflegehinweise	Arten
Rhipsalidopsis BR. & R. Scheinrhipsalis. Kleinbleibende, strauchförmig wachsende Kakteen mit epiphytischer Lebensweise, rundliche, kantige oder flache Glieder mit kurzborstigen Areolen. Südbrasilien.	*Rhipsalidopsis rosea* ist relativ häufig in den Sammlungen anzutreffen. Die Blüten erscheinen um die Osterzeit, deshalb wird *Rh. rosea* manchmal auch als Osterkaktus bezeichnet. Nahrhafte, aber kalkarme, gut durchlässige Erde (Zusatz von Torfmull, etwas Lehm und Ziegelgrus ist günstig). Im Sommer halbschattiger Standort, an geschützter Stelle auch im Freien; ansonsten vorteilhaft in einem Glaskasten oder im Gewächshaus; nicht zuviel gießen, besser ab und zu einnebeln. Winterstandort hell, Temperatur 10 bis 12 °C (Nov. bis Febr.), Wasserzufuhr einschränken, ab März wieder einen warmen Stand (z. B. Wohnzimmerfenster). Bei zu kühler und trockener Überwinterung wird ein Teil der Glieder abgeworfen. Pfropfen ist möglich (Unterlagen z. B. *Eriocereus jusbertii, Pereskia, Selenicereus hamatus*).	*Rhipsalidopsis rosea* (LAG.) BR. & R., wächst aufsitzend (epiphytisch), strauchförmig, Glieder grün bis rötlich (besonders bei intensiver Sonnenbestrahlung), Blüten rosa, beliebte Ampelpflanze. Südbrasilien. Die Hybride *Rhipsaphyllopsis graeseri* WERDERM., hervorgegangen aus *Rhipsalidopsis rosea* und *Epiphyllopsis gaertneri*, ist ein gern gepflegter Frühjahrsblüher, der viele rote Blüten bringt.
Rhipsalis GAERTN. Binsenkaktus, Korallenkaktus, Rutenkaktus In der Regel stark verzweigte, epiphytisch auf Bäumen oder an Felsen wachsende Kakteen mit runden, kantigen oder abgeflachten Gliedern, z. T. mit weichen Borsten, manchmal aber auch kahl, faktisch unbedornt. Blüten zahlreich, relativ klein, Beerenfrüchte weiß, rosa bis rot, gelb oder blauschwarz. Die Gattung umfaßt über 60 Arten. Südliche USA, Mexiko bis Südamerika (vor allem Brasilien), Zentral- und Ostafrika, Sansibar, Madagaskar bis Sri Lanka.	Pflanzen, sie so gar nicht unseren Vorstellungen von den «stachligen» Kakteen entsprechen. Es sind ausgesprochene Urwaldbewohner. Für die Zimmerkultur nur bedingt geeignet, am besten Haltung im Gewächshaus (höhere Luftfeuchtigkeit). Wir pflegen sie als Ampelpflanzen; als Pflanzgefäße z. B. Orchideenkörbchen, Töpfe oder Schalen (beachten: *Rhipsalis* sind Flachwurzler). Die Pflanzen können mit Hilfe von Blumenbinde- oder Kupferdraht bzw. Angelsehne an Zweigstücke mit dicker Rinde oder kleine Korkstücke gebunden werden. Das Pflanzsubstrat soll sehr locker sein und kann folgende Zusammensetzung haben: Heide- oder Lauberde, Torfmull, Sumpfmoos (Sphagnum), Kies- oder Ziegelgrus. Auf den Boden der Pflanzgefäße bringen wir eine Drainageschicht (kleingebrochene Topfscherben), so daß die Pflanzen regelmäßig, ohne daß sich Wasser staut, getaucht werden können (Eimer, Schüssel, Badewanne). Im Sommer lichter Halbschatten	*Rhipsalis baccifera* (MILL.) TH. STEARN syn. Rhipsalis cassutha GAERTN., Triebe rund, hängend, hellgrün, Blüten cremefarben, sehr beliebte und verbreitete Art. In tropischen Gebieten Amerikas und Afrikas bis Sri Lanka. *Rhipsalis capilliformis* WEB., Triebe dünn, rund, büschelig verzweigt, Blüten weiß. Ostbrasilien. *Rhipsalis fasciculata* (WILLD.) HAW., Triebe kurz, rund, hängend, verzweigt, Borsten weiß bis hellgrau, Blüten grünlichweiß. Brasilien. *Rhipsalis houlletiana* LEM., strauchförmig, grüne Triebe hängend, blattartig-langgestreckt, gezähnt, gestielt, Blüten weiß, hängend, sehr groß werdend. Brasilien. *Rhipsalis pachyptera* PFEIFF., epiphytisch wachsender Strauch, Triebe bis 20 cm lang, blattartig verbreitert, grün bis rötlich (besonders bei starker Besonnung), Blüten gelb, stark duftend,

Gattung	Pflegehinweise	Arten
	(Prallsonne unbedingt vermeiden), auch im Freien (z.B. unter Bäumen), regelmäßige Wassergaben (am besten tauchen). Im Spätherbst (Sept.) setzt die mehrwöchige Ruheperiode ein, sparsamer wässern, Luftfeuchte durch Besprühen mit einem Zerstäuber halten, in dieser Zeit auch einen etwas kühleren Stand. Ab November/Dez. wieder heller und wärmer (15 bis 20 °C), reichlich gießen, Blütezeit beginnt.	schöne Ampelpflanze, auch für das Zimmer geeignet. Brasilien. *Rhipsalis paradoxa* SD., Kettenkaktus, Strauch mit dreikantigen, hellgrünen Trieben, Blüten weiß, Pflanzen groß werdend. Brasilien. Weitere Arten: *Rhipsalis cereuscula* HAW., *Rhipsalis rauhiorum* BARTHLOTT, *Rhipsalis rhombea* (SD.) PFEIFF., *Rhipsalis trigona* PFEIFF.
Roseocactus BERG. Diese Pflanzengruppe wurde früher aufgrund ähnlicher Merkmale zu *Ariocarpus* gestellt. Rosettenbildende Pflanzen mit kurzen, dicken Warzen, die eher wie Blätter aussehen und eine graugrüne, zerklüftete Oberfläche aufweisen. Wollschopf im Scheitel, Körper mit dicker Rübenwurzel. Südwesten der USA, Nordmexiko.	Keine Pflanzen für den Anfänger! Diese eigenartig aussehenden Pflanzen erhalten ihren Platz am besten im Gewächshaus. Mineralische, gut durchlässige Erde (Zusatz von Ziegelgrus und Lehm). Im Sommer sonniger, warmer Standort, mäßig feucht halten. Überwinterung hell, trocken und kühl (um 12 °C). Die Pflanzen wachsen sehr langsam, deshalb besser pfropfen! *Echinopsis* als Unterlage geeignet. Starkwüchsige Unterlagen können das typische Aussehen dieser Pflanzen verändern.	*Roseocactus fissuratus* (ENGELM.) BERG., syn. Ariocarpus fissuratus (ENGELM.) K.SCH., «Lebender Felsen», breitgedrückt kugelig, Warzenoberfläche rauh, mit starkwolliger Furche in der Mitte, Blüten rosa. USA, Mexiko. *Roseocactus kotschoubeyanus* (LEM.) BERG., syn. Ariocarpus kotschoubeyanus (LEM.) K.SCH., Edelweißkaktus, dreieckige Warzen, dachziegelartig angeordnet, wollige Furchen, Blüten hellpurpurrot. Mexiko. *Roseocactus lloydii* (ROSE) BERG., syn. Roseocactus fissuratus var. lloydii (ROSE) MARSH., rhombische Warzen, oberer Teil der Pflanzen stark wollig, Blüten purpurrot. Mexiko.
Selenicereus (BERG.) BR. & R. Mondkaktus, Schlangencereus Dünntriebige, schlangenartige, rankende oder mit Luftwurzeln kletternde Kakteen. Blüten sehr groß, z.T. stark duftend, Nachtblüher. Südliche USA bis Südamerika.	Ihrem Aussehen nach recht unscheinbare, aber wegen ihrer herrlichen, großen Blüten außerordentlich beliebte Kakteen, für die Zimmerpflege geeignet. Nährstoffreiche, mineralische, humose und lockere Erde (Zusatz von Torf und etwas Lehm günstig), regelmäßige Düngergaben während der Wachstumsperiode vorteilhaft. Im Sommer halbschattigen (keine Prallsonne!) und warmen Standort; gleichmäßig gießen. Überwinterung hell und kühl, Temperatur nicht unter 10 °C, nur geringe Wassergaben. Den rankenden Trieben bieten wir in der Topfkultur ein Gerüst (Holz- oder Bambusstäbe); im Gewächshaus vor einem Spalier auspflanzen.	*Selenicereus grandiflorus* (L.) BR. & R., «Königin der Nacht», Triebe blaugrün, Dornen gelblich, Blüten bis 30 cm lang und ca. 20 cm im Durchmesser, äußere Blütenblätter gelbbraun, innere Blütenblätter weiß, duftend, bekannteste und beliebteste *Selenicereus*-Art. Mexiko, Westindische Inseln. *Selenicereus hamatus* (SCHEIDW.), BR. & R., Triebe hellgrün, meist 4 Rippen mit spornartigen Vorwölbungen, äußere Blütenblätter rötlichgelb, innere Blütenblätter weiß. Mexiko. *Selenicereus pteranthus* (LK. & O.) BR. & R., blaugrüne bis rötliche Triebe (besonders bei star-

Gattung	Pflegehinweise	Arten
	Selenicereus wird gern als Pfropfunterlage benutzt, vor allem für die Sämlingspfropfung.	ker Sonneneinstrahlung), bis 5 cm dick, 4- bis 6rippig, weißwollige Areolen, Dornen gelb bis braun, äußere Blütenblätter braungelb, innere Blütenblätter weiß, nicht duftend. Mexiko.
Seticereus Bckbg. syn. *Borzicactus* Br. & R. Borstenkaktus. Strauchige bis baumförmige Kakteen mit dichter, bunter Bedornung. Blüten zygomorph. Südamerika (Nordperu, Südekuador).	Aufgrund der schönen Bedornung gern kultivierte Kakteen, für die Zimmerpflege geeignet. Jungpflanzen von *S. icosagonus* ähneln mit ihrer goldgelben Bedornung einem *Haageocereus*. Nahrhafte, mineralische und gut durchlässige Erde. Sonniger und warmer Standort im Sommer. Überwinterung hell und nicht zu kühl (um 15 °C), geringe Wassergaben.	*Seticereus humboldtii* (Hbk.) Bckbg., niederliegend und aufrecht wachsend, gelbe bis rotbraune Bedornung, Blüten karminrot. Südekuador, Nordperu. *Seticereus icosagonus* (Hbk.) Bckbg., syn. Borzicactus icosagonus (Hbk.) Br. & R., syn. Matucana icosagona (Hbk.) Buxb., sprossend, niederliegend und aufrecht wachsend, goldgelbe Bedornung, Blüten rot. Südekuador bis Nordperu.
Seti-Echinopsis (Bckbg.) De Haas Borstenechinopsis. Kleinbleibende, zylindrisch wachsende Kakteen mit graugrünen bis rötlichbraunen Körpern. Nachtblüher. Blüten scheitelständig, lang, grazil, selbstfertil. Argentinien.	Einfach zu pflegende Pflanzen, gut wachsend und früh blühend, günstig fürs Fensterbrett, weil kleinbleibend. Mineralische, gut durchlässige Erde. Warmer, sonniger Sommerstandort, nicht zu wenig gießen. Winterstandort hell, trocken und kühl (um 12 °C). Sämlingspfropfung kann empfohlen werden; Pflanzen wachsen aber auch wurzelecht gut.	*Seti-Echinopsis mirabilis* (Speg.) De Haas, syn. Arthrocereus mirabilis (Speg.) Buxb., kurzsäulig, grünbraune bis rotbraune Körper, Blüten langröhrig und strahlig, weiß, duftend, öffnen sich nachts. Argentinien.
Solisia Br. & R. Von Buxbaum als Untergattung zu *Mammillaria* gestellt. Kleinbleibende Kugelkakteen mit kammförmiger, weißer Bedornung (ähnlich *Normanbokea*), Körper enthält Milchsaft, Rübenwurzel. Blüten erscheinen seitlich am Körper aus den Axillen. Mexiko.	Sehr aparter Kaktus, der am besten gepfropft wächst: Für die Zimmerpflege geeignet, allerdings sollte der Unerfahrene nicht gleich mit dieser Art anfangen. Nahrhafte, mineralische und gut durchlässige Erde (Zusatz von Torf und Lehm günstig), nur mäßig gießen. Sommerstandort warm und sonnig. Im Winter hell, nicht zu kühl (14 bis 16 °C), ganz geringe Wassergaben; auf *Eriocereus jusbertii* gepfropft, kann auch trocken überwintert werden.	*Solisia pectinata* (B. Stein) Br. & R., syn. Mammillaria pectinata Buxb., kugeliger, nicht sprossender Wuchs, Areolen länglich mit vielen, kammförmig angeordneten weißen Dornen, Blüten trichterig, weiß bis rosa. Mexiko.

Aporocactus flagelliformis ist eine leicht zu pflegende Art. Sie eignet sich aufgrund ihres hängenden Wuchses vorzüglich als Ampelpflanze. Sie läßt sich auch gut in Hydrokultur halten. Die Blütezeit liegt im Frühjahr.

Mammillaria hahniana

Mammillaria bombycina

Mammillaria zeilmanniana

Mammillaria elegans

Mammillaria guelzowiana

Dolichothele albescens

Die Mammillarien bilden eine außerordentlich artenreiche Kakteengattung. Charakteristisch für sie sind unter anderem die den ganzen Körper bedeckenden Warzen. Vielgestaltig und farbig ist auch die Bedornung dieser Kakteen.

Neoporteria rapifera

Notocactus herteri

Notocactus ottonis var. vencluianus

Notocactus ottonis

Neochilenia reichei

Neochilenia taltalensis

Die Gattungen *Neochilenia, Neoporteria* und *Notocactus* enthalten viele schöne, interessante und vor allem einfach zu pflegende Arten. Manche Kakteenfreunde wenden sich in Spezialsammlungen zum Beispiel nur den *Notocactus*- oder den *Neochilenia*-Arten zu.

Mammillaria boolii

Mammillaria bella

Mammillaria carnea

Mammillaria fittkaui

Mammillaria bocasana

Mammillaria bachmannii

Besonders begehrt sind bei den Kakteenfreunden die großblütigen *Mammillaria*-Arten, z. B. *M. boolii, M. sheldonii, M. theresae*. Allerdings bedarf es zu ihrer richtigen Pflege schon eines gewissen Maßes an Erfahrung. Richtig gehalten, bringen sie viel Freude.

Mammillaria nejapensis

Mammillaria aurihamata

Mammillaria albicans

Mammillaria prolifera

Mammillaria sempervivi

Mammillaria meiacantha

Die Früchte der Kakteen können z. B. feigenartig, kugel-, ei-, keulenförmig oder schmal länglich, glatt, schuppig, behaart oder bedornt sein und mehr auffallen als die Blüten.

Epithelantha micromeris var. *greggii*

Blossfeldia liliputana

Islaya divaricatiflora

Mammillaria heyderi

Mammillaria applanata

Mammillaria wildii

Die Kakteenfrucht ist eine Beere. Sie besteht aus einem Gehäuse, das die Samen umgibt. Die Früchte mancher Kakteenarten stehen wegen ihres angenehmen Geschmacks auf dem Speisezettel des Menschen.

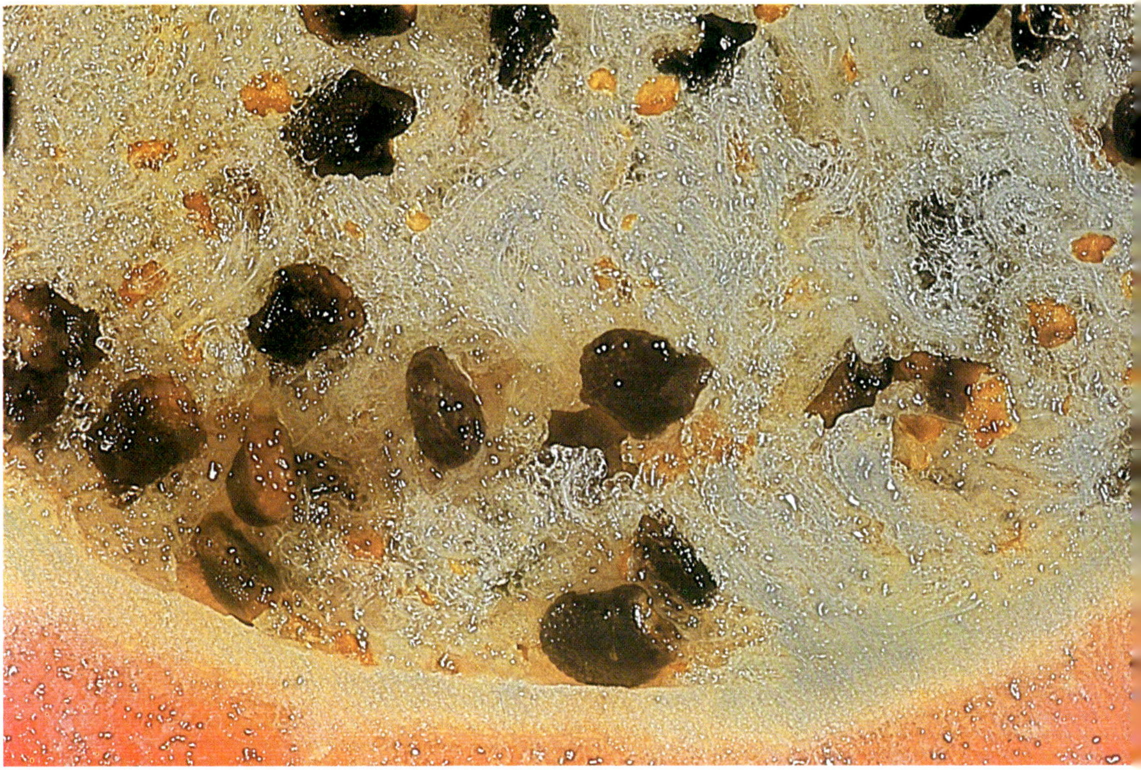

Eriocereus martinii ist ein Rank-Cereus, dessen Triebe über 2 m lang werden können. Die etwa walnußgroßen Früchte platzen im reifen Zustand teilweise auf. Es ist sogar möglich, daß hier bereits einzelne Samen auskeimen.

Neochilenia saxifraga

Neochilenia aerocarpa

Neochilenia hankeana

Neobesseya missouriensis

Sulçorebutia menesesii

Gymnocalycium denudatum

Früchte sind aus einer Blüte hervorgegangene Organe, die den Samen bis zur Reife umgeben und zu dessen Verbreitung beitragen. Bei den Kakteen erfolgt die Fruchtbildung mit der
Umwandlung der Samenanlage zum Samen.

Mediolobivia steinmannii

Mediolobivia blossfeldii

Rebutia nitida

Lobivia famatimensis var. *densispina*

Mediolobivien sind sehr schöne und beliebte Zwergkakteen, deren Verbreitungsgebiet von Bolivien bis Nordargentinien reicht. Sie sind in der Pflege unkompliziert, wachsen und blühen auch noch an halbschattigem Standort gut und sind ideal für die Fensterbank.

Bei der Zusammenstellung von Kakteengruppen, wie z. B. der abgebildeten *Mammillaria*-Arten und *Echinocactus grusonii*, sollten z. B. Verbreitungsgebiet, Pflegeansprüche, aber auch der Schauwert von Gesteinen berücksichtigt werden.

Wer im Urlaub oder anderweitig die Möglichkeit hat, eine bekannte Kakteensammlung oder einen botanischen Garten zu besuchen, sollte das unbedingt tun. Es führt zur Erweiterung des Wissens und bringt vor allem viele Anregungen.

Astrophytum-Jungpflanzen

Astrophytum asterias

Leuchtenbergia principis

Espostoa-Jungpflanzen

Die Anzucht von Kakteen aus Samen ist bei Berücksichtigung entsprechender Bedingungen (z. B. Wärme, Licht) nicht kompliziert. Wenn die Sämlinge eine gewisse Größe erreicht haben oder die Jungpflanzen zu dicht stehen, muß pikiert werden.

Lophophora williamsii f. *cristata*

Aztekium ritteri f. *cristata*

Austrocylindropuntia cylindrica f. *cristata*

Eriocactus leninghausii f. *cristata*

Gymn. mihanovichii var. *friedrichii* f. *rubrum*

Mammillaria rhodantha f. *cristata*

Kammformen oder Cristaten sind Verbänderungen im Bereich des Wachstumskegels, d. h. im Scheitel der Kakteen. Chlorophyllosen Formen fehlt das Blattgrün. Sie sollten auf starkwüchsige Unterlagen gepfropft werden.

Pediocactus knowltonii

Pelecyphora aselliformis

Roseocactus kotschoubeyanus

Roseocactus fissuratus

Aztekium ritteri

Pyrrhocactus vallenarensis

Die Vertreter dieser Gattungen sind etwas für die Sammlung des erfahrenen Kakteenfreundes, der sich in den speziellen Pflegeansprüchen auskennt und dadurch auch geringe Pflanzenverluste hat.

Astrophytum capricorne

Astrophytum myriostigma

Astrophytum ornatum

Astrophytum asterias

Astrophyten, auch Sternkakteen genannt, sind bei Kakteenfreunden außerordentlich beliebt. Diese Pflanzen lassen sich relativ einfach aus Samen anziehen, benötigen in der Pflege aber dann einige Spezialkenntnisse. Pfropfungen bereiten weniger Probleme.

Der Asselkaktus, *Normanbokea pseudopectinata,* früher unter dem Namen Solisia bzw. Pelecyphora pseudopectinata bekannt, ist eine attraktive Art, die in keiner Sammlung fehlen sollte. Gepfropft, stellt diese Kaktee keine besonderen Pflegeansprüche.

Gattung	Pflegehinweise	Arten
Sulcorebutia BCKBG. Die Gattung soll nach neueren Ansichten verwandtschaftlich *Weingartia* nahestehen. Kleinbleibende, oft sehr reich sprossende Kakteen, die noch in Höhen bis 3000 m vorkommen. Kurze pectinate Bedornung, Rübenwurzeln. Bolivien.	Gut wachsende, leicht und reichblühende Pflanzen, günstig für die Zimmerpflege, ohne besondere Kulturansprüche. Sommerstandort warm und sonnig, möglichst unter Glas, wurzelechte Pflanzen wegen der Rübenwurzeln (Wasserspeicher!) nur mäßig gießen. Die Pflanzen wachsen wurzelecht gut, aber langsam. Gepfropft gedeihen Sulcorebutien sehr gut (Unterlage z.B. *Cereus peruvianus, Eriocereus jusbertii*), sprossen dabei aber sehr stark. Im Winter hell, trocken und kühl (um 10 °C) stellen. Gepfropfte Pflanzen überstehen die Winterperiode offensichtlich besser als wurzelechte. Letztere keinesfalls so kühl wie Rebutien überwintern. Die Pflanzen sind empfindlich gegen Spinnmilben!	*Sulcorebutia alba* RAUSCH, kleiner, kugeliger, grüner (oft violett überhauchter) Körper mit weißer Bedornung, Blüten violettrot, Schlund rosa bis weiß. Bolivien. *Sulcorebutia arenacea* (CARD.) RITT., kugelig, Areolen auffallend weiß, Dornen weiß, Blüten gelborange. Bolivien. *Sulcorebutia crispata* RAUSCH, kleiner, kugeliger, graugrüner Körper mit weißer bis braungelblicher Bedornung, Blüten rotviolett. Bolivien. *Sulcorebutia kruegeri* (CARD.) RITT., kugeliger bis länglicher Wuchs, hell- bis dunkelgrüner Körper, Dornen weißlich bis bräunlich, Blüten gelbrot. Bolivien. *Sulcorebutia rauschii* FRANK, gedrückt-kugeliger, dunkelgrüner bis violetter Körper mit kurzen, schwarzen Dornen, Blüte magentarot. Bolivien. *Sulcorebutia steinbachii* (WERD.) BCKBG., kugelig, Körper mit braunen bis schwärzlichen Dornen, Blüten scharlachrot. Bolivien. Weitere Arten: *S. caniguerallii* (CARD.) BCKBG., *S. flavissima* RAUSCH, *S. lepida* RITT.
Thelocactus (K.SCH.) BR. & R. Kugelförmig bis zylindrisch wachsende Kakteen. Rippen mehr oder weniger in Warzen aufgelöst, z.T. mit sehr kräftiger Bedornung. Blüten groß, scheitelständig. USA, Mexiko.	Diese Kakteen können bereits dem Anfänger und Fensterbrettpfleger empfohlen werden. Die Pflanzen sind vor allem wegen ihrer schönen Bedornung und der großen, breittrichterigen Blüten beliebt. Kräftige, mineralische und gut durchlässige Erde (Zusatz von Lehm günstig). Sonniger, warmer Sommerstandort, nicht viel gießen. Im Winter hell, trocken und kühl (um 10 °C) halten. Die Pflanzen wachsen wurzelecht sehr gut; Pfropfen kann entfallen.	*Thelocactus bicolor* (GAL.) BR. & R., kugeliger Körper mit starker gelb-roter Bedornung, Blüten purpurrot, verschiedene Varietäten. USA. *Thelocactus hexaedrophorus* (LEM.) BR. & R., kugelig, nicht sprossender, blau- bis graugrüner Körper, Rippen in sechskantige Höcker aufgelöst, Dornen gelb bis braun, Blüten weiß, verschiedene Varietäten. Mexiko. Weiter zu empfehlende Arten: *Thelocactus lophothele* (SD.) BR. & R., *Thelocactus nidulans* (QUEHL) BR. & R., *Thelocactus schwarzii* BCKBG.

Gattung	Pflegehinweise	Arten
Thrixanthocereus BCKBG. Haarblütencereus Von manchen Autoren zu *Espostoa* gestellt. Einzeln, kaum verzweigt wachsende Säulenkakteen mit vielen feinhöckerigen Rippen. Ausbildung eines Cephaliums. Nachtblüher. Südamerika (Nordperu).	Attraktive Kakteen, vor allem durch ihre schöne Bedornung. Haltung am besten in einem Glaskasten oder im Gewächshaus (Schutz vor Verschmutzung). Lockere, mineralische und etwas humose Erde mit Lehmzusatz. Im Sommer sonniger und warmer Standort (bevorzugt unter Glas), nicht zu wenig gießen. Überwinterung hell und nicht zu kühl (um 15 °C), nur geringe Wassergaben. Die Pflanzen wachsen wurzelecht sehr gut, dennoch ist Sämlingspfropfung anzuraten.	*Thrixanthocereus blossfeldiorum* (WERD.) BCKBG., größer werdende Säulen, weiße Bedornung, Blüten cremefarben. Nordperu. *Thrixanthocereus cullmannianus* RITT., säulig, gering sprossend, zahlreiche, weiße, feine Dornen, Blüten weiß. Nordperu. *Thrixanthocereus senilis* RITT., auch *Espostoa senilis*, säulig, dichte, haarartige, weiße Bedornung, Blüten purpurrot. Nordperu.
Trichocereus (BERG.) RICC. Borstencereus. Von manchen Autoren werden die *Trichocereus*-Arten teils zu *Helianthocereus* und teils zu *Echinopsis* gestellt. Aufrecht oder niederliegend wachsende Säulenkakteen, die am Grunde vielfach sprossen. Blüten schlank, trichterförmig. Südamerika (Ekuador, Peru, Bolivien, Chile, Argentinien).	Wüchsige, anspruchslose und leicht zu pflegende Kakteen. Anfängerpflanzen. Einige Arten sind dankbare und willige Blüher. Manche Arten erreichen beachtliche Größen und sind dann nur noch für das Gewächshaus geeignet. *Trichocereus bridgesii, Trichocereus macrogonus, Trichocereus pachanoi, Trichocereus schickendantzii* und *Trichocereus spachianus* sind bewährte und beliebte Pfropfunterlagen. Nahrhafte, mineralische und gut durchlässige Erde (Lehmzusatz und Ziegelgrus günstig). Sommerstand hell, sonnig und luftig, an geschützten Stellen auch im Freien möglich, während der Wachstumsperiode nicht zu wenig gießen. Im Winter hell, trocken und kühl (um 10 °C) halten. Bei zwar kühler, aber dunkler Kellerüberwinterung (hohe relative Luftfeuchtigkeit) bekommen die Pflanzen hellbraune, korkähnliche Flecken, besonders *Trichocereus schickendantzii* an der Körperbasis.	*Trichocereus candicans* (GILL.) BR. & R., syn. Echinopsis candicans, säulenförmig, sprossend, frischhellgrüner Körper, Dornen honigfarben, Blüten lang, duftend, weiß, schöne Anfängerart. Argentinien. *Trichocereus pachanoi* BR. & R., syn. Echinopsis pachanoi (BR. & R.) FRIEDR. & ROWL., baumförmig, verzweigend, blaugrüner Körper, Dornen gelb bis braun, z.T. fehlend, Blüten lang, weiß. Ekuador. *Trichocereus schickendantzii* (WEB.) BR. & R., syn. Echinopsis schickendantzii (WEB.) FRIEDR. & ROWL., kurzsäulig, sehr stark sprossend, hellgrüner Körper mit gelber Bedornung, Blüten lang, weiß. Argentinien. *Trichocereus spachianus* (LEM.) RICC., syn. Echinopsis spachiana (LEM.) FRIEDR. & ROWL., säulig, gruppenbildend, hellgrüner Körper, Dornen gelb bis bräunlich, Blüten weiß, lang, Anfängerart. Argentinien. *Trichocereus terscheckii* (PARM.) BR. & R., syn. Echinopsis terscheckii (PARM.) FRIEDR. & ROWL., mächtige, baumförmige Säulen, frischgrüner Körper mit gelber, kräftiger Bedornung, Blüten weiß, attraktive Art, besonders für das Gewächshaus. Argentinien.

Gattung	Pflegehinweise	Arten
Turbinicarpus (Bckbg.) Buxb. & Bckbg. Kreiselfruchtkaktus Von manchen Autoren zur Gattung *Toumeya* gestellt. Kleine Kugelkakteen mit bläulich- oder bräunlich-grünen Körpern, Warzen verhältnismäßig groß, Dornen weich und z.T. bald abfallend, Scheitel wollig. Blüten scheitel-ständig. Mexiko.	Langsam wachsende Kakteen, die am besten gepfropft gedeihen; für die Zimmerpflege geeignet, aber nicht unbedingt Anfängerpflanzen. Mineralische und lockere Erde (Zusatz von Lehm günstig). Sommerstandort warm und hell (keine Prallsonne). Im Hochsommer Trockenruhe, Hauptwachstumszeit Frühjahr und Herbst, dann nicht zu wenig gießen. Überwinterung hell, trocken, Temperatur 10 bis 12 °C. Als Pfropfunterlagen eignen sich z.B. *Echinopsis*, *Selenicereus* und *Eriocereus jusbertii*.	*Turbinicarpus klinkerianus* Bckbg. & Jacobs., klein, kugelig, Körper braungrün, Scheitel weißwollig, Blüten weiß. Mexiko. *Turbinicarpus lophophoroides* (Werd.) Buxb. & Bckbg., kugelig, Körper blaugrün, weißwolliger Scheitel, Rübenwurzel, Blüte rosa. Mexiko. Weitere empfehlenswerte Arten: *Turbinicarpus laui* Glass & Foster, *Turbinicarpus polaskii* Bckbg.
Uebelmannia Buin. Kegelförmig bis zylindrisch wachsende Kakteen mit harter und rauher Epidermis und attraktiver Bedornung, Rübenwurzel, Blüten klein und trichterig. Brasilien.	Eine der neuesten Kakteengattungen, in den Sammlungen noch nicht häufig vertreten. Es ist günstig, die Pflanzen aus Samen anzuziehen und dann zu pfropfen. Nahrhafte, mineralische, humose und gut durchlässige Erde (Zusatz von Torf günstig). Im Sommer sonniger und warmer Stand, während der Wachstumsperiode häufig sprühen, besonders an heißen Tagen. Überwinterung hell und nicht zu kühl (um 15 °C).	*Uebelmannia pectinifera* Buin., kugelig bis zylindrisch, gerade, scharfkantige Rippen, Epidermis bei älteren Pflanzen grau, Areolen mit braunem Wollfilz, Dornen braun bis schwarz, Blüten grünlichgelb, bekannteste Art. Brasilien. Weitere Arten: *Uebelmannia buiningii* Donald, *Uebelmannia gummifera* Buin. & Bred., *Uebelmannia menesensis* Buin.
Weingartia Werd. Kugelig bis kurzzylindrisch wachsende Kakteen, z.T. mit Halsrübenwurzeln. Blüten zahlreich, mit kurz beschuppter Röhre, erscheinen vielfach in Scheitelnähe. Südamerika (Bolivien, Argentinien).	Gut wachsende, blühwillige Kakteen, relativ leicht zu pflegen. Nahrhafte, mineralische, etwas humose, lockere Erde. Im Sommer sonniger und luftiger Standort (Prallsonne vermeiden), gleichmäßige Wassergaben. Winterstandort hell, trocken, Temperatur 10 bis 15 °C. Es ist günstig, die Pflanzen zu pfropfen. *W. neocumingii* wächst aber auch wurzelecht sehr gut.	*Weingartia neocumingii* Bckbg., syn. Weingartia cumingii (Werd.) Marsh., zunächst kugelig, später länglich, hellgrüner Körper mit gelber Bedornung, Blüten goldgelb bis orangerot. Bolivien. *Weingartia neumanniana* (Bckbg.) Werd., kurzzylindrisch, graugrüner Körper mit in Höcker geteilten Rippen, lange Rübenwurzel, dunkelbraune Bedornung, Blüten gelb bis orange. Nordargentinien.
Wigginsia D.M.Port. syn. Malacocarpus Sd. non Fisch. & Mey. Zunächst kugelig, später etwas verlängert wachsende Kakteen mit bewolltem Scheitel und scharfkantigen Rippen, Blüten kurzröhrig. Argentinien, Brasilien, Uruguay.	Einfach zu pflegende Kakteen für den Anfänger. Nährstoffreiche, mineralische und durchlässige Erde. Im Sommer helle, warme Prallsonne vermeiden; regelmäßig gießen. Winterstand hell, trocken und kühl (um 12 °C). Ältere Pflanzen verkorken von der Basis her.	*Wigginsia arechavaletai* (K.Sch. ex. Speg.) D.M.Port., syn. Malacocarpus arechavaletai (K.Sch ex Speg.) Berg., kugelförmiger, dunkelgrüner Körper mit hellen Randdornen und schwarzen Mitteldornen, Blüten goldgelb. Uruguay, Argentinien?

Gattung	Pflegehinweise	Arten
Wilcoxia Br. & R. Dünntriebige Zwergsträucher mit knollen- oder rübenförmigen Wurzeln. Triebe vielrippig und weichfleischig, z.T. mit weichen Haar- oder Borstendornen. Blüten relativ groß, trichterförmig. USA (Texas), Niederkalifornien bis Mittelmexiko.	Für die Zimmerpflege geeignete, von vielen Kakteenfreunden auch sehr gern kultivierte Pflanzen. Beliebt vor allem aufgrund der Blühwilligkeit und der schönen Blüten. Warmer, heller und luftiger Stand im Sommer (keine Prallsonne), wurzelechte Pflanzen sind nässeempfindlich, beim Gießen berücksichtigen. *Wilcoxia*-Arten gedeihen am besten gepfropft (Unterlagen z.B. *Eriocereus jusbertii, E. martinii, Selenicereus*, wüchsige *Opuntia*-Arten). Überwinterung hell, trocken und kühl (um 12 °C).	*Wilcoxia poselgeri* (Lem.) Br. & R., syn. Wilcoxia tuberosa Lem., dunkelgrüne, runde Triebe mit hellen, feinen Randdornen, Mitteldornen weiß oder schwarz, Blüten hell purpurrot, duftend, meist an den Triebenden. USA (Texas), Mexiko (Coahuila). *Wilcoxia schmollii* (Wgt.) Bckbg. sehr dünne Triebe mit feinen, weißgrauen Haaren, Blüten hell purpurrot, duftend. Mexiko (Queretaro).
Zygocactus K. Sch. syn. Epiphyllum Weihnachtskaktus, Gliederkaktus. Die Gattung wird jetzt zu *Schlumbergera* R. Moran gestellt. Kleine, strauchig wachsende Kakteen mit flachen, zweikantig-geflügelten Gliedern. Blüten erscheinen an den Triebenden. Brasilien.	*Zygocactus* – Züchtungen sind weitverbreitete und beliebte Kakteen, die gut wachsen und reichlich blühen. Ihre Pflege ist relativ einfach. Humose, etwas sandige, gut durchlässige Erde (Zusatz von Torf günstig). In der Wachstumsperiode (März bis September) – also im Sommerstand – warm stellen, aber keine Prallsonne, sondern lichter Halbschatten; gleichmäßig gießen, ab und zu düngen, Luftfeuchte durch Nebeln erhöhen. Im Sommer ist auch das Unterbringen im Freien möglich (am besten unter Bäumen). Von Mitte September bis Ende Oktober hell, relativ trocken und kühler (15 bis 20 °C) halten (Kurztagblüher). Sobald sich an den Endgliedern die Knospen zeigen, kommen die Pflanzen wieder an einen hellen und warmen Platz, jetzt auch wieder normal gießen. Pflanzen am Ort belassen, auch nicht drehen, sonst werden die Knospen abgeworfen. Nach der Blüte (etwa um die Weihnachtszeit) etwas weniger gießen, günstige Zeit zum Umpflanzen. Die Pflanzen können auch gepfropft werden (Unterlagen z.B. *Pereskia, Selenicereus*).	*Zygocactus truncatus* (Haw.) K. Sch., syn. Schlumbergera truncata (Haw.) Moran, epiphytisch wachsender Zwergstrauch, gegliederte Triebe (gezähnt), Dornen nur als feine Borsten ausgebildet, Blüten rosa bis violett, viele Zuchtformen mit roten und weißen Blüten.

Pflege der Kakteen

Winterstandort

Wenn sich jemand eine Kakteensammlung zulegen möchte, dann ist ihm zunächst anzuraten, darüber nachzudenken, welche Unterbringungsmöglichkeiten für die Pflanzen im Winter zur Verfügung stehen. Im Sommer ist es relativ einfach, Stellplätze für die Kakteen zu finden. Es gibt die verschiedensten Möglichkeiten; aber die Frage nach dem Winterstandort der Pflanzen wird oft zum Dreh- und Angelpunkt, ja vielfach zum begrenzenden Faktor für die Größe einer Sammlung.

Welche Ansprüche stellen die Kakteen an den Winterstandort? Abgesehen von einigen Arten wie z. B. *Mammillaria schiedeana*, *Mammillaria plumosa*, *Zygocactus* (Weihnachtskaktus) oder auch *Rhipsalis*, die ihre Wachstums- und Blütezeit im Winter haben, machen die Kakteen etwa vom Spätherbst bis zum Frühjahr eine Vegetationspause durch. Während dieser Ruheperiode ist das Wachstum eingestellt und der Stoffwechsel erheblich eingeschränkt. Wir können das sehr deutlich am Schrumpfen der Pflanzen, z. B. bei Opuntien, erkennen. Unsere Winterpflegemaßnahmen müssen demzufolge darauf abgestimmt sein, den Kakteen solche Umwelt- oder Standortbedingungen zu garantieren, daß die Ruheperiode nicht unterbrochen wird. Es sind also vor allem die Faktoren Wärme und Feuchtigkeit, die – neben dem Licht – das Wachstum der Pflanzen sehr stark beeinflussen, auf ein Minimum zu reduzieren. Deshalb lautet die 1. Regel für die Überwinterung: Kakteen werden kühl bei Temperaturen von 8 bis 12°C überwintert.

Überwinterung der Kakteen wird
– von einigen Arten abgesehen –
durch die Winterruhe bestimmt

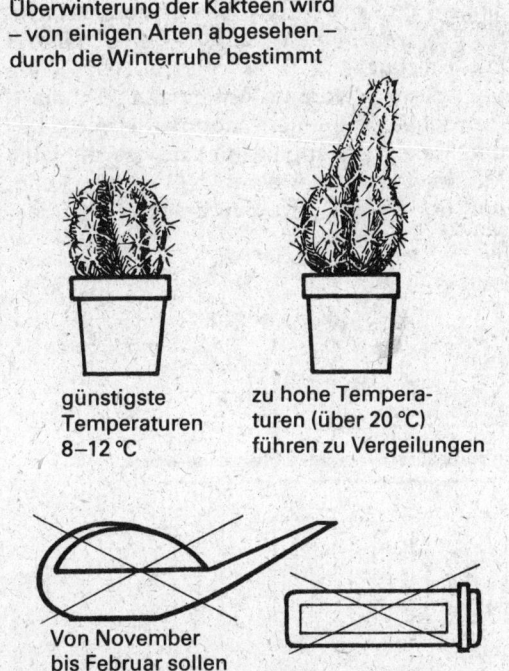

günstigste
Temperaturen
8–12 °C

zu hohe Temperaturen (über 20 °C)
führen zu Vergeilungen

Von November
bis Februar sollen
die Kakteen (mit wenigen Ausnahmen)
ohne Wasser und Dünger auskommen

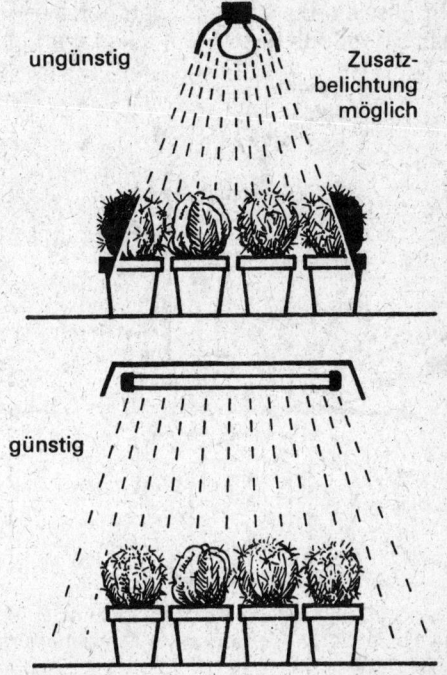

ungünstig

Zusatzbelichtung
möglich

günstig

Sind die Pflanzen gut abgehärtet, überstehen sie ein kurzzeitiges Absinken der Temperaturen auf 0°C ohne Schaden. Auf die Ansprüche verschiedener Kakteengruppen in bezug auf bestimmte Überwinterungstemperaturen wird im speziellen Teil hingewiesen. Die 2. Regel lautet: Kakteen sind trocken zu überwintern. An ihrem kühlen Winterstandort benötigen die Kakteen nur wenig bzw. gar kein Wasser. Dem Anfänger sei deshalb, um Verluste möglichst zu vermeiden, empfohlen, seine Pflanzen von November bis Februar nicht zu gießen. Ein erfahrener Pfleger wird seinen Kakteen unter Berücksichtigung von Licht- und Temperaturverhältnissen in Abständen von 3 bis 4 Wochen geringe Wassergaben verabreichen. Damit soll ein Austrocknen der feinen Faserwurzeln verhindert werden. Jedoch verfügen die Kakteen in ihrem Speichergewebe über genügend Wasservorräte, um auch eine mehrmonatige Trockenperiode, wie wir sie unseren Pflanzen bieten, ohne Schwierigkeiten zu überstehen.

Die 3. Regel lautet: Kakteen sollen im Winter einen hellen Standort erhalten. Dabei stellen wir in Rechnung, daß die Tage im Winter relativ kurz sind und auch die Helligkeit zum Teil stark vermindert ist. Im Gegensatz zur Lichtfülle, die die Kakteen während der Vegetationsperiode benötigen, spielt der Lichtfaktor bei der Überwinterung aber keine entscheidende Rolle. Selbst Lichtmangel bzw. Dunkelheit wird von in Winterruhe befindlichen Kakteen über einige Monate ohne Schaden ertragen.

Bei Berücksichtigung der Faktoren Wärme, Feuchtigkeit und Licht gemäß Regel 1 bis 3 lassen sich unterschiedliche Winterquartiere für unsere Kakteen finden.

Am einfachsten wird es der Besitzer eines beheizbaren Gewächshauses, eines Warmhauses, haben. Er kann die Pflanzen an ihrem Platz stehenlassen und braucht gewissermaßen nur die Standortfaktoren zu kontrollieren. Was ihm Sorgen bereitet, sind eventuell die relativ hohen Heizungskosten.

Kakteenfreunde, die eine größere Pflanzensammlung den Sommer über in Frühbeeten, Glaskästen oder in einem nicht beheizbaren Gewächshaus, einem Kalthaus, untergebracht haben, müssen ihre Kakteen im Spätherbst und im Frühjahr ins bzw. aus dem Winterquartier räumen. Als Winterquartier haben sich trockene, helle und vor allem frostfreie Keller- oder Bodenräume bewährt. Sollten die Außentemperaturen so stark absinken, daß die Gefahr des Erfrierens unserer Pflanzen besteht, muß für eine zusätzliche Heizquelle, z. B. elektrische Heizschlangen, gesorgt werden. Am besten wird diese Heizquelle mit einem Kontaktthermometer und Relais gekoppelt, so daß sie auf eine Mindesttemperatur eingestellt werden kann, um unnötigem Stromverbrauch vorzubeugen.

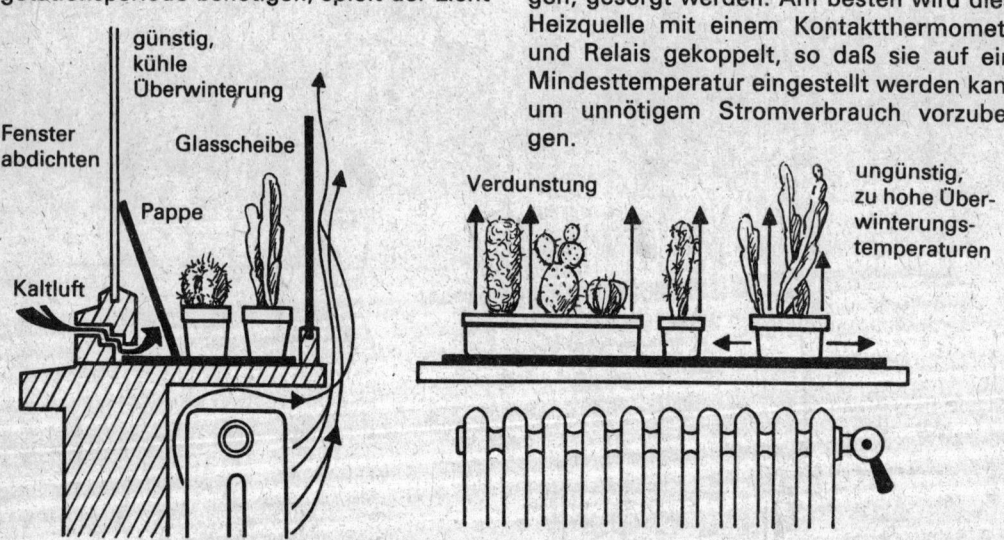

günstig, kühle Überwinterung

Fenster abdichten

Glasscheibe

Pappe

Kaltluft

Verdunstung

ungünstig, zu hohe Überwinterungstemperaturen

Die Unterbringung von Kakteen am Fenster ist, auch beim Vorhandensein einer Zentralheizung, nicht problemlos

Kleinere Sammlungen finden ihren Platz im Doppelfenster, Treppenaufgang oder unbeheizten Schlafzimmer bzw. in einer frostsicheren Veranda. Für Notfälle muß auch hier eine Möglichkeit der Zusatzheizung gegeben sein.

Stehen Kakteen während des Winters am Fenster, so ist besonders in kalten Nächten zwischen Fenster und Pflanzen Pappe oder Zeitungspapier als Frostschutz zu stecken. Befindet sich unter dem Fensterbrett eine Zentralheizung, dann kann unter Umständen die Temperatur in der Umgebung der Kakteen zu sehr ansteigen. Das blocken wir ab, indem wir zum Zimmer hin eine größere Glasscheibe anbringen.

Sollte ein Pflanzenfreund in der Wohnung gar keinen Platz für die Überwinterung seiner «stachligen» Pfleglinge haben, bleibt nur noch eine, wenn auch etwas rabiat anmutende Maßnahme: die Kakteen werden im Spätherbst ausgetopft – der Wurzelballen muß trocken sein –, in Zeitungspapier gewickelt und in einen Karton gelegt. Bei völliger Dunkelheit können diese Kakteen in einem kühlen, garantiert frostfreien Raum überwintern. Im Frühjahr werden die in der Regel etwas geschrumpften Pflanzen wieder eingetopft.

Im allgemeinen machen uns die Kakteen im Winterquartier kaum Arbeit. Trotzdem sollten wir nicht vergessen, des öfteren nach den Pflanzen zu sehen, damit sich weder Fäulnis noch Schädlingsbefall ausbreiten können. An frostfreien Tagen kann der Überwinterungsraum auch einmal gelüftet werden. Dabei ist allerdings zu beachten, daß Kakteen keine Zugluft mögen.

Und noch ein letzter Tip: Am Winterstandort der Kakteen leistet uns ein Thermometer gute Dienste. Wir sollten regelmäßig die Temperatur kontrollieren, um eventuell schnell notwendige Maßnahmen einleiten zu können.

Sommerstandort

Der Sommer ist die Hauptperiode des Wachstums und Blühens unserer Kakteen. In dieser Vegetationsperiode spielen vor allem die Faktoren Wärme, Licht, Luft, Wasser und Nährstoffe für ein gutes Gedeihen der Pflanzen eine wesentliche Rolle. Wollen wir also Freude an unseren Kakteen haben, dann müssen wir bei der Wahl des Sommerstandortes die genannten Faktoren unbe-

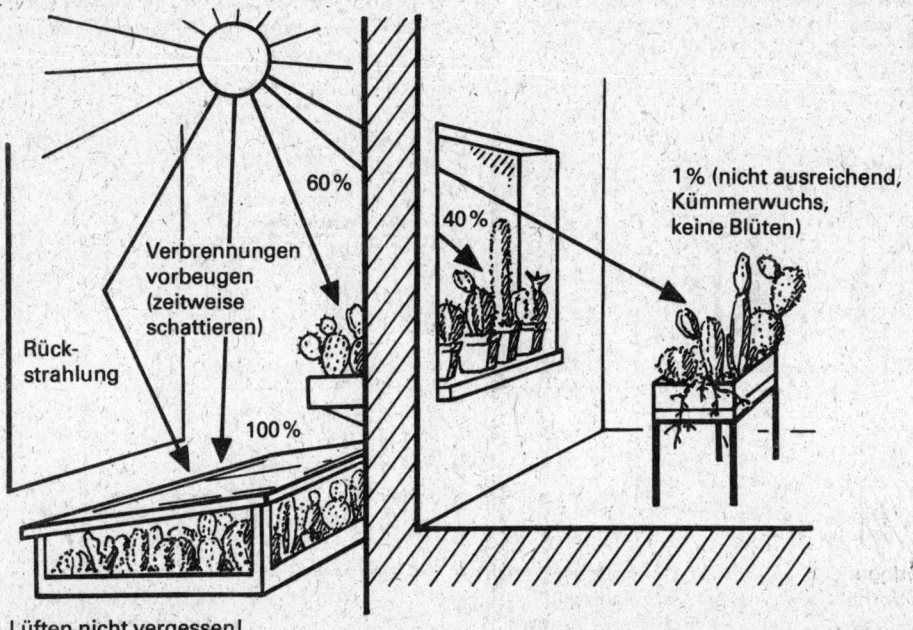

60 %

40 %

1 % (nicht ausreichend, Kümmerwuchs, keine Blüten)

Verbrennungen vorbeugen (zeitweise schattieren)

Rückstrahlung

100 %

Lüften nicht vergessen!

dingt berücksichtigen. Kakteen benötigen während der Vegetationsperiode im allgemeinen einen hellen, sonnigen, luftigen und warmen Standort.

Das Kleingewächshaus

Am idealsten ist die Erfüllung dieser Bedingungen natürlich in einem Gewächshaus gegeben. Im Vergleich etwa zum Kakteenfenster besitzt ein kleines Gewächshaus wesentliche Vorteile: ein hohes Maß an Ober- und Seitenlicht, einen größeren Luftraum, eine bessere Regulierbarkeit der Temperatur und der Luftfeuchte, einfache Möglichkeiten des Lüftens und vor allem der Pflege. Alles in allem ergeben sich hieraus außerordentlich günstige Lebensbedingungen für die Kakteen. Nicht zuletzt ist es für den Besitzer eines Kleingewächshauses sehr praktisch und bequem, gewissermaßen unabhängig vom Wetter seine Pfleglinge in Augenschein zu nehmen bzw. Pflegearbeiten durchzuführen.

Aber nur wenige Kakteenfreunde werden ein Gewächshaus mit Heizung besitzen, weil die entsprechenden Voraussetzungen hierfür – eigenes Haus mit Grundstück, Zentralheizung usw. – nicht immer vorhanden sind. Viele Kakteenliebhaber, die einen Kleingarten ihr eigen nennen oder etwas Platz auf dem Hof haben, können sich jedoch – bei relativ geringen Kosten – ein sogenanntes

«Kalthaus» selbst bauen. Das ist ein nicht beheizbares Kleingewächshaus. Es dient zur Unterbringung der Kakteen nur während der wärmeren Jahreszeit, also etwa von April bis Oktober; mit Hilfe einer elektrischen Heizung kann dieser Zeitraum etwa von März bis November ausgedehnt werden.

Die Ruheperiode verbringen die Kakteen dann in einem geeigneten Winterquartier (vgl. S. 102). Ein solches Kalthaus läßt sich sehr leicht aus Frühbeetfenstern mittels Winkeleisen zusammenfügen. Nach eigenen Erfahrungen hat es sich als günstig erwiesen, dieses Kleingewächshaus auf einen Sockel aus Beton, Ziegelsteinen, Hohlblocksteinen, Gehwegplatten o. ä. zu stellen. Während der eine die Möglichkeit hat, eine Haus- oder Schuppenwand zu nutzen und ein Pultdach wählt, konstruiert sich der andere ein freistehendes Kleingewächshaus mit einem Satteldach, oder er wählt eine andere Ausführung. Manche Pflanzenfreunde bevorzugen auch ein kleines Erdhaus, und wer es ganz billig haben will, zimmert sich aus Dachlatten ein entsprechendes Gerüst, das dann nur noch mit fester Polyäthylenfolie (Gärtnerfolie) überzogen zu werden braucht.

Der Eigenbau eines Kleingewächshauses hat zumindest einen Vorteil: Länge, Breite und Höhe können bis zu einem gewissen Maß selbst bestimmt werden. Allerdings sollten

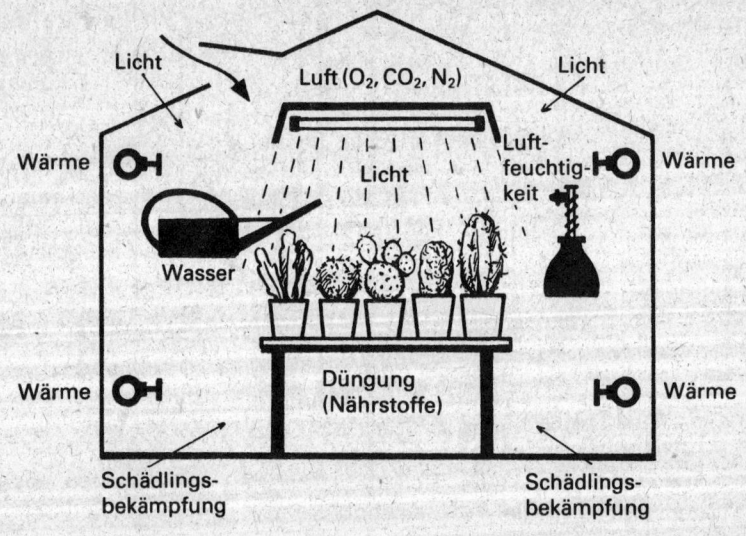

Umweltbedingungen in einem Gewächshaus

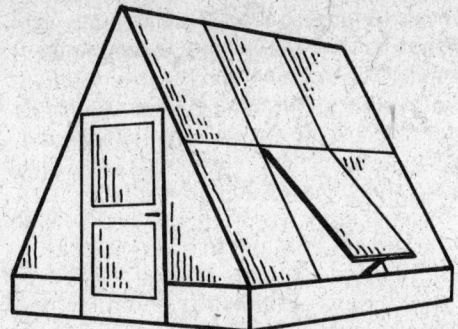 

Kleingewächshäuser können leicht und billig im Selbstbau errichtet werden. Bretter, Dachlatten, Balken, Abrißfenster, Frühbeetfenster und Folie lassen sich oftmals günstig beschaffen und reichen in der Regel als Baumaterialien aus. Eine vorhandene Haus- oder Mauerwand kann vorteilhaft in den Gewächshausbau einbezogen werden.

 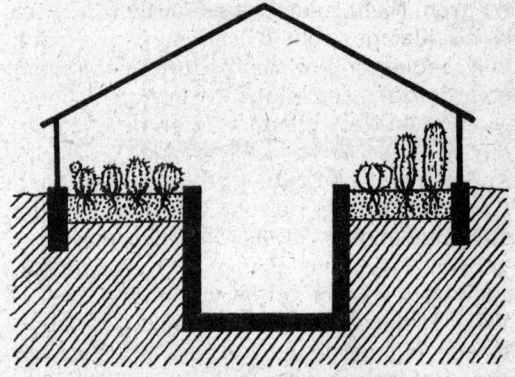

Erdhäuser stellen einen Übergang vom Frühbeet zum Kleingewächshaus dar. Sie bieten aufgrund der geringeren Wärmeabstrahlung Vorteile gegenüber Witterungseinflüssen und lassen sich auch leichter winterfest machen. Wichtig ist die gute Isolation durch eine starke Betonmauer zum Erdreich hin.

bei der Eigenkonstruktion nicht die entsprechenden Lüftungseinrichtungen vergessen werden.

Vorteile bieten auch die im Handel befindlichen Typen. Man sollte sich vorher gut beraten lassen und besonders an den Einbau technischer Einrichtungen für eine zeitsparende Pflege denken.

Unser Kleingewächshaus sollte möglichst in Nord-Süd-Richtung aufgestellt werden. Damit wird ein gleichmäßiger Lichteinfall erzielt und einer übermäßigen Erhitzung in den Mittagsstunden vorgebeugt. Die Temperaturen sollten auch an sehr heißen Tagen 35°C nicht überschreiten. Durch Belüften bzw. Schattieren durch eine Schattenleinwand oder den Anstrich der Fenster und durch Befeuchten des Ganges lassen sich die Temperaturen einigermaßen regulieren. Unerwünschte Beschattung durch benachbarte Gebäude, Bäume oder Buschwerk sollte bereits bei der Wahl des Standortes ausgeschlossen werden.

Die Innenausstattung eines Kleingewächshauses richtet sich nach dem Geschmack des Besitzers. Auf alle Fälle möchte sie zweckmäßig und platzsparend sein sowie, falls möglich, einen kleinen Arbeitsplatz mit einschließen. Die notwendigsten Geräte und Hilfsmittel sollten im Gewächshaus untergebracht werden. Bei größerer Fläche läßt sich z. B. neben dem Gang ein Erdbeet, in dem die Kakteen ausgepflanzt werden können, und ein Seitentisch, auf dem die Töpfe und

Schalen in entsprechendes Substrat eingefüttert werden, einrichten. Mancher Kakteenfreund verzichtet auch auf ein Erdbeet
und wählt für sein Gewächshaus Tische bei-
derseits des Mittelganges. In der Regel lassen sich auch noch verschiedene Hänge-
bretter anbringen, auf denen kleinbleibende
Kakteen, z. B. Rebutien oder Mediolobivien,
aber auch Anzuchten Platz finden können.
Ebenso lassen sich *Aporocactus, Rhipsalis*
u. a. günstig an der Gewächshausdecke aufhängen.

Die Einrichtung eines Kleingewächshauses

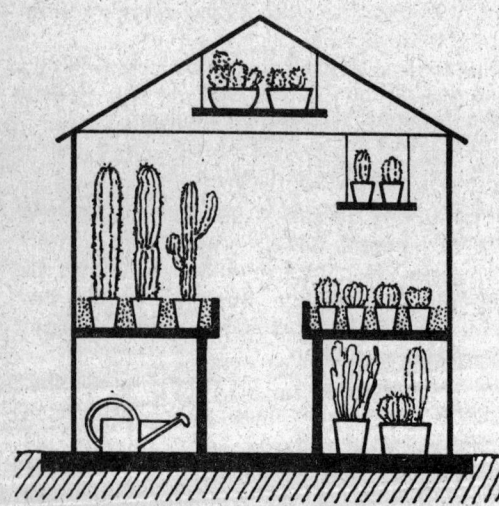

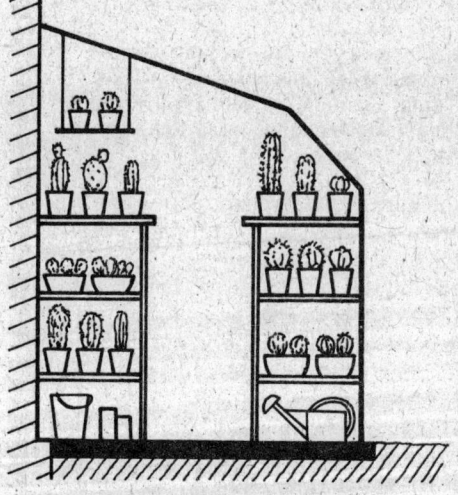

Bei der Innenausstattung eines Kleingewächshauses sind unterschiedliche Ge-
sichtspunkte zu berücksichtigen. In
erster Linie soll sie den Bedürfnissen
der Pflanzen entgegenkommen. Sie muß
aber auch zweckmäßig sein.

Erdbeete, Tische, Hängeböden, Haken
zum Anbringen von Ampeln usw. sind
Grundbestandteile der Einrichtung
eines Kleingewächshauses. Es sollte
aber auch an einen Platz für die Aufbewahrung der Geräte gedacht werden.

Liebhabern, die nur über ein sehr kleines Gewächshaus verfügen, kann empfohlen werden, Konsolen aus U-Glas bzw. Profilglas an den Seitenwänden anzubringen. Eigene Erfahrungen damit waren sehr positiv.
Abschließend soll zum Thema «Kleinge-

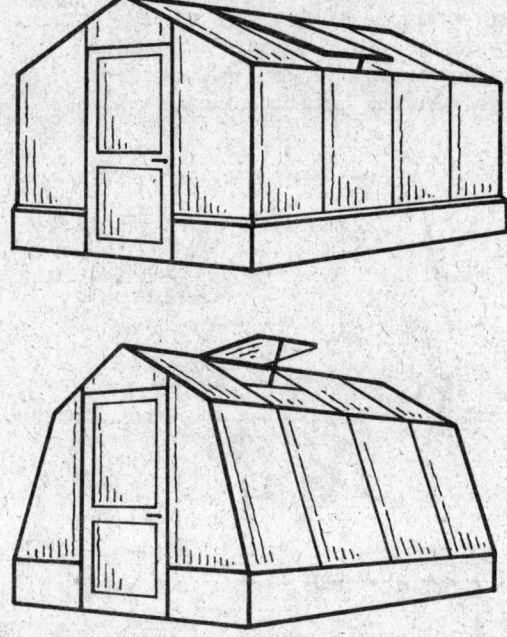

Kleingewächshäuser werden im Handel als Serientypen angeboten.

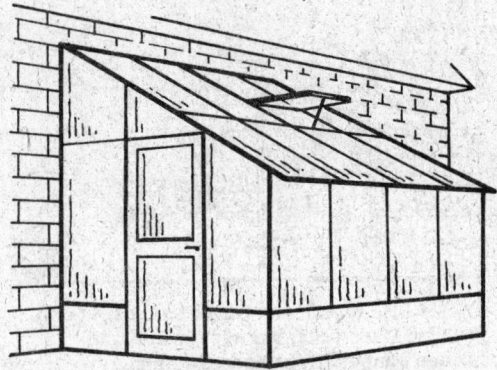

In der Regel sind das Metall-Glas-Konstruktionen, die ein Betonfundament erforderlich machen. Es können aber auch stabile Kleingewächshäuser aus Kunststoff erworben werden.

wächshäuser» noch darauf verwiesen werden, daß es sich in der Regel ja um Holzkonstruktionen handelt. Und gerade sie bedürfen eines regelmäßigen Schutzanstriches, wenn sie längere Zeit überdauern sollen.

Veranda, Balkon und Terrasse

Wenn auch Frühbeete und Kleingewächshäuser für den Kakteenfreund in der Gunst ganz oben stehen, so sollen noch verglaste Balkons und Veranden kurz erwähnt werden, weil sie für die Kakteenpflege etwa gleiche oder ähnliche Bedingungen bieten können wie ein Kleingewächshaus. Zumindest ist das Lichtangebot bei Vorhandensein großer Glasflächen besser als am Kakteenfenster.
Eine allseitig verglaste Veranda bzw. ein Balkon erweisen sich übrigens auch als günstige Winterstandorte für unsere Kakteen, vor allem wenn die Möglichkeit der Zusatzheizung gegeben ist.
Ein glasüberdachter Balkon ist bestens als Sommerquartier für eine kleine Kakteensammlung geeignet. Viele Liebhaber nutzen aber auch die offenen Balkons, wie sie häufig in Neubauten zu finden sind, als Stellplatz für ihre Kakteen. Öfter sind sie dann in einem Glaskasten untergebracht oder haben ihren Platz auf an der Wand angebrachten Konsolen gefunden.
Blumenkästen auf bzw. an Balkonbrüstungen müssen nicht unbedingt mit Pelargonien oder Petunien bepflanzt werden. Warum versucht man es nicht einmal mit Freilandopuntien!
Die Terrasse verbindet gewissermaßen das Wohnhaus mit dem Garten. In der Regel wird sie durch die Hauswand und eine zusätzlich angebrachte Glaswand gegen den Wind geschützt. Sie stellt also ebenfalls einen vortrefflichen Sommeraufenthalt vor allem für größere Kakteen oder einen Kakteenkasten dar.

Das Frühbeet

Sehr gute Lebensbedingungen können wir unseren Kakteen auch in einem Frühbeet bieten, wenn es im Garten eine günstige, möglichst vollsonnige Lage hat. Es läßt sich sowohl als Sommerquartier als auch zur Anzucht von Jungpflanzen für die Zeit von etwa Mitte April bis Ende Oktober nutzen.

Die beheizbare Veranda eignet sich als Winter- und Sommerstandort für Kakteen

Die Kakteen können Topf an Topf in das Frühbeet gestellt werden, wobei sich das Einfüttern als sehr günstig erwiesen hat. Zum Einsenken der Töpfe können wir durchlässige, lockere Erde, Torfmull oder Kies verwenden. Manche Kakteenfreunde pflanzen ihre Pfleglinge aber auch aus. Das erfordert selbstverständlich das Einbringen des entsprechenden Kultursubstrates. Die Pflanzen gedeihen unter diesen Bedingungen sehr gut, müssen aber im Frühherbst, bevor sie ins Winterquartier kommen, wieder in

Auf der Terrasse können z. B. Opuntien, Cereen und Echinopsen ihren Sommerstand bekommen

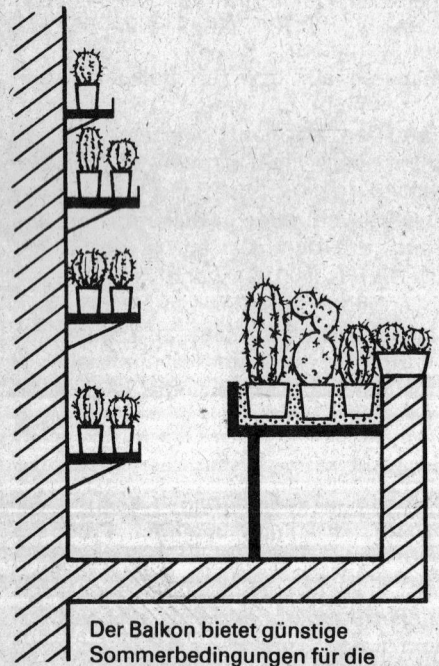

Der Balkon bietet günstige Sommerbedingungen für die Kakteen

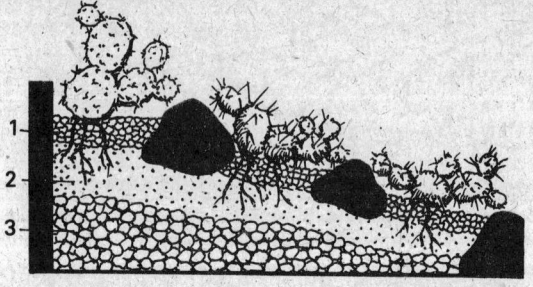

An der Südseite z. B. von Gewächshäusern und Terrassen lassen sich problemlos Freilandopuntien pflegen. Dabei ist auf eine gute Drainage zu achten.
1 Kakteenerde mit stärkerem Lehmzusatz
2 grober Kies
3 Schotter
(verändert nach Kleinert)

Töpfe, Schalen oder Kästen gepflanzt werden.

Das Frühbeet hat gegenüber dem Gewächshaus sogar einen gewissen Vorteil. Wir können nämlich zum geeigneten Zeitpunkt, d. h. wenn die Pflanzen gut im Trieb sind, das Glasfenster von dem Kasten herunternehmen, so daß die Pflanzen dem vollen, direkten Sonnenlicht und der frischen Luft,

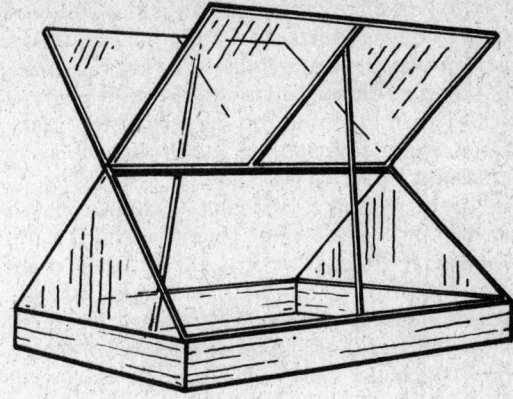

Selbstgebautes Frühbeet. Das Holzgerüst wurde mit Folie bespannt.

Die Einfütterung der Pflanzen in Kies hat sich bewährt · Kies · Erde

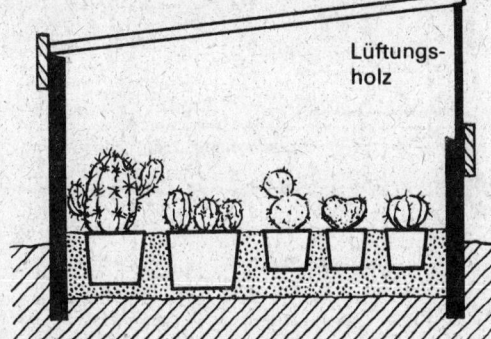

Beim Lüften wird das Fenster mit einem Lüftungsholz schräg angestellt · Lüftungsholz

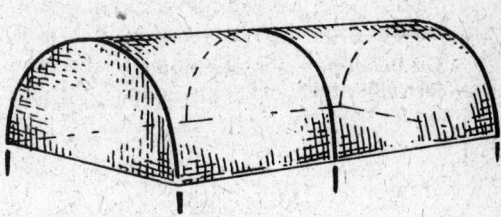

Folienzelt. Folie wird über Metallbügel gespannt. Es kann zur Anzucht von Jungpflanzen benutzt werden.

Bei schönem Wetter werden die Kakteen überbraust

Abdeckung sichern

Erdwall-Frühbeet

nachts vor allem dem Feuchtigkeit spenden-
den Tau ausgesetzt sind. Auch ein kurzzeiti-
ger, kräftiger Regenguß schadet unseren
Kakteen zu dieser Zeit nicht. Ganz im Gegen-
teil! Die der Witterung ausgesetzten Kakteen zeigen eine schöne Bedornung und ein
charakteristisches Aussehen.
Selbstverständlich wird das Frühbeetfenster
an trüben, kühlen oder regnerischen Tagen
wieder aufgelegt. Doch gänzlich darf man
das Frühbeet nicht aus den Augen lassen.
Da sich der relativ kleine Luftraum zwischen
Pflanzen und Glasfenster vor allem bei kräftigem Sonnenschein sehr schnell erwärmt,
muß zum rechten Moment gelüftet und,
wenn nötig, auch schattiert werden. Die
Temperaturen im Kasten sollten 35°C möglichst nicht überschreiten.
Das Schattieren mit Schattenleinen (Schat-
tiergewebe) oder durch einen dünnen Lehm-
oder Kalkanstrich des Glasfensters ist vor allem im Frühjahr wichtig, wenn die Kakteen
aus dem Winterquartier in das Frühbeet

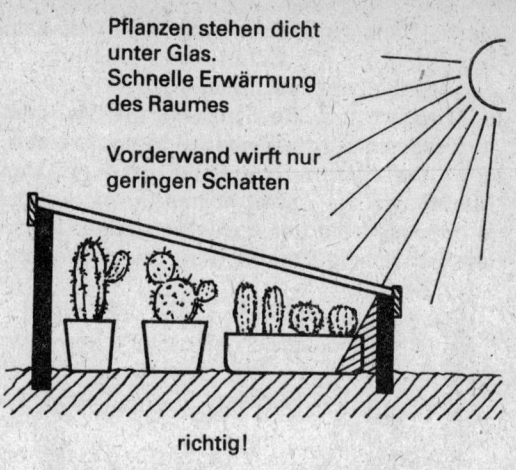

Pflanzen stehen dicht
unter Glas.
Schnelle Erwärmung
des Raumes

Vorderwand wirft nur
geringen Schatten

richtig!

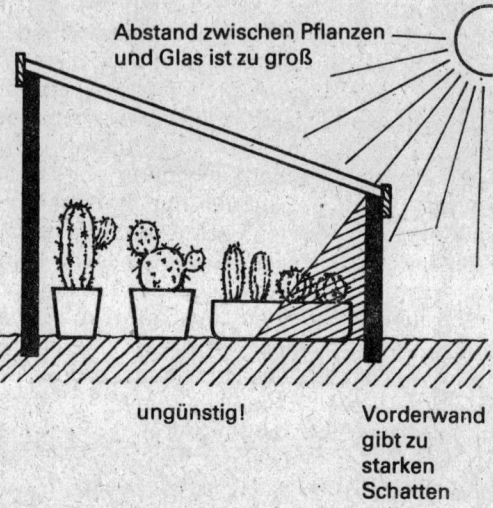

Abstand zwischen Pflanzen
und Glas ist zu groß

ungünstig!   Vorderwand
                              gibt zu
                              starken
                              Schatten

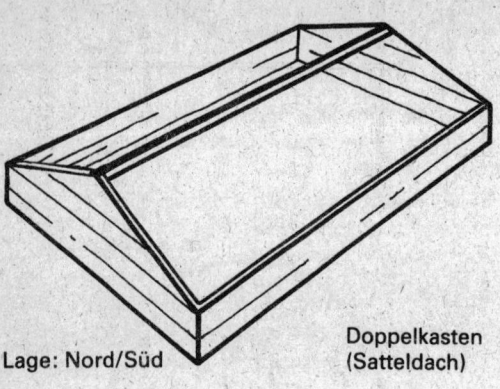

Lage: Nord/Süd   Doppelkasten
                        (Satteldach)

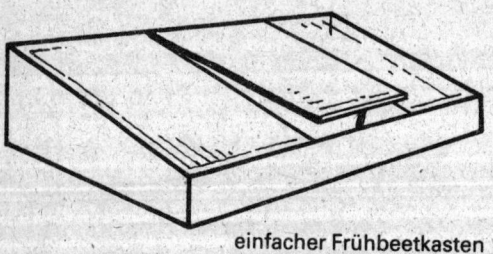

Lage: Ost/West   einfacher Frühbeetkasten
                     (Pultdach)

Frühbeete bieten Kakteen
sehr gute Kulturbedingungen

übersiedeln. Besonders Pflanzen aus einem
dunklen Winterstand sind außerordentlich
lichtempfindlich geworden, so daß wir sie
erst wieder langsam an die Sonne gewöhnen müssen. Das gilt insbesondere für
einige Arten, z. B. den Weihnachtskaktus,
die sowieso etwas Schatten lieben. Die Zeit-
dauer des Schattierens können wir täglich
etwas verkürzen. Nach mehreren Wochen
haben sich die Pflanzen wieder an das volle
Tageslicht angepaßt.
Unterlassen oder vergessen wir zu diesem
Zeitpunkt das notwendige Schattengeben,
dann sind Schäden an den Pflanzenkörpern
wie Verbrennungen oder Violettfärbung
kaum zu vermeiden. Sind im Frühjahr oder

Herbst kalte Nächte zu erwarten, dann kann das Frühbeet mit Schilf- oder Strohmatten abgedeckt bzw. mit einer festen Folie umhüllt werden. Sollte Stromanschluß vorhanden sein, so ist der Einbau einer elektrischen Frühbeetheizung (biegsame Heizkabel aus Metall) relativ unkompliziert. Auf diese Weise läßt sich der Aufenthalt unserer Kakteen im Frühbeet von März bis November ausdehnen.

Bei den Frühbeeten kann man verschiedene Formen unterscheiden: den einfachen Frühbeetkasten (Pultdach), den Doppelkasten (Satteldach), das Erdwall-Frühbeet und das Folienzelt.

Der einfache Frühbeetkasten und der Doppelkasten können aus Holz, Beton oder Ziegelsteinen gebaut werden, Die Frühbeetfenster (einheitliche Länge 1,50 m) werden in den Fachgeschäften für Gärtnereibedarf oder der Bäuerlichen Handelsgenossenschaft angeboten. Auch die Folienzelte, die gewissermaßen transportable Frühbeete darstellen und für die Anzucht von Jungpflanzen genutzt werden können, werden als Fertigungskonstruktionen mit Metallrahmen in den einschlägigen Fachgeschäften gehandelt. Man kann sich aber auch sehr leicht selbst welche bauen. Ebenso einfach läßt sich an einer geeigneten Stelle im Garten ein Erdwall-Frühbeet einrichten.

Günstig ist hier etwas lehmiger Boden für die beiden Erdwälle, die mit dem Spaten festgeklopft werden. Als Abdeckung eignen sich auch ausgediente Fensterflügel. Als Auflage für die Fenster benutzen wir schmale Bretter oder Dachlatten.

Der Kakteenglaskasten

Der Kakteenglaskasten stellt gewissermaßen ein Minigewächshaus dar. Seine Größe läßt sich je nach Standort variieren. So kann er Platz auf einem breiten Fensterbrett finden, läßt sich aber auch mit stabilen Eisenwinkeln vor dem Fenster befestigen und ist ebenso, auf einem festen Untergestell ruhend, für den Balkon, die Terrasse, den Hof oder den Hausgarten geeignet. Wenn sich verschiedene Möglichkeiten des Aufstellens ergeben, dann sollte stets der Ort gewählt werden, wo das meiste Licht hinkommt.

Daß der Kakteenkasten nur eine kleine Sammlung, vor allem von Kugelkakteen und

Ein Aquarium eignet sich gut für die Unterbringung einer kleinen Kakteensammlung am Fenster

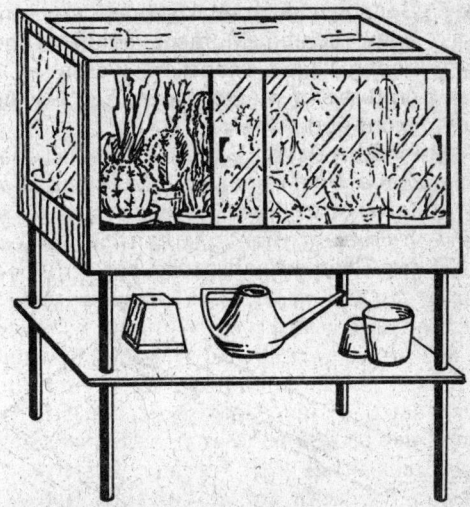

Pflanzenkasten oder -vitrine. Standort: so dicht wie möglich am Fenster oder auf dem Balkon (Lichtfaktor!)

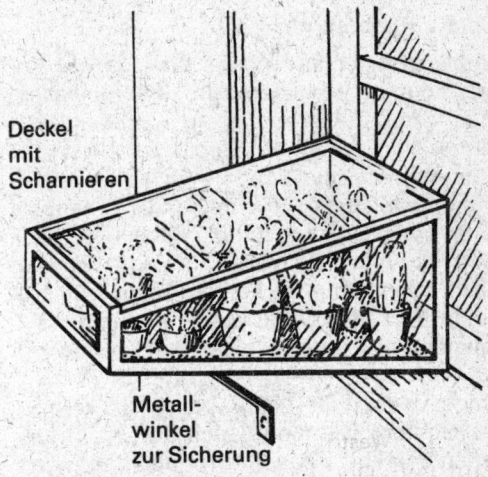

Deckel mit Scharnieren

Metallwinkel zur Sicherung

Kakteenglaskasten vor dem Fenster montiert. Zusatzheizung (Heizschlange) ist möglich

niedrigen Säulen, beherbergen kann, liegt auf der Hand. Insofern sollte man keine übertriebenen Erwartungen an einen Glaskasten stellen. Er hat aber gegenüber der Fensterbrett-Kultur manche Vorteile.

Da es sich um einen geschlossenen Glaskasten handelt, stellt sich sehr bald ein für die Kakteen günstiges Mikroklima ein. Die Temperaturen und die Luftfeuchte erreichen z. B. höhere Werte als außerhalb des Kastens. Deshalb muß auch hier die Möglichkeit einer entsprechenden Regulierung (z. B. lüften, schattieren) ins Auge gefaßt werden. Besonders an schön behaarten Kakteen wird man sehr schnell feststellen können, daß auch die Luft im Glaskasten relativ staubfrei ist.

Der Kakteenglaskasten sollte so konstruiert sein, daß man bequem an die Pflanzen herankommt und die jeweiligen Pflegearbeiten ohne Mühe ausführen kann. Ob dabei eine verschiebbare Frontscheibe oder ein beweglicher Deckel oder zwei kleine Flügelfenster ausreichen, das mag jeder selbst entscheiden, wenn er sich zum Bau eines derartigen Kastens entschließt.

Wird der Glaskasten so angebracht oder aufgestellt, daß er ständig der Witterung ausgesetzt ist, bedarf es schon einer stabileren Bauweise und eines angemessenen Schutzanstriches. Ein Pultdach hat sich in diesem Fall noch immer bewährt. Hat der Kasten einen Platz auf der Terrasse, dem Hof oder im Garten gefunden, sollte er mit einem Schloß versehen werden.

Das Kakteenfenster

Wohn- bzw. Arbeitszimmer oder gar die Küche sind im Vergleich zum Kleingewächshaus oder Frühbeet für die Kakteenpflege sehr wenig geeignet. Dabei scheidet das Zimmerinnere als Standort für Kakteen aufgrund des ausgesprochenen Lichtmangels nahezu aus. Sollten wir dort doch eine Pflanzenbank aufstellen wollen, um zum Beispiel einen Arbeitsraum oder ein Foyer entsprechend auszugestalten, dann ist eine Zusatzbeleuchtung (Leuchtstofflampe) unumgänglich.

Lange werden es die Kakteen als «Kinder des Lichtes» allerdings auch dort nicht aushalten. Für kurze Zeit mag es noch angehen, aber darüber hinaus ist es schade um die Pflanzen.

Durch die Verbreiterung des Fensterbrettes und das Anbringen von Konsolen lassen sich am Fenster allerhand Kakteen unterbringen

Wollen wir also Kakteen im Zimmer pflegen – und das ist bei allen Einschränkungen möglich –, dann ist das Fenster mit seinen optimalen Lichtverhältnissen (Ost-, Süd- oder Westfenster) gerade gut genug; wir geben unseren Kakteen den hellsten Standort, also dort, wo die Sonnenstrahlen nicht nur das notwendige Licht, sondern auch die erforderliche Wärme hinbringen. Ein Fenster auf der Nordseite oder gar Fenster, die von hohen Bäumen bzw. benachbarten Häusern beschattet werden, ergeben sofort zusätzliche Probleme für den Kakteenfreund. Natürlich lassen sich auch hier Kakteen «aufstellen», aber die Kultur der Pflanzen wird nicht die rechte Freude bereiten. Am ehesten eignen sich für einen derartigen Standort noch Kakteen und einige andere Sukkulenten, die sowieso etwas Halbschatten mögen (z. B. Blattkaktus, Weihnachts- und Osterkaktus, einige Aloe-, *Gasteria*- und *Haworthia*-Arten).

Eine möglichst intensive Sonnenbestrahlung ist also für unsere Kakteen im Sommer lebensnotwendig. Gleichzeitig sorgen wir

auch für häufigen Luftaustausch. Allerdings sollte Zugluft vermieden werden!
Es ergibt sich nun die Frage: «Wo finden wir für die Kakteen am Fenster den günstigsten Platz?» Zunächst bietet sich das schmale oder breite Fensterbrett an. Wem dieser Platz für seine Kakteen nicht ausreicht, der bringt am Fenster etagenförmig Glasplatten an, die von Metallwinkeln gehalten werden. Auf diesen Konsolen können die Kakteen sowohl in Töpfen als auch in kleinen, schmalen, im Handel erhältlichen Blumenkästen aus Polystyrol-Schaumstoff aufgestellt werden. Dicht hinter dem Glas sollten solche Pflanzen ihren Platz finden, die auch in ihrer Heimat einen vollsonnigen Standort lieben, z. B. dichtbedornte Kakteen. Unten, auf dem breiteren Fensterbrett, ordnen wir die Pflanzen ebenfalls nach dem Lichtbedürfnis an, d. h. diejenigen mit frischgrünen und weniger bedornten Körpern stellen wir etwas absonniger, also mehr von der Glasscheibe weg. Allerdings sollten wir immer bedenken,

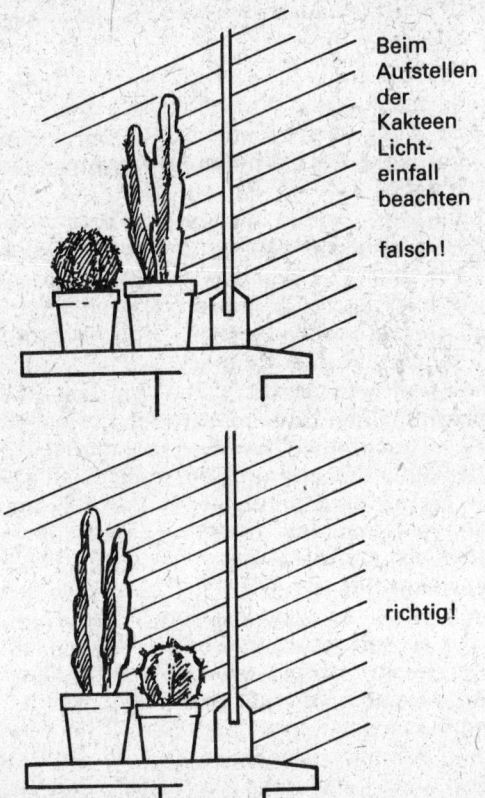

Beim Aufstellen der Kakteen Lichteinfall beachten

falsch!

richtig!

daß das Glas der Fenster wie ein Brennglas auf unsere Pflanzen wirken kann, vor allem wenn sie sehr dicht an der Scheibe stehen. Wir sind dennoch gut beraten, bei Prallsonne etwas zu schattieren, z. B. mit Seidenpapier, das auf den Scheitel der Pflanzen gelegt wird. Ansonsten dürften Verbrennungen, die unschöne hellbraune Flecke ergeben, bei den Kakteen die Folge sein. Besonders wichtig ist die Gewöhnung der Pflanzen an die wieder stärkere Sonneneinstrahlung im Frühjahr, die schon im März beginnen kann. Ferner sollten wir beachten, daß sich die Luft zwischen den Scheiben eines Doppelfensters sehr rasch erwärmt, so daß die Gefahr einer Überhitzung besteht. Hier muß uns ein Blick auf das Thermometer verraten, ob schon gelüftet werden muß oder nicht.
Haben wir die Kakteen wieder an eine größere Lichtfülle gewöhnt und sind keine Nachtfröste mehr zu befürchten, dann können wir – wie es manche Kakteenfreunde mit Erfolg tun – die Pflanzen auch vor das Fenster, z. B. auf ein Blumenbrett, bringen, so daß die schützende Glasscheibe wegfällt. Kakteen, die so gehalten werden, zeigen im allgemeinen eine kräftigere und schönere Bedornung als solche, die hinter den Fensterscheiben stehen. Es ist eine immer wieder bestätigte Erfahrung: Direkte Sonnenbestrahlung, also Licht und Wärme, frische Luft und manchmal auch ein kleiner Regenschauer tun unseren Kakteen ausgesprochen gut. Sie kommen dabei sehr gut im Wachstum voran, bringen einen reichen Blütenflor und werden abgehärtet. Durch diese Art und Weise der Kultur schaffen wir bereits die Voraussetzung für eine günstige und vor allem verlustärmere Überwinterung unserer Pflanzen, den richtigen Winterstandort vorausgesetzt.

Erdmischung

Der Boden ist ein wichtiger Umweltfaktor für das Wachstum und die Entwicklung der Kakteen. Er gibt den Pflanzen den entsprechenden Halt und liefert die notwendigen Nährstoffe. Gleichzeitig nehmen die Kakteen aus dem Boden das lebenswichtige Wasser auf. Eine richtige Zusammensetzung der Erde ist also Voraussetzung für das gute Gedeihen der Kakteen.

Nun ist über die verschiedensten Erdmischungen schon viel geschrieben worden, aber das Optimalrezept scheint noch niemand gefunden zu haben. Der Anfänger tut deshalb gut daran, wenn er sich seine Kakteenerde selbst herstellt und sich zunächst auf eine Standardmischung orientiert. Diese sollte folgenden Anforderungen gerecht werden.

– Die Kakteenerde muß locker und gut durchlässig sein, also eine gute Krümelstruktur besitzen, denn davon sind sowohl die Wasser- als auch die Luftbewegung (O_2 und CO_2) im Boden abhängig. Und gerade die Kakteenwurzeln benötigen zu ihrer Entwicklung, zu ihrem Wachstum sowie zur Aufrechterhaltung ihrer Lebensfunktionen ausreichend Sauerstoff im Boden.

– Die Kakteenerde muß gut abgelagert (verrottet) sein, d.h., sie sollte kein unzersetztes Erdmaterial enthalten, da sonst Fäulnis eintreten kann.

– Die Kakteenerde muß genügend mineralische Bestandteile, also genügend Nährstoffe, enthalten. Ein zu hoher Stickstoffgehalt muß allerdings vermieden werden.

– Die Kakteenerde muß im Bereich des richtigen pH-Wertes liegen, am günstigsten zwischen 5,5 und 6,5, und gut pufferungsfähig sein, d.h. gegenüber der Einwirkung von Säuren und Basen einigermaßen stabil reagieren. Zu beachten ist, daß jeder pH-Wert über 7 den Kakteen durch das Vorhandensein alkalischer Verbindungen schadet.

– Die Kakteenerde soll frei von Unkrautsamen sein und darf keine Krankheitserreger, z. B. schädliche Bakterien, oder Schädlinge, z. B. Nematoden, enthalten. Das Keimfreimachen der Erde erreichen wir durch das Dämpfen.

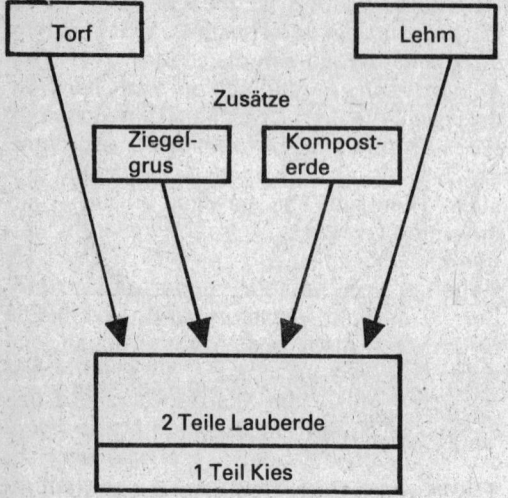

Zusammensetzung der Kakteenerde

Eine derartige Standardmischung läßt sich aus gut abgelagerter Lauberde (Kompost- oder Gartenerde, besonders günstig ist Buchenlauberde) und grobkörnigem Flußsand im Verhältnis 2:1 herstellen. Diese Erdmischung bietet den meisten Kakteen genügend Nährstoffe, so daß ein gesundes Pflanzenwachstum gewährleistet ist, und sie weist auch die richtige Krümelstruktur auf, ohne zu verkrusten und schnell zu versauern. Drückt man eine Handvoll dieser Standardmischung von mäßiger Feuchtigkeit zusammen, dann fällt sie nach dem Öffnen der Hand wieder auseinander. Das ist ein Zeichen dafür, daß wir richtig gearbeitet haben.

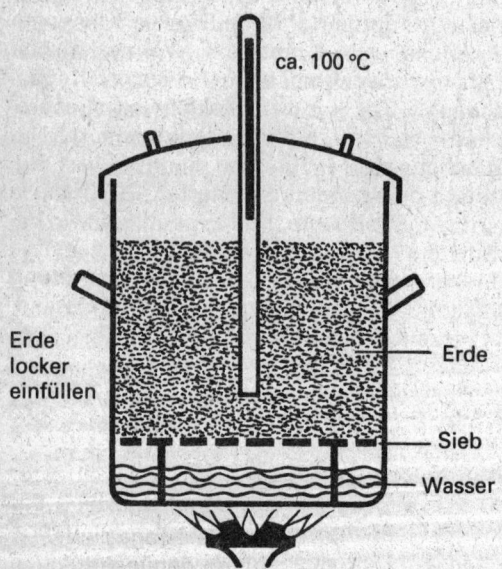

Dämpfen der Kakteenerde in einem Einwecktopf. Die Länge des Dämpfprozesses hängt von der Erdmenge ab.

Manche Kakteenarten stellen freilich an die Zusammensetzung spezielle Ansprüche. Das hängt unter anderem davon ab, welche Beschaffenheit der Boden am Heimatstandort hat. Solche Ansprüche lassen sich durch bestimmte Zusätze relativ einfach befriedigen. So erreicht man z. B. durch Lehmanteile eine mineralische und weniger humusreiche Erdmischung (z. B. für Säulenkakteen). Auch ein Zusatz von Ziegel- oder Backsteingrus hat sich bewährt, weil er die Erde auflockert. Als Faustregel sollte man sich generell merken: Je größer die Pflanzen sind, um so grober muß das Pflanzsubstrat sein.

Besonders erwähnt werden sollen auch die Humuswurzler unter den Kakteen (z. B. *Epiphyllum*, *Zygocactus-*, *Rhipsalis*-Arten), die in feuchten Tälern, in lichten Wäldern oder epiphytisch auf Bäumen leben. Sie beanspruchen eine nahrhafte, humose, aber trotzdem gut durchlässige Erde. Hier ist der Zusatz von feinfaserigem Torfmull oder Heideerde angeraten, weil damit auch gleichzeitig der *pH*-Wert auf etwa 4,5 bis 5,5 heruntergedrückt werden kann.

Die Erdmischung sollte nie austrocknen, vor allem dann nicht, wenn sie zusätzlich mit Nährstoffen versehen worden ist. Erde, jahrelang in einem Beutel oder Kasten auf dem Boden oder im Keller staubtrocken aufbewahrt, ist als Pflanzmaterial wertlos und völlig unbrauchbar, da die wichtigen Bodenorganismen abgestorben sind. Diese Erde ist «tot». Unser Pflanzsubstrat muß also immer so gelagert werden, daß es seine natürliche Feuchtigkeit behält.

Kakteen gedeihen natürlich auch in erdloser, d. h. Hydrokultur (vgl. Abschnitt Hydrokultur).

Düngung

Es mag erst etwa ein halbes Jahrhundert vergangen sein, seitdem man in der Kakteenpflege das Augenmerk auch auf eine zusätzliche Düngung der Pflanzen gerichtet hat. Vorher wurde diesem Problem kaum Beachtung geschenkt, dafür um so mehr über eine richtige Erdzusammensetzung debattiert.

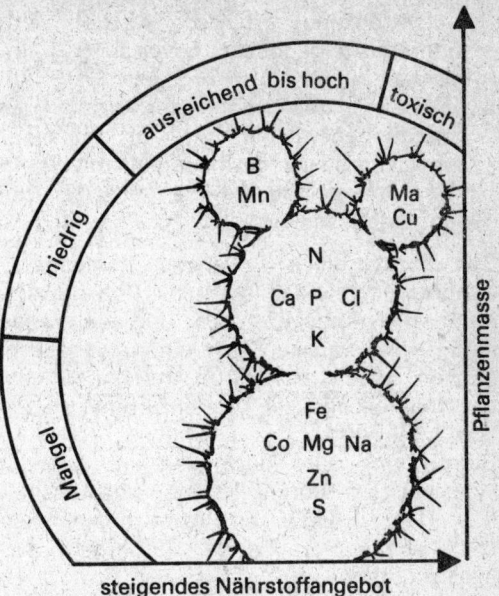

Zusammenhang zwischen dem steigenden Nährstoffangebot und der Produktion von Pflanzenmasse (schematisch)
verändert nach BERGMANN/NEUBERT

Heute wissen wir, daß eine Zusatzdüngung in erheblichem Maße zu einem besseren Gedeihen unserer Kakteen beitragen kann, zumal eigens dafür Spezialdünger entwickelt worden sind, die gegenüber anderen Blumendüngern vor allem einen geringeren Stickstoffanteil enthalten.

Doch zunächst sei festgestellt, daß Kakteen, die frisch ein- oder umgepflanzt worden sind, noch keinen zusätzlichen Dünger benötigen. Eine neu zubereitete Erdmischung enthält alle für die Kakteen lebenswichtigen Substanzen.

Einige Ratschläge für das Düngen der Kakteen:

- In der Ruheperiode unterbleibt das Düngen.
- Es werden nur Kakteen mit gesunden Wurzeln gedüngt, denn nur sie sind in der Lage, die im Wasser gelösten Nährsalze aufzunehmen.
- Kakteen werden erst dann gedüngt, wenn sie durch ausreichendes Tageslicht, höhere Temperaturen und genügend Feuchtigkeit wieder in Trieb gekommen sind, d. h. wenn sich die Pflanzen in der Wachstums- oder Blühphase befinden.

- Ballentrockene Pflanzen werden erst mehrmals angegossen, bevor sie gedüngt werden.
- Kakteen sollten wegen der Gefahr des Überdüngens lieber häufiger mit einer schwächeren Düngerlösung als mit einem Mal mit einer zu stark angesetzten Lösung gegossen werden.

Der Einsatz eines bewährten Kakteenvolldüngers nach Vorschrift wirkt sich bei den Kakteen dahingehend aus, daß sie auffallend besser wachsen, d. h. einen ausgesprochenen Wachstumsschub zeigen, reichlicher blühen und die Dornenfärbung deutlicher hervortritt.

Gelbfärbung oder Fleckigkeit der Kakteen kann auf eine Störung im Nährstoffhaushalt der Pflanzen hinweisen. Wenn dem so ist, kann eine entsprechende Düngergabe Abhilfe schaffen.

In einem Kakteenvolldünger sind u. a. folgende Pflanzennährstoffe enthalten, die eine unterschiedliche Wirkung haben:

Stickstoff

Er fördert das Wachstum der Kakteen, bringt also Pflanzenmasse; zu hohe Stickstoffgaben wirken sich nachteilig auf die Kakteen aus und ergeben mastige, aber wenig widerstandsfähige Pflanzen.

Phosphor

Er spielt eine wichtige Rolle bei der Entwicklung der Knospen, Blüten und Früchte der Kakteen, ist aber auch bedeutsam für die Wurzelbildung.

Kalium

Es trägt zur Widerstandsfähigkeit der Kakteen gegen Krankheiten, aber auch zur Festigkeit des Gewebes bei.

Calcium

Es ist wichtig für den Aufbau der Zellwände; Mangel führt zum frühzeitigen Absterben der Vegetationspunkte.

Magnesium

Es ist ein zentraler Baustein des Chlorophylls.

Die Frage, wie oft gedüngt werden soll, ist nicht so leicht zu beantworten. Die Faustregel, vom Mai bis August alle 4 Wochen einmal zu düngen, dürfte nicht falsch sein. Ein Abweichen von dieser Regel nach oben oder unten ist natürlich von verschiedenen Faktoren abhängig, z. B. von der Größe der Kakteen, dem Zustand des Pflanzsubstrates oder dem Ausbildungsgrad der Wurzeln.

Für die Humuswurzler unter den Kakteen (*Zygocactus, Rhipsalis* u. a.) kann ein milder Aufguß aus verrottetem Kuhdung bereitet werden. Diese Kakteengruppe, ebenso die Selenicereen, kann man auch mit einem stickstoffreicheren Blumendünger gießen.

Hydrokultur

Wasserkultur bei Kakteen als Bewohner extrem trockener Standorte erscheint zunächst als ein Widerspruch auch zur Sukkulenz der Pflanzen, d. h. zum Grad der Anpassung, die nun einmal darin besteht, mit möglichst wenig Wasser möglichst lange auszukommen.

Die Erfahrungen der letzten Jahrzehnte haben bewiesen, daß diese Kulturmethode jedoch möglich ist. Deshalb können wir die Hydrokultur als eine unserer jüngsten Errungenschaften in der Kakteenpflege ansehen. Richtig gehandhabt, bringt diese Kulturmethode gute Ergebnisse. Für die Hydrokultur, auch Wasserkultur genannt, werden Spezialgefäße – Hydrotöpfe oder Hydroschalen – benötigt. Es gibt sie aus verschiedenen Materialien. Als günstig haben sich vor allem wegen des geringen Gewichtes die Kunststoffgefäße erwiesen.

Der Hydrotopf besteht aus 2 Teilen: dem Übertopf und dem Einsatz. Letzterer kann flach oder tief sein. Das ist besonders günstig, weil sich die Gefäße damit sowohl für die Flachwurzler als auch für die Pfahlwurzler verwenden lassen. Bei der Hydrokultur, manchmal auch als erdelose Kultur bezeichnet, ist ein möglichst neutrales «Pflanzmaterial», das nur der Verankerung der Pflanzen dient, zu benutzen. Dazu eignen sich grobkörniger Kies, Splitt, kleine Ziegelsteinbrocken, Kunststoffborsten, Kunststoffgranulate, Blähton oder Glasperlen. Diese Substrate

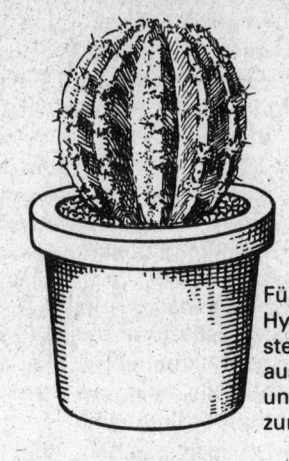

Für die
Hydrokultur
stehen Töpfe
aus Kunststoff
und Keramik
zur Verfügung

Substrat
gibt der
Pflanze
sicheren
Halt

Einsatz-
topf

Aus der
Nährlösung
entnehmen
die Wurzeln
Wasser und
Nährstoffe

Übertopf

Substrat
Luft

Nährlösung

November
Dezember
Januar
Februar

In mehrwöchigen Abständen
das Substrat mit abgekochtem Wasser anfeuchten (evtl.
im Übertopf verbliebenes
Wasser sofort entfernen)
oder auf jegliche Wasser-
zufuhr verzichten

März

Abgekochtes Wasser oder
verdünnte Nährlösung
(0,05 %ig) schrittweise auffüllen

April

Nährlösung (0,1 %ig) auf
Normalstand bringen

Mai
Juni
Juli
August

Nährlösung ergänzen bzw.
erneuern, evtl. pH-Wert der
Nährlösung überprüfen, falls
notwendig, Algen im Über-
topf beseitigen

September
Oktober

Verdünnte Nährlösung
(0,05 %ig) verwenden. Flüssigkeitsspiegel langsam
senken

November

Nährlösung aus dem Über-
topf entfernen, evtl. mit abgekochtem Wasser nach-
spülen (Substrat), weitere
Maßnahmen siehe oben

sind auf alle Fälle vor dem Gebrauch zu desinfizieren.

Als Nährstofflieferant wird der Kakteenvolldünger nach Vorschrift verwendet. Für das Ansetzen der Nährlösung sollte destilliertes oder wenigstens abgekochtes Wasser Verwendung finden. Auch die Kakteen, die wir in Hydrokultur halten, bekommen das notwendige Nährstoffangebot nur während der Vegetationsperiode, also vom März bis Oktober. In der Ruheperiode vom November bis Februar wird den Pflanzen die Nährlösung entzogen. Je nach Überwinterungsstandort und -temperatur sollte den Kakteen nur wenig Wasser angeboten werden, so daß die Wurzeln nicht völlig eintrocknen, obwohl kräftige Pflanzen diese Periode auch völlig ohne Wassergaben gut überstehen können.

Die Umstellung der Kakteen von der Erd- auf Hydrokultur erfolgt am besten mit Beginn der Wachstumsperiode. Jüngere Pflanzen lassen sich leichter als alte umstellen. Recht gut haben sich bei der Hydrokultur auch Stecklinge bewährt, die in reinem Sand bewurzelt worden sind.

Richtiges Gießen

Sukkulenten bestehen zu über 90% aus Wasser; es hat also für diese Pflanzen eine überragende Bedeutung. Alle ihre Lebensvorgänge sind mittel- oder unmittelbar an das Vorhandensein von Wasser gebunden. Aus diesem Grund spielt bei unseren Pfleglingen die Zufuhr von Wasser, die wir hauptsächlich durch das Gießen realisieren, eine außerordentlich wichtige Rolle. Die Wasseraufnahme erfolgt bei den Kakteen in der Hauptsache durch die Wurzeln, insbesondere durch die Wurzelhaare. Sie entnehmen ihrer Umgebung Wasser und Nährstoffe und entwickeln dabei eine bestimmte Saugkraft, die hauptsächlich von der Wasserabgabe durch die oberirdischen Sproßteile, der Bodentemperatur und der Wachstumsintensität abhängig ist. Auch über das Sproßsystem können die Kakteen in geringen Mengen Wasser aufnehmen.

Generell wird das Gießen vom Wachstumsrhythmus der Kakteen, d. h. von der Dauer der Vegetations- und Ruheperiode innerhalb des Jahres, bestimmt. Danach muß man sich richten; allerdings gibt es kein Rezept, wieviel Liter oder Milliliter Wasser zu dieser oder jener Zeit den Kakteen zu verabreichen sind. Eines ist allerdings sicher: Kakteen werden gerade vom Unerfahrenen eher zu Tode gegossen, als daß sie vertrocknen. Deshalb sollte man sich prinzipiell daran halten, lieber zweimal zuwenig als einmal zuviel zu gießen. Kakteen sind als wasserspeichernde Pflanzen so an ihre heimatlichen Standorte angepaßt, daß sie über längere Perioden ohne das kostbare Naß auskommen können.

Kakteen benötigen vor allem zum Wachsen und Blühen Wasser. Also werden wir sie in der Vegetationsperiode entsprechend mit Feuchtigkeit versorgen. Die Menge des

Das Einstellen (Tauchen) von Töpfen und Schalen in Wasser ist eine bewährte Methode

Nässeempfindliche Kakteenarten (z. B. *Cephalocereus senilis*) sind sparsam zu gießen. Scheitel nicht benetzen!

Zusammenhang zwischen dem Wachstum der Kakteen und der Bodenreaktion

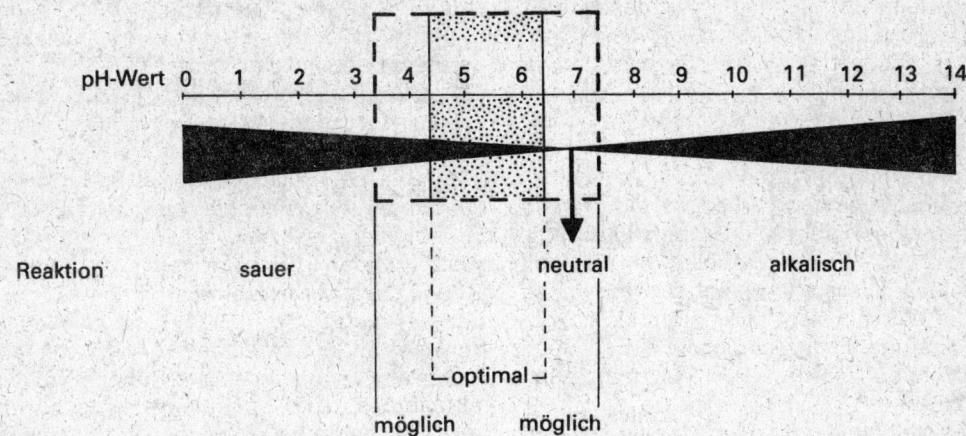

Wassers richtet sich dabei nach dem Standort der Pflanzen (z. B. Fensterbrett, Glaskasten, Frühbeet, Gewächshaus), weil hier sowohl die relative Luftfeuchtigkeit als auch die Temperatur unterschiedlich sein können. Ebenso ist zu beachten, ob die Kakteen in Kunststoff- oder Tontöpfen bzw. in Schalen oder Kästen wachsen. In diesen Gefäßen trocknet das Pflanzsubstrat auch in unterschiedlichem Maße aus. Ebenso brauchen in Sand oder Torfmull eingefütterte Töpfe weniger gegossen zu werden, weil diese Materialien die Feuchtigkeit nur relativ langsam abgeben. Ist die Oberfläche der Erde im Pflanzgefäß noch feucht, wird auf das Gießen verzichtet. Erst wenn die Erde trocken erscheint, kann wieder gegossen werden. Dabei sollte bedacht werden, daß sich im Innern des Pflanzgefäßes die Feuchtigkeit länger hält. Oftmals ist ein Prüfen mit dem Finger notwendig. Bei epiphytisch wachsenden Kakteen darf die Erde nicht ganz austrocknen. Aufgefangenes Regenwasser eignet sich bedingt als Gießwasser. Es muß der pH-Wert ermittelt werden! Aber auch Teich- oder Bachwasser lassen sich verwenden, bei nicht zu hohem Verschmutzungsgrad. Hat man nur Leitungswasser zur Verfügung, dann ist ein vorheriges Abkochen günstig. Am besten sollte man zum Gießen nur abgestandenes Wasser nehmen.

Während in der Regel das Gießwasser mit der Kanne auf die Erdoberfläche aufgebracht wird, können die Pflanzen bei sehr warmem Wetter auch übergebraust werden. Bei regnerischem und kühlem Wetter muß das allerdings unterbleiben.
Wenn die Kakteen an einer geschützten Stelle im Garten oder in einem Frühbeet stehen, kann in warmen Sommernächten die Abdeckung weggelassen werden. Der auftretende Tau oder ein warmer Regenguß schaden den Pflanzen nicht; sie wirken sich eher günstig aus.
Stark kalkhaltiges Wasser kann mit Hilfe von organischen oder anorganischen Säuren angesäuert werden, so daß das Gießwasser einen pH-Wert von 5 bis 6 erreicht. Ein Leinensäckchen mit Torfmull, ca. 48 Stunden in einen Eimer mit Wasser gehängt, bringt einen ähnlichen Effekt und ist für manchen Kakteenfreund sicher die einfacher zu praktizierende Methode.
Kakteenliebhaber, die eine kleinere Sammlung besitzen, haben die Möglichkeit, ihre Pflanzen durch Tauchen zu wässern. Dabei hat man die Garantie, daß der gesamte Topfballen durchfeuchtet wird. Färbt sich die Erdoberfläche dunkel, so ist das ein Zeichen für eine ausreichende Wasserversorgung. Diese Methode bewährt sich vor allem bei Tontöpfen oder -schalen, weil sich

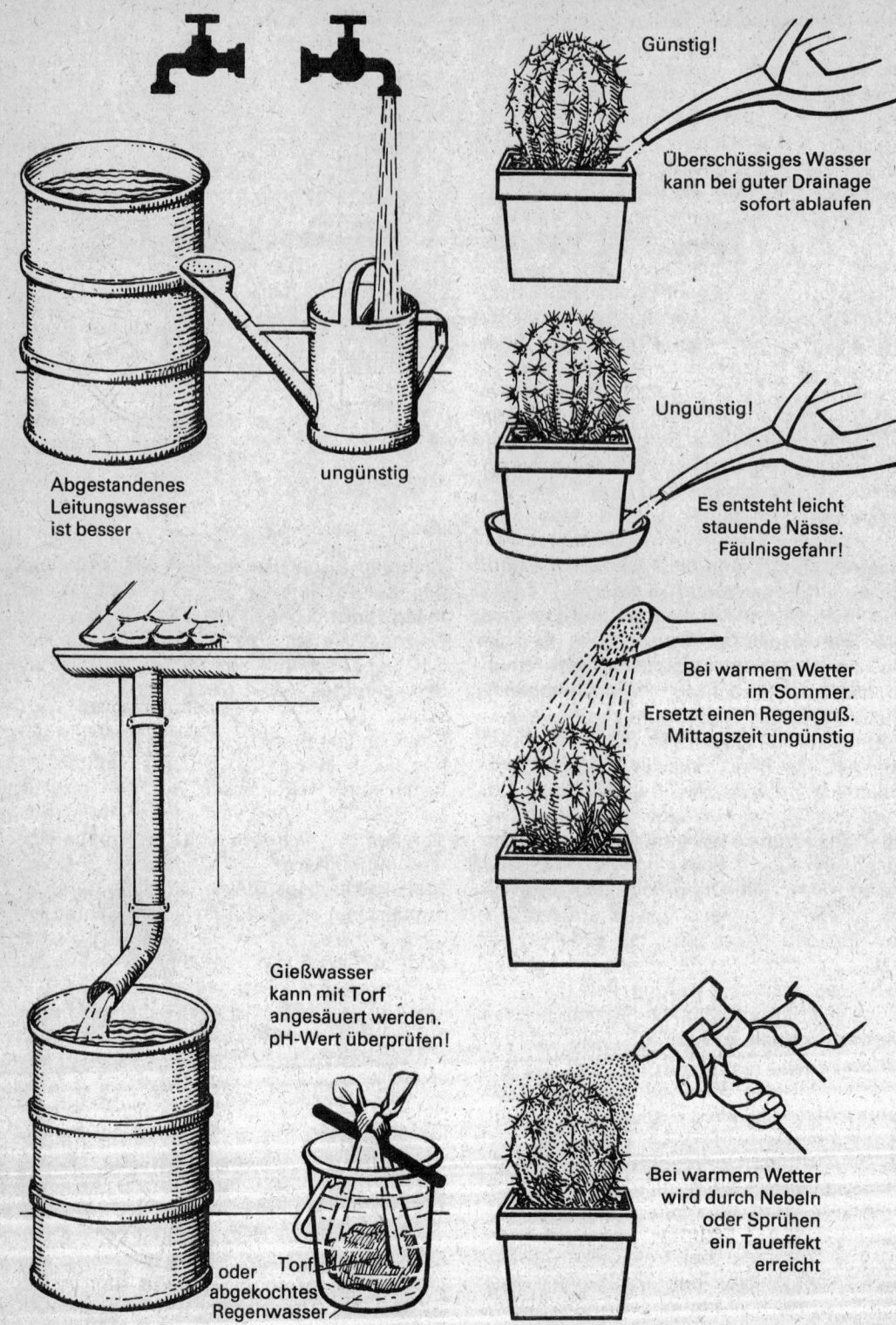

Abgestandenes
Leitungswasser
ist besser

ungünstig

Günstig!

Überschüssiges Wasser
kann bei guter Drainage
sofort ablaufen

Ungünstig!

Es entsteht leicht
stauende Nässe.
Fäulnisgefahr!

Bei warmem Wetter
im Sommer.
Ersetzt einen Regenguß.
Mittagszeit ungünstig

Gießwasser
kann mit Torf
angesäuert werden.
pH-Wert überprüfen!

oder
abgekochtes
Regenwasser

Torf

Bei warmem Wetter
wird durch Nebeln
oder Sprühen
ein Taueffekt
erreicht

damit gleichzeitig die feinen Poren im Ton-
gefäß mit Wasser füllen. Wird nämlich mit
der Kanne nicht ausreichend gegossen,
dann wandert ein Teil der Feuchtigkeit in
diese Poren ab und sie verdunstet aufgrund
der großen Oberfläche relativ schnell. Auf
diese Art und Weise wird dem Erdballen immer wieder Wasser entzogen. Das Einfüttern der Töpfe in Sand oder Torf wirkt diesem Vorgang entgegen.
Kakteen nehmen an ihren heimatlichen
Standorten auch Feuchtigkeit aus dem
nächtlichen Tau auf. Diesen Vorgang können wir gut mit einem Wasserzerstäuber
nachahmen, indem wir unsere Pflanzen in
den Abend- oder Morgenstunden «einnebeln». Damit erhöhen wir gleichzeitig die
Luftfeuchtigkeit in der Umgebung der Kakteen und beugen dadurch Schädlingsbefall,
z. B. durch Spinnmilben, vor.
Im Winter, also während der Ruheperiode,
kann auf das Gießen gänzlich verzichtet werden, vor allem, wenn die Pflanzen in einem
kühlen Raum überwintert werden.
Holen wir unsere Kakteen im Frühjahr aus
dem Winterquartier, dann ist mit Wasser
noch sehr sparsam umzugehen. Der Staub
auf den Pflanzen kann durch Sprühen beseitigt werden.
Zum Herbst hin, also Mitte September bis
Oktober, wird die Wasserzufuhr langsam
eingeschränkt. Besonderer Beachtung bedürfen die Herbst- und Winterblüher (z. B.
Mammillaria plumosa und nordchilenische
Kugelkakteen) hinsichtlich der richtigen
Wasserversorgung.

Pflanzgefäße

Kakteen können in ganz unterschiedlichen
Pflanzgefäßen untergebracht werden.
Die natürlichste Kulturmethode ist selbstverständlich das freie Auspflanzen: Die Kakteen
können hier ihr Wurzelwerk sowohl horizontal als auch vertikal ausbreiten. Am besten
läßt sich das in einem großen Gewächshaus-
beet bewerkstelligen. Hier bringen die Pflanzen während der Vegetationsperiode einen
enormen Zuwachs (bei *Cereus peruvianus*
im Sukkulentenhaus des Botanischen Gar-
tens Greifswald ca. 1 m im Jahr) und gleich-

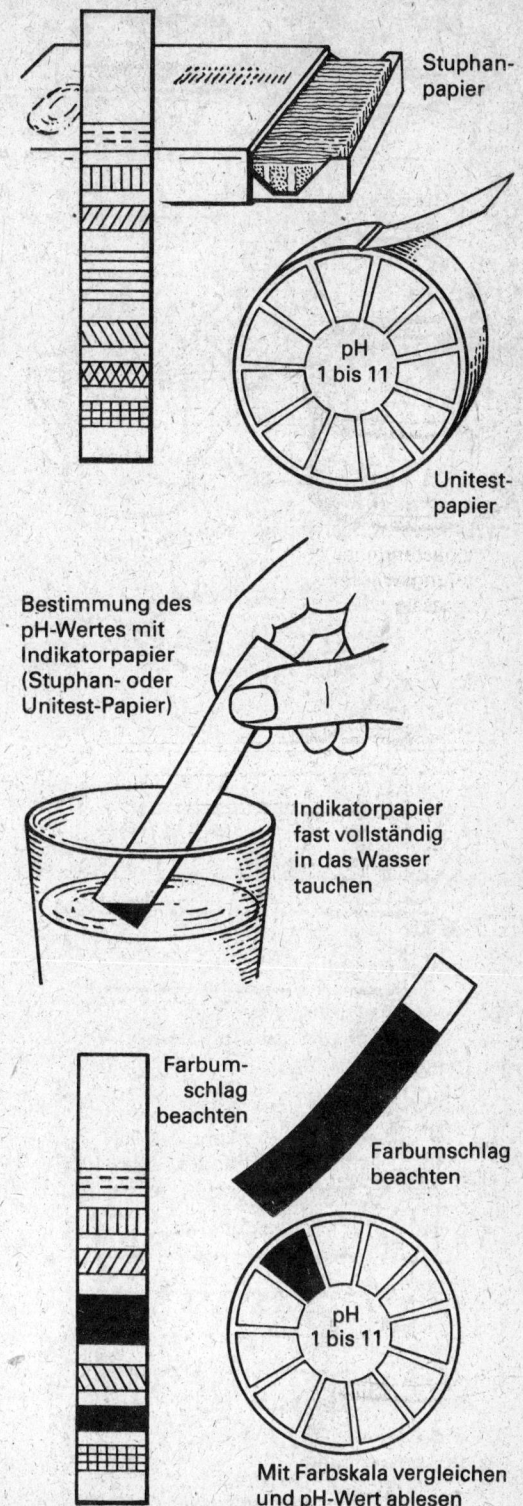

Stuphan-
papier

pH
1 bis 11

Unitest-
papier

Bestimmung des
pH-Wertes mit
Indikatorpapier
(Stuphan- oder
Unitest-Papier)

Indikatorpapier
fast vollständig
in das Wasser
tauchen

Farbum-
schlag
beachten

Farbumschlag
beachten

pH
1 bis 11

Mit Farbskala vergleichen
und pH-Wert ablesen

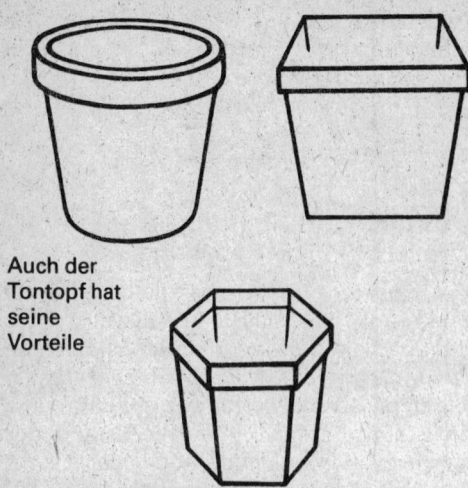

Auch der
Tontopf hat
seine
Vorteile

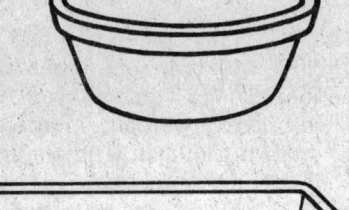

Kunststofftöpfe haben sich in der
Praxis bewährt. Sie sind vor allem
raumsparend

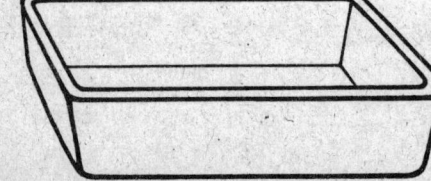

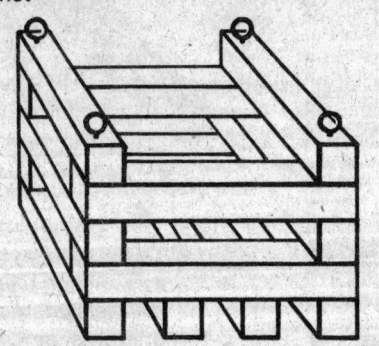

Ton- oder Kunststoffschalen sind vor
allem für die Anzucht von Jungpflanzen
geeignet

Pflanzkörbe finden für hängende
Kakteen Verwendung

Pflanzgefäße für die Kakteenkultur

zeitig eine große Blütenfülle. Sicher werden
aber nur wenige Kakteenfreunde solche
Möglichkeiten haben. Meist muß man auf
Töpfe, Schalen oder Kästen als Pflanzgefäße zurückgreifen.

Am verbreitetsten sind zweifelsohne die
Ton- und Kunststofftöpfe. Welche von beiden die besseren Gebrauchseigenschaften
aufweisen, darüber gehen die Meinungen
zum Teil noch erheblich auseinander. Insofern ist jedem Kakteenfreund anzuraten,
selbst seine Erfahrungen zu sammeln.

Die Töpfe existieren in verschiedenen Größen (z. B. 5, 6, 8 cm usw.) und Formen (rund,
vier- oder sechseckig). Wer lieber die run-
den Tontöpfe benutzt, sei sich darüber im
klaren, daß hier das Wasser schneller als in
den Kunststofftöpfen verdunstet. Öfteres
Gießen ist also notwendig. Außerdem wird
die Stellfläche, die ja bei vielen Kakteenfreunden sehr begrenzt ist, nur ungenügend
ausgenutzt. Insbesondere die vier- oder
sechseckigen Kunststofftöpfe sind in diesem Fall wesentlich günstiger.

Hat ein Pflanzenfreund die Möglichkeit,
seine Kakteen in ein dafür geeignetes Substrat wie Sand oder Torfmull einzubetten,
dann eignen sich dafür vor allem die Tontöpfe, weil über ihre poröse Wandung ein
Wasseraustausch zwischen dem Topfinne-
ren und dem Einfütterungsmaterial stattfin-
det.

Im allgemeinen sollten die Töpfe nicht zu
klein, aber auch nicht zu groß gewählt werden. Einerseits muß den Pflanzen genügend
Erde zur Verfügung stehen, andererseits ist
es günstig, wenn die Wurzeln schnell bis an
die Topfwand wachsen können und damit
ein höheres Sauerstoffangebot erhalten. Neben den Töpfen werden in zunehmendem
Maße Schalen und Kästen als Pflanzgefäße
verwendet, denn vielfach konnte die Erfahrung gesammelt werden, daß Kakteen, in
solchen Gefäßen ausgepflanzt, besser gedeihen als in den z. T. engen Töpfen. An
Größe und Material läßt sich eine solche
Auswahl treffen, wie sie der Einzelne für
seine Verhältnisse als richtig betrachtet.
Recht gut bewährt haben sich Kästen aus
Polystyrol-Schaumstoff; sie fallen vielfach
als Verpackungsmaterial an und lassen sich
auch gut bearbeiten, z. B. bei der Beseiti-
gung von Stegen usw. Die Verwendung von

Kästen bei der Kakteenpflege hat auch noch andere Vorteile. So braucht z.B. weniger gegossen zu werden, die Platzausnutzung ist recht günstig, und mehrere Pflanzen lassen sich mit einem Mal transportieren, was ein wichtiger Gesichtspunkt z.B. für das Einräumen der Kakteen ins Winterquartier ist. Am Rande soll noch vermerkt werden, daß sich Kakteen auch in Blechbüchsen kultivieren lassen, allerdings besteht dabei sehr starke Rostgefahr. Auch Keramik- und Porzellangefäße können mit Kakteen bepflanzt werden. Da sie in der Regel ohne Abzugsloch hergestellt werden, sind sie als Pflanzgefäße zumindest dem Anfänger nicht zu empfehlen.

Eingesenkte Töpfe benötigen weniger Wasser

Frei ausgepflanzte Kakteen zeigen ein gutes Wachstum, weil sich die Wurzeln entsprechend ausbreiten können

Holzkästen eignen sich insbesondere für die Sämlingsanzucht. Holzkörbe, sogenannte Orchideenkörbe, werden gern als Pflanzgefäße für *Rhipsalis*-Arten benutzt.

Einpflanzen und Umpflanzen

Bekommen wir einen Kaktusableger geschenkt, machen sich die Auswahl eines richtigen Pflanzgefäßes und das Einpflanzen notwendig. Kaufen wir uns in einem Blumenladen einen Kaktus, so tun wir gut daran, die Pflanze auszutopfen, um den Zustand der Wurzeln zu kontrollieren. Auch hier macht sich ein erneutes Einpflanzen erforderlich.
Haben wir im zeitigen Frühjahr Kakteensamen ausgebracht, wird bald der Zeitpunkt heranrücken, die Sämlinge oder sogar noch Jungpflanzen vom vergangenen Jahr zu pikieren und umzupflanzen.
An diesen Beispielen sehen wir, daß es sowohl Jungpflanzen als auch ältere Kakteen sein können, die im Abstand von einigen Jahren verpflanzt werden müssen. Die Gründe hierfür können unterschiedlich sein:

– Mangel an Nährstoffen im Pflanzsubstrat,
– Veränderung des pH-Wertes der Erde im Pflanzgefäß in einen unerwünschten Bereich,
– Krankheiten bzw. Schädlingsbefall der Wurzeln, z.B. durch Wurzelläuse, Nematoden,
– Zukleinwerden des Pflanzgefäßes.

In allen angeführten Fällen kann es zu auffälligen Wachstumsstockungen bzw. Veränderungen der Pflanzen kommen, damit wird vor allem für den Anfänger ein Signal für die Notwendigkeit des Umpflanzens seiner Pfleglinge gegeben.
Die günstigste Zeit für das Umpflanzen ist das Frühjahr, bevor die Kakteen eigentlich richtig in Trieb kommen. In dieser Phase ist die Beschädigung des Wurzelsystems bzw. Störung des Wurzelwachstums am wenigsten nachteilig. Wenn die Pflanzen wieder anfangen zu treiben, kann sofort die frische Erde durchwurzelt werden.

richtig! falsch!

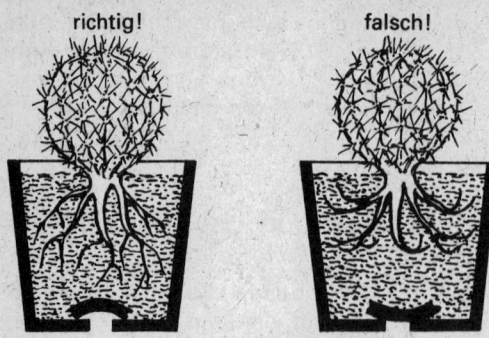

Die Wurzeln benötigen eine senkrechte Lage im Topf, und das Abzugsloch muß von dem Topfscherben so abgedeckt werden, daß überschüssiges Wasser sofort ablaufen kann

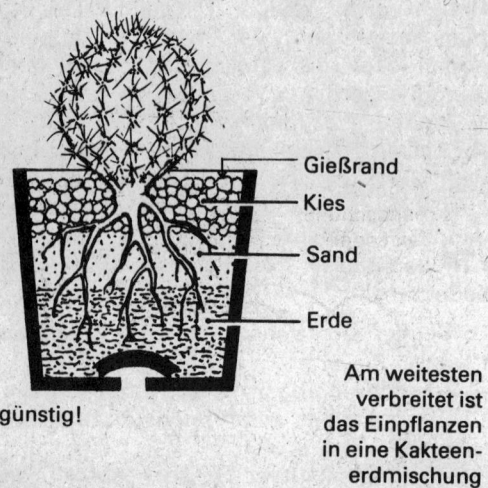

— Gießrand
— Kies
— Sand
— Erde

günstig!

Am weitesten verbreitet ist das Einpflanzen in eine Kakteenerdmischung

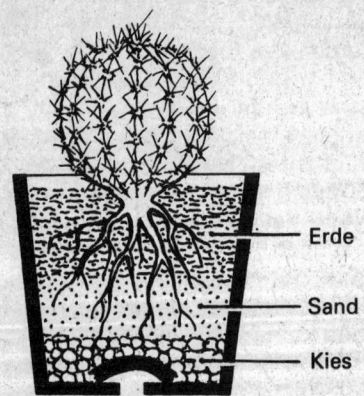

— Erde
— Sand
— Kies

ungünstig!
Überbetonung der Drainageschicht, die außerdem schneller als die Erdschicht austrocknet

Jeder Kakteenpfleger wird allerdings sehr schnell die Erfahrung machen, daß sich die Pflanzen ohne große Probleme den ganzen Sommer über bis in den August hinein umsetzen lassen.

Die Technik des Um- oder Einpflanzens ist relativ unkompliziert, allerdings kann sich der Pfleger dabei leicht an den Kakteendornen verletzen, da die Pflanze in die Hand genommen werden muß. Ein Paar Lederhandschuhe oder Segeltuchhandschuhe mit an der Grifffläche eingenähtem Leder, aber auch eine Papiermanschette, die um die Pflanze gelegt wird, ebenso die Verwendung einer Tiegelzange tun schon gute Dienste und erleichtern diese nicht immer ganz angenehme Arbeit erheblich (Abb. S. 125).

Das Ein- oder Umpflanzen nimmt man am besten auf einem kleinen Arbeitstisch, zumindest aber an einem Platz vor, an dem man sich auch etwas ausbreiten kann; ganz sauber geht es dabei nicht zu. Zunächst wird das entsprechende Pflanzgefäß (bei Töpfen nächste Größe wählen, Abzugsloch oder -löcher mit Topfscherben bedecken!) bereitgestellt. Es ist vorteilhaft, wenn sich das Pflanzsubstrat ebenfalls auf dem Arbeitstisch befindet.

Einige Tage vor dem Umpflanzen sollten Kakteen in Töpfen, vor allem in Tontöpfen, noch einmal angegossen werden, weil sich dann der Topfballen besser herauslösen läßt.

Der Kaktus wird nun ausgetopft. Hebt sich die Pflanze nur schwer aus dem Topf, dann wird er mehrmals auf der Tischkante aufgestoßen. Hat man damit keinen Erfolg, muß der Topf mit dem Hammer oder auf einer harten Unterlage vorsichtig zerschlagen werden.

Jetzt nimmt man die Wurzeln genau in Augenschein. Haben sie einen dichten Filz gebildet, wird dieser durch vorsichtiges Drücken mit beiden Händen, vor allem mit den Daumen, zunächst gelockert und dann «entwirrt». Dabei fallen die eventuell noch zwischen den Wurzeln sitzenden Reste der verbrauchten Erde heraus. Zu lange Wurzeln werden nun mit einem scharfen Messer etwas zurückgeschnitten («gestutzt»). Dadurch wird eine stärkere Wurzelbildung angeregt. Außerdem werden vertrocknete oder verfaulte Wurzelteile entfernt. Sollte

Ein verfilzter Wurzelballen muß beim Umpflanzen vorsichtig mit den Fingern oder einem Holzstöckchen auseinandergedrückt bzw. zerteilt werden

Weniger stark bedornte Kakteen lassen sich mit der bloßen Hand aus der Sammlung nehmen

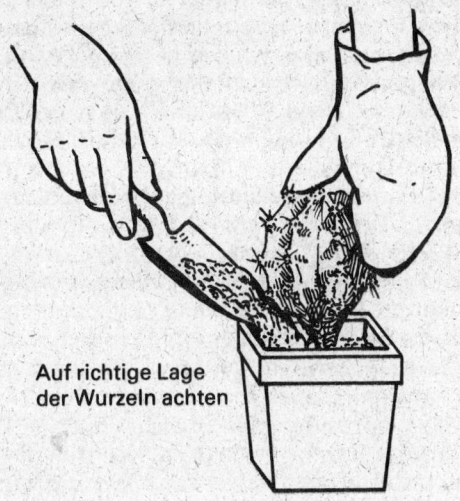

Auf richtige Lage der Wurzeln achten

Segeltuch-handschuhe mit Leder verstärkt

Beim Transport von kräftig bedornten Kakteen können verschiedene Hilfsmittel verwendet werden

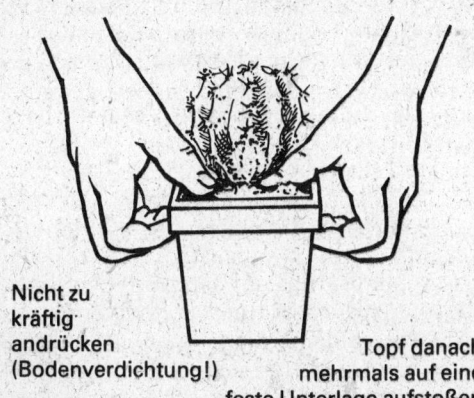

Nicht zu kräftig andrücken (Bodenverdichtung!)

Topf danach mehrmals auf eine feste Unterlage aufstoßen

Papier-manschette

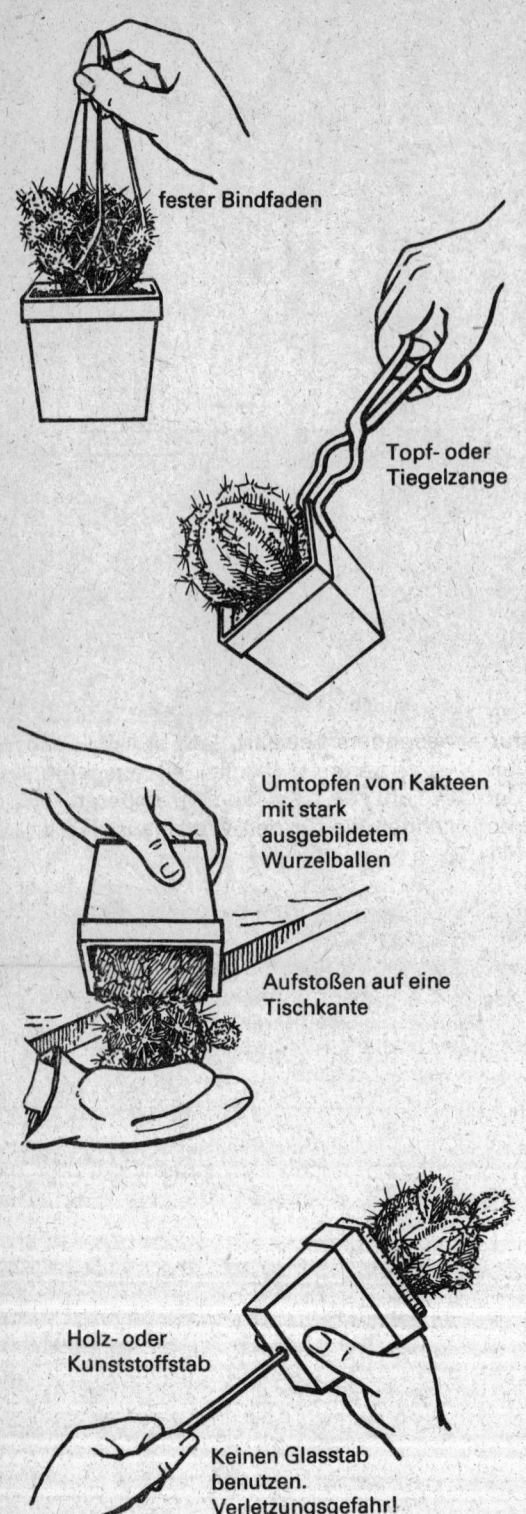

fester Bindfaden

Topf- oder
Tiegelzange

Umtopfen von Kakteen
mit stark
ausgebildetem
Wurzelballen

Aufstoßen auf eine
Tischkante

Holz- oder
Kunststoffstab

Keinen Glasstab
benutzen.
Verletzungsgefahr!

man Befall mit Wurzelläusen feststellen, werden die Wurzeln mit der bereitstehenden verdünnten Lösung eines Insektizides abgepinselt. Eine Kunststoffschale oder ein flaches Einweckglas eignen sich als Behältnis für das Schädlingsbekämpfungsmittel recht gut. Sind die Wurzeln durch Nematoden infiziert, hilft nur eine Radikalkur, d. h. Entfernung aller Wurzeln und weitere Behandlung der Pflanze als Steckling. Auch eine Tauchbehandlung in 55°C heißem Wasser (2 bis 3 Minuten) tötet die Nematoden ab.

Im neuen Pflanzgefäß sollen die Wurzeln zwar genügend Raum haben, aber für das Pflanzsubstrat muß ebenfalls noch ausreichend Platz vorhanden sein. Die Erfahrung lehrt, daß bei Einzelpflanzen die Töpfe nicht zu groß gewählt werden sollten. In das Pflanzgefäß wird eine mindestens 1 cm dicke Schicht frische, mäßig feuchte Erde eingebracht. Dann halten wir mit der einen Hand die Pflanze so in das Pflanzgefäß, daß mit der anderen Hand rings um die Wurzeln gleichmäßig Erde nachgefüllt werden kann. Das Einbringen von Pflanzsubstrat vor allem bei größeren Pflanzen erfolgt schichtweise, wobei die Erdpartikel mit Hilfe eines Holzstabes gleichmäßig verteilt und leicht angedrückt werden. Bei kleineren Pflanzen drücken wir die Erde mit Daumen und Zeigefinger beider Hände vorsichtig an, so daß der Kaktus einigermaßen fest steht. Ein kurzes, falls notwendig, auch mehrmaliges, nicht zu kräftiges Aufstoßen des Pflanzgefäßes auf den Arbeitstisch ist vorteilhaft, weil sich dadurch die Erde noch etwas setzt. Wichtig ist, daß der Kaktus nicht zu tief eingepflanzt wird. Das würde sehr wahrscheinlich bald zum Verlust der Pflanze durch Fäulnis führen. Beachtet werden sollte beim Einpflanzen auch, daß ein Gießrand von 0,5 bis 1,0 cm verbleibt. Größere, dünne oder stark verzweigte Kakteen bekommen durch Holz-, Glas- oder Kunststoffstäbe zusätzlich Halt.

Die hier beschriebene Methode des Ein- bzw. Umpflanzens bezieht sich auf die Verwendung *einer* Erdmischung (Kakteeneinheitserde). Für den Anfänger hat das den großen Vorteil, daß nach ein wenig Übung der Zeitpunkt relativ leicht bestimmt werden kann, wann die Pflanze wieder Wasser braucht. Das läßt sich an der Erdoberfläche

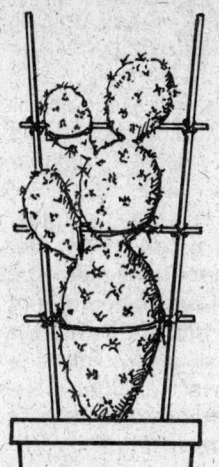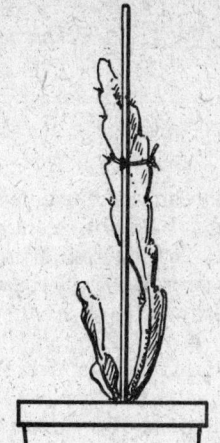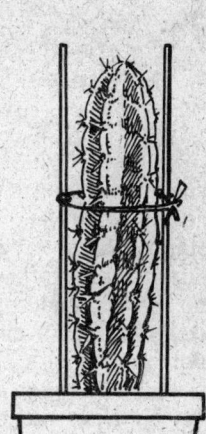

Holz-, Bambus-, Kunststoff- oder Glasstäbe
geben manchen Kakteenarten nach dem
Umpflanzen den notwendigen Halt. Später
können die Stäbe zum Teil wieder entfernt
werden.

im Topf schon bei geringer Erfahrung erkennen. Wird jedoch die Kakteenerde im Pflanzgefäß noch mit Sand und Kies überschich-
tet, fällt diese einfache Sichtkontrolle weg,
da der Kies sehr schnell trocken wird. Der
wenig erfahrene Kakteenfreund müßte in
dieser Situation jedes Mal mit einem Stab in
seinen Töpfen herumstochern, um zu sehen,
welchen Feuchtigkeitsgrad die Erde hat.
Deshalb sollten wir ein Pflanzverfahren, bei
dem unterschiedliche Substrate benutzt
werden, zunächst dem erfahrenen Kakteenpfleger überlassen.
Umgesetzte Kakteen muß man erst einige
Tage beiseite stellen, bevor man wieder mit
dem Gießen beginnt. Als vorübergehender
Aufenthaltsort für unsere Pflanzen hat sich
in diesem Fall ein kleiner Treibkasten — auch
ein ausgedientes Aquarium eignet sich dafür — besonders bewährt, läßt er sich doch
leicht schattieren, z. B. mit Zeitungspapier,
und erreicht bei günstigen Temperaturen
recht schnell die für den Wurzelaustrieb er-
wünschte, etwas gespannte Luft.
Zuletzt noch ein Wort zum Auspflanzen von
Freilandopuntien. Nur wenige Kakteenfreunde werden diese robusten und dankba-
ren Gesellen in Schalen kultivieren. In der
Regel erfolgt das Auspflanzen im Freiland
an besonders exponierten Stellen, z. B. am
Südhang oder an der Südwand eines Hau-
ses. Hier sollte nun wirklich mit unterschiedlichen Substraten gearbeitet werden, um ein
einwandfreies Gedeihen dieser Pflanzen zu
gewährleisten. Wichtig ist dabei die Anbrin-
gung einer ausreichenden Drainage.

Schädigungen an Kakteen

Im allgemeinen sind Kakteen als harte, widerstandsfähige Pflanzen bekannt, widerstandsfähiger jedenfalls als eine Reihe anderer Zimmerpflanzen wie z. B. *Tradescantia, Chlorophytum, Asparagus, Pelargonium* usw. Trotzdem sind sie natürlich ebenfalls der Gefahr von Schädigungen ausgesetzt, manchmal sogar in einem Ausmaß, wie wir es beileibe nicht wünschen. So können durch Viren, Bakterien, Pilze und tierische Schädlinge an unseren Kakteen die unterschiedlichsten Krankheiten hervorgerufen werden. Und nicht vergessen werden dürfen die Schäden, die aus einer unsachgemäßen Pflege resultieren. Die wichtigste Maßnahme, Krankheiten und Schädlingsbefall an Kakteen vorzubeugen, besteht generell in einer sehr guten, d. h. möglichst naturgemäßen Pflege, bei der die Pflanzen vor allem abgehärtet und nicht verweichlicht werden. Schwächliche Pflanzen sind krankheitsanfälliger als robuste.

Kulturfehler können sehr schnell zu Schädigungen, z. B. Vergilbungen, Verbrennungen, Verkorkungen, an Kakteen führen bzw. bestimmten Schadorganismen gewissermaßen den Boden für einen erfolgreichen Befall bereiten, der sogar zum Verlust von Pflanzen führen kann.

Deshalb ist es ganz wichtig, bereits der Prophylaxe große Aufmerksamkeit zu schenken. In diesem Zusammenhang kann jedem Kakteenfreund nur geraten werden, seine Pflanzen lieber einmal zuviel als einmal zuwenig im eigentlichen Sinne des Wortes unter die Lupe zu nehmen. Sicher wird das demjenigen leichter fallen, der nur eine geringe Anzahl von Kakteen hegt und pflegt. Aber auch der Besitzer einer größeren Sammlung kommt nicht umhin, nach diesem Prinzip zu arbeiten.

Sowohl vorbeugend als auch bei auftretendem Befall der Kakteen durch Schadorganismen können unterschiedliche Methoden angewandt werden:

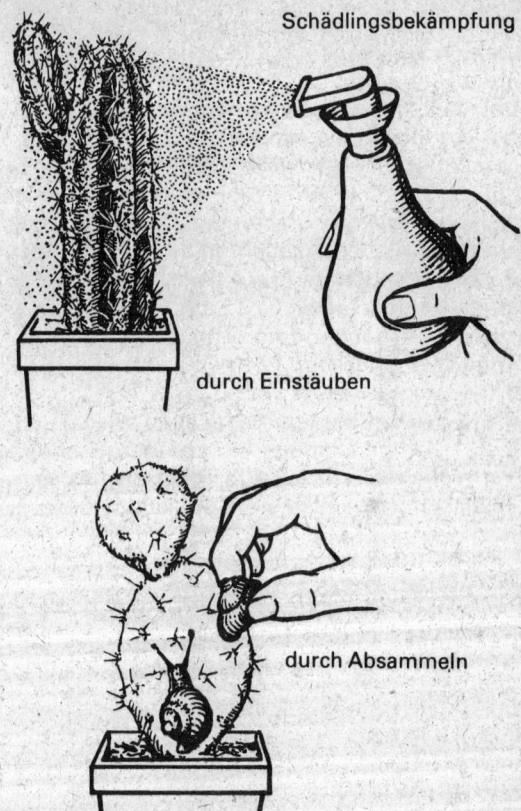

Schädlingsbekämpfung

durch Einstäuben

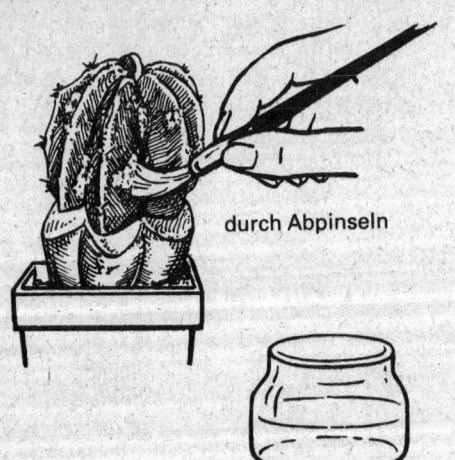

durch Abpinseln

durch Absammeln

Wilcoxia schmollii

Die strauchförmigen, dünntriebigen Arten der Gattung *Wilcoxia* haben schöne Blüten und sind von Texas bis Mittelmexiko verbreitet. Wurzelecht sind sie schwierig zu pflegen, deshalb besser pfropfen!

Parodia aureispina var. elegans

Parodia penicillata

Parodia gracilis

Parodia sanagasta

Die Gattung *Parodia* umfaßt über 100 Arten. Es sind kugelig bis kurzsäulig wachsende Kakteen. Sehr viele von ihnen werden nicht sehr groß und lassen sich leicht pflegen, so daß sie besonders für die Sammlung auf dem Fensterbrett empfohlen werden können.

Parodia nivosa

Parodia erythrantha

Parodia otuyensis

Parodia microthele

Die in Südamerika beheimateten Parodien bringen vor allem im Sommer zahlreiche schöne Blüten in Scheitelnähe hervor; der Flor hält mehrere Tage an. Diese Pflanzen werden aber auch aufgrund ihrer variablen und farbenprächtigen Bedornung gesammelt.

Aylostera heliosa

Aylostera muscula

Aylostera pulvinosa

Aylostera cajasensis

Aylostera deminuta

Aylostera kupperiana

Wenn man im Volksmund von Zwergkakteen spricht, dann sind die *Aylostera*-Arten mit ein-
zubeziehen. Diese kleinbleibenden, reichblühenden Kakteen sind ausgesprochene Anfängerpflanzen und eignen sich vorzüglich für die Pflege am Fenster.

Rebutia kariusiana

Rebutia wessneriana

Rebutia violaciflora

Rebutia senilis

Aylostera pseudodeminuta

Aylostera albipilosa

Auch aus den Gattungen *Rebutia* und *Aylostera* können dem Anfänger viele Arten empfohlen werden, die sehr leicht und reichlich blühen, klein bleiben, einfach zu pflegen sind und im Sommer im Freien stehen können.

Mammillaria guelzowiana

Obregonia denegrii

Lophophora williamsii

Leuchtenbergia principis

Melocactus maxonii

Neoporteria woutersiana

Die Haltung mancher Kakteenarten, z. B. *Mammillaria guelzowiana*, *Obregonia denegrii*, *Leuchtenbergia principis*, erfordert größere Erfahrungen. Diese Kakteen stellen Pflegeansprüche, die nicht überall zu erfüllen sind.

Wigginsia macroantha

Wigginsia tephracantha

Acanthocalycium spiniflorum

Horridocactus froehlichianus

Hamatocactus setispinus

Hamatocactus hamatacanthus

Die Gattungen *Acanthocalycium, Hamatocactus, Horridocactus* und *Wigginsia* umfassen Kugelkakteen mit zum Teil sehr kräftiger Bedornung und schönen Blüten. In der Pflege sind einige Unterschiede zu beachten.

Echinopsis mamillosa var. kermesina

Echinopsis aurea

Echinopsis hamatacantha

Lobivia wegneriana

Echinopsis decaisneana

Echinopsis eyriesii

Echinopsen sind weit verbreitete, widerstandsfähige Kakteen, die kaum in einer Sammlung fehlen und sich vorzüglich für den Anfänger eignen. Durch Umkombination hat sich die Zahl der *Echinopsis*-Arten in der letzten Zeit wieder vergrößert.

Gymnocactus gielsdorfianus

Gymnocalycium wagnerianum

Gymnocalycium calochlorum

Gymnocalycium baldianum

Gymnocalycium comarapense

Gymnocalycium artigas

Die Gattung *Gymnocalycium* ist recht artenreich und unter anderem an dem nackten, mit Schuppen bedeckten Blütenkelch zu erkennen. Die in Südamerika beheimateten, sehr gern gepflegten Kakteen blühen in der Zeit von Mai bis September.

Gymnocactus beguini var. *senilis*

Neolloydia conoidea

Turbinicarpus schwarzii

Acanthocalycium violaceum

Copiapoa longispina

Neoporteria villosa

In den Gattungen *Gymnocactus, Copiapoa, Acanthocalycium* und *Neolloydia* gibt es viele schöne und auch nicht schwierig zu haltende Arten (z. B. *Acanthocalycium violaceum*). Bei der Pflege müssen die zum Teil unterschiedlichen Ansprüche berücksichtigt werden.

Lobivia famatimensis var. famatimensis

Lobivia famatimensis var. astranthema

Lobivia saltensis

Lobivia maximiliana

Lobivia varians

Lobivia carnea

Lobivien sind kleinbleibende und reichblühende Kakteen, die sich besonders für die Pflege auf dem Fensterbrett eignen. Im Sommer können sie auch einen Platz im Freien bekommen, z. B. vor dem Fenster, auf dem Balkon oder im Garten.

Echinocereus reichenbachii

Echinocereus subinermis

Echinocereus enneacanthus

Bolivicereus samaipatanus

Dolichothele baumii

Dolichothele longimamma

Die Echinocereen finden zahlreiche Liebhaber. Sie haben große, herrliche Blüten, mögen Sonne und eine mineralische, durchlässige, nahrhafte Erde. Die grünen Arten können im Sommer im Freien stehen.

Opuntia cochabambensis

Opuntia pycnantha

Cleistocactus strausii

Cephalocleistocactus chrysocephalus

Opuntien und Haarsäulenkakteen sollten in keiner Sammlung fehlen, geht doch von ihnen ein gewisser Reiz aus, der zum Beispiel die Kugelform gut ergänzt. Während die einen mit der Zeit in die Breite wachsen, streben die anderen mehr in die Höhe.

Rhipsalis houlletiana

Rhipsalis burchellii

Rhipsalis sarmentacea

Rhipsalis ramulosa mit Früchten

Die Gattung *Rhipsalis* umfaßt epiphytisch, oft auf Bäumen wachsende Kakteen mit relativ kleinen Blüten. Die sich später zeigenden Früchte schmücken die Pflanzen überreich, was ihnen den Namen «Korallenkakteen» einbrachte.

Blattkaktus-Züchtung 'Weißer Schwan'

Blattkaktus-Züchtung 'Knebels Farbwunder'

Blattkaktus-Züchtung 'Adriane'

Blattkaktus-Züchtungen mit ihren großen, farbenprächtigen Blüten sind sehr beliebte Pflanzen. Sie mögen einen etwas absonnigen Standort und sollten vor starker Sonneneinstrahlung geschützt werden.

Die geruchlosen Blüten von *Selenicereus pteranthus* (syn. S.nycticalus), der «Prinzessin der Nacht» gehören zu den größten und schönsten Blüten im Pflanzenreich. Selenicereen sind Nachtblüher; manche duften sehr stark.

Schädlingsbekämpfung durch Gießen oder
Sprühen

Physikalische Bekämpfungsmethoden

Hierunter fallen vor allem mechanische Methoden wie das Absammeln von Schadinsekten mit Hilfe einer Pinzette, das Aussondern von erkrankten oder befallenen Pflanzen, um ein Übergreifen auf andere Pflanzen zu vermeiden, das Abspritzen der Pflanzen mit einem kräftigem Wasserstrahl, z. B. beim Auftreten von Blattläusen. Nicht unerwähnt soll eine neue, interessante Methode bleiben, das Heißwasserverfahren, das von der Schweizerin POTOCKI-ROTH (1974) folgendermaßen beschrieben wird: «Die mit Schädlingen befallenen Kakteen, die im Topf bleiben, werden zunächst durchgegossen und mit lauwarmem Wasser abgebraust. Je nach Anzahl der Kakteen, stellt man dieselben ... in einen geeigneten Behälter. Man läßt warmes Wasser (ca. 40°C) langsam einfließen, bis das Wasser einige Zentimeter über dem Scheitel der größten Kakteen steht. Alsdann läßt man sehr warmes Wasser nachfließen. Wenn das Bad eine Temperatur von ca. 55°C erreicht hat, läßt man die Kakteen während der Dauer von 10 Minuten darin stehen. (Es ist darauf zu achten, daß während dieser Zeit die Temperatur von mindestens 55°C beibehalten wird). Ferner ist es wichtig, daß das Thermometer ziemlich tief ins Wasser eingetaucht wird, denn für unsere Messungen ist die Temperatur der unteren Wasserschichten maßgebend. – Um Verbrennungen zu vermeiden, sollte das Bad nicht länger als 10 Minuten dauern. Nach dieser Prozedur wird das Wasser langsam bis auf ca. 25°C abgekühlt, indem man kaltes Wasser nachfließen läßt, und die Kakteen werden herausgenommen. Bitte jetzt die Kakteenkörper nicht anfassen! – Auch sollte der Kakteenkörper während der Behandlung nirgends aufliegen, sonst entstehen später häßliche Stellen. (Dies gilt hauptsächlich für solche Kakteen, die ihres Längenwachstums wegen nicht gestellt werden können.) – Nach der Behandlung werden die Kakteen an einen temperierten, vollschattigen und vor Zugluft geschützten Platz in einem entsprechenden Raum gestellt. Der Standort der Kakteen muß während einiger Wochen vollschattig sein, bis sich die Kakteen vom Hitze-Schock erholt haben. «Freilandkakteen» stelle man erst ein paar Wochen nach der Behandlung wieder ins Freie.»
Dieses Verfahren kann gegen alle Kakteenschädlinge, z. B. Spinnmilben, Schmier-, Woll- und Wurzelläuse, Wurzelnematoden, eingesetzt werden. Eine einmalige Behandlung reicht aus. Negative Auswirkungen konnten von der Verfasserin im Experiment

nicht festgestellt werden. Diese Methode kann auch bei jungen Kakteen, bei unbewurzelten Stecklingen und bei wurzelkranken Pflanzen angewandt werden. Für die Behandlung werden als günstigster Zeitpunkt die Monate Januar/Februar angegeben.

Chemische Bekämpfungmethoden

In den letzten Jahrzehnten hat die chemische Industrie eine Reihe von Schädlingsbekämpfungs- oder Pflanzenschutzmitteln herausgebracht, auf die auch der Kakteenfreund zurückgreifen kann. Dabei unterscheiden wir in bezug auf ihre Wirkungsweise zwei Gruppen von Mitteln:

a) die systemischen Pflanzenschutzmittel, durch die die Schädlinge auch an unzugänglichen Stellen erreicht werden. Diese systemischen Mittel werden von den Kakteen mit dem Gießwasser über die Wurzeln in den Pflanzenkörper aufgenommen. Stechend-saugende Schädlinge nehmen dieses Gift mit dem Zellsaft auf und werden abgetötet.

b) die Kontaktgifte, die versprüht oder vergast werden. Die Pflanzenschädlinge müssen also mit diesen in der Regel sehr wirksamen Giften in Berührung kommen, um vernichtet zu werden.

Beim Einsatz von chemischen Bekämpfungsmitteln muß unbedingt darauf geachtet werden, daß verschiedene Schädlinge in der Lage sind, bei stetiger Anwendung des gleichen Mittels resistente Stämme hervorzubringen (z. B. Spinnmilben). Aus diesem Grund ist es notwendig, von Zeit zu Zeit die Mittel zu wechseln und ihre unterschiedliche Wirkungsweise auszunutzen.

Beim Umgang mit Pflanzenschutzmitteln sollte man folgende Grundsätze beachten:

1. Die Anwendung muß genau nach Gebrauchsanweisung erfolgen.
2. Pflanzenschutzmittel sind sicher aufzubewahren, sie gehören nicht in Kinderhand.
3. Beim Gebrauch von Pflanzenschutzmitteln sollten stets Gummihandschuhe und notfalls eine Atemschutzmaske getragen

werden, anschließend sind die Hände und das Gesicht gründlich zu waschen.
4. Bestimmte Mittel dürfen nicht in geschlossenen Räumen verwendet werden.

Biologische Bekämpfungsmethoden

Biologische Bekämpfungsmethoden spielen bei uns in der Kakteenpflege bisher noch keine Rolle. Aus den Niederlanden ist aber z. B. bekannt, daß Raubmilben zur Bekämpfung von Spinnmilben in Gewächshäusern mit Erfolg eingesetzt werden.

Krankheiten und Schädlinge

Bei aller Vorsicht läßt es sich oftmals nicht vermeiden, daß unsere Kakteen von Krankheiten und Schädlingen heimgesucht werden. Das kann z. B. durch eine neuerworbene, jedoch bereits infizierte Pflanze, aber auch durch Anflug aus dem Garten (Spinnmilben!) erfolgen. Deshalb sollte jeder Kakteenpfleger Kenntnisse über die wichtigsten Krankheiten und Schädlinge sowie die entsprechenden Bekämpfungsmaßnahmen besitzen.

Viruskrankheiten

Über Viruskrankheiten bei Kakteen ist bisher noch relativ wenig bekannt. Es gilt als erwiesen, daß Viren Wachstumsstörungen, z. B. Zwergwuchs, hervorrufen können. Auch Monstrosa-Formen sollen durch sie induziert werden. Eine Mosaikkrankheit, die an Blatt- und Weihnachtskakteen, ferner an verschiedenen Rhipsalis-Arten auftritt, wird gleichfalls durch Viren verursacht. Bei dieser Krankheit treten an den Pflanzen weißlichgrüne Flecken auf, die später eintrocknen und eine Braunfärbung annehmen.

Auch Mykoplasmen bewirken krankhafte Veränderungen an den Pflanzen. Bekannt dafür ist der Hexenbesenwuchs, z. B. bei Austrocylindropuntia.

Gegenwärtig gibt es gegen pflanzenpathogene Viren noch keine wirksamen Mittel, die der Kakteenpfleger erfolgreich einsetzen könnte. Am ehesten lassen sich noch Infektionsmöglichkeiten durch die Bekämpfung anderer Kakteenschädlinge (Blattläuse, Schildläuse, Nematoden u. a., die als Virusträger in Frage kommen) einschränken. Es ist ferner bekannt, daß eine Virusverschleppung auch durch Stecklingsschnitt und das Pfropfen sowie beim Stutzen der Wurzeln erfolgen kann. Deshalb ist es wichtig, nach solchen Arbeiten die benutzten Geräte mit einem geeigneten Desinfektionsmittel, z. B. mit Spiritus, zu entkeimen.

Sollte der Verdacht auf eine Viruserkrankung bei einem Kaktus vorliegen, so ist er aus der Sammlung zu entfernen und zu isolieren bzw. zu vernichten.

Bakterien- und Pilzkrankheiten

Frische Luft, viel Licht und ein großes Maß an Sauberkeit sind die wesentlichsten Pflegemaßnahmen, die ganz speziell dem Befall der Kakteen durch bakterielle und Pilzschädlinge entgegenwirken. Daraus folgt andererseits, daß dumpfe und feuchte Luft, überhaupt viel Feuchtigkeit, Dunkelheit sowie Schmutz (z. B. Kohlenstaub) – Bedingungen, wie sie zum Beispiel bei der Kellerüberwinterung oder auch partiell im Frühbeet bzw. im Gewächshaus auftreten können – günstige Voraussetzungen für das Gedeihen von pflanzenpathogenen Bakterien und Pilzen darstellen.

Die bekannteste Kakteenkrankheit, die durch Bakterien hervorgerufen wird, ist zweifellos die Trockenfäule. Sie tritt besonders an weichfleischigen Kakteen und hier wiederum im Winter auf. An der Pflanzenoberfläche bilden sich zunächst kleine rotbraune, rostartige Flecken, die schließlich in tiefer gelegene Zellschichten, also in das Pflanzeninnere vordringen, was zur Schrumpfung des Gewebes und letztlich zum Eingehen der befallenen Pflanze führt.

Verschiedene Bakterienarten, z. B. *Bacterium cactivorum*, gehören zu den Erregern der Naßfäule. Sie greifen an der Basis der Pflanze an, und die Krankheit setzt sich nach der Spitze hin fort, so daß das Innere eines befallenen Kaktus schließlich zu einer braunen, breiigen Masse wird.

Während die meisten pflanzenpathogenen Bakterien das Zellgewebe zerstören, gibt es einige, die übermäßiges Zellwachstum induzieren. Zu ihnen gehört auch *Agrobacterium tumefaciens*. Dieser Erreger lebt im Boden und dringt über eine Verletzung des Wurzelsystems in die Wirtspflanze ein.

Dort ruft er ein ungehemmtes Wachstum bestimmter Zellpartien, meistens am Wurzelhals, hervor, so daß es zu einem ungewöhnlichen Sprossen, oft verbunden mit einer starken Wollausbildung kommt. Po-TOCKI-ROTH bezeichnet diese Auswüchse treffend als «knollig und kropfförmig, häufig blumenkohlartig zerklüftet».

Bakterielle Krankheiten lassen sich nicht leicht bekämpfen. Dem Kakteenpfleger wäre zu raten, für seine Pflanzen einen hellen, wenn möglich, sonnigen und trockenen Winterstandort auszuwählen. Ferner sollten Kakteen, die bereits erste Anzeichen einer bakteriellen Erkrankung zeigen, aus der Sammlung entfernt werden, um ein Übergreifen der Erreger auf die anderen Pflanzen zu verhindern.

Pflanzenpathogene Pilze bewirken an Kakteen die unterschiedlichsten Krankheiten, z. B.:

Weichfäule (Erreger: *Botrytis spec.*),

Naßfäule (Erreger: u. a. *Phytophthora cactorum*),

Fusarium-Fäule (Erreger: *Fusarium oxysporium*),

Brennflecken-Krankheit (Erreger: *Gloeosporium*-Arten),

Schorfkrankheiten und andere.

Tritt bei Kakteen ein deutlicher Befall mit schädlichen Pilzen auf, so wird mit ihnen wie bei bakteriellen Erkrankungen verfahren. Oftmals werden auf dem Kakteenkörper braune, lederartige Flecken, die später einsinken, verhärten und verkorken, durch Schadpilze hervorgerufen. Diese Flecken werden mit einem scharfen Messer (vorher mit Spiritus desinfizieren!) ausgeschnitten. Dabei ist darauf zu achten, daß das gesamte infizierte Gewebe entfernt wird (auf Verfärbung der Gefäße achten!). Die Schnittstellen werden dann mit einem zugelassenen Fungizid (Auflösung des Pulvers nach Gebrauchsanweisung) behandelt bzw. noch mit Holzkohlepulver bestreut. Danach sind die behandelten Pflanzen schattig zu stellen.

Erhebliche Schäden werden vor allem an jungen Kakteen durch Vermehrungspilze, z. B. *Pythium debaryanum*, angerichtet. Am meisten sind gerade aufgelaufene Aussaaten und kleine Sämlinge der Gefahr ausgesetzt, von diesen Schädlingen vernichtet zu werden. Den Befall mit Vermehrungspilzen erkennt man sofort an einem weißlichgrauen Gespinst (Myzel), das die Erdoberfläche überzieht. Von den Pflänzchen ist dann meist nicht mehr viel zu sehen. Sie sind zusammengefallen, oftmals sind nur noch Epidermisreste vorhanden.

Dem Befall durch Vermehrungspilze kann durch folgende Maßnahmen vorgebeugt werden:

– Aussaatgefäße und Töpfe mit heißem Wasser säubern,
– Erde dämpfen,
– Kakteensamen beizen,
– dem Gießwasser Sulfachin (Chinosol) als keimtötendes Mittel beisetzen,
– hohe Luftfeuchtigkeit vermeiden.

Tierische Schädlinge

(in der Reihenfolge der Wichtigkeit)

Wenn auch Viren, Bakterien und Pilze häufig Erreger von Kakteenkrankheiten sind, so bereiten doch die tierischen Schädlinge dem Kakteenpfleger die größeren Sorgen, zumal es unter ihnen einige gibt, die sich als recht hartnäckige Pflanzenschädiger erweisen, z. B. Wurzelälchen, Wurzelläuse und Spinnmilben. Sie können sowohl durch Stechen und Saugen sowie durch Fraß die Kakteen unmittelbar schädigen und schwächen als auch durch die verursachten Wundstellen Sekundärinfektionen, z. B. durch Bakterien und Pilze, hervorrufen.

Deshalb muß an erster Stelle der Bekämpfungsmaßnahmen ein ständiges und genaues Beobachten unserer Pfleglinge stehen, um möglichst frühzeitig eingreifen zu können. Vorbeugen ist auch hier besser als heilen!

Es gibt eine große Zahl recht verschiedenartiger Schadtiere auf oder an Kakteen: von den Rund- und Ringelwürmern über die Krebse, Spinnentiere und Insekten bis zu den Mollusken.

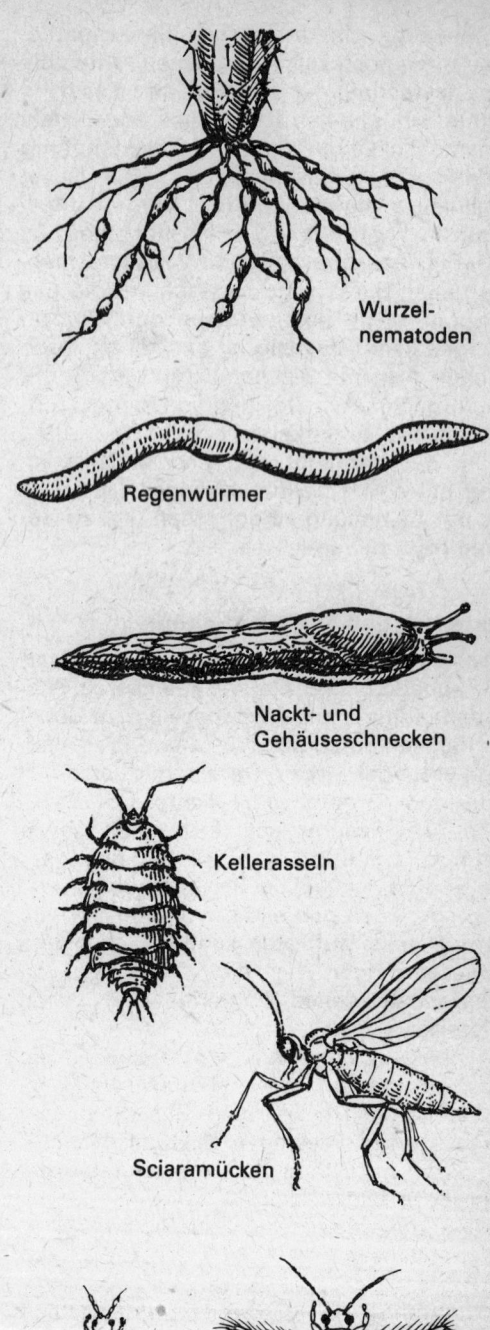

Wurzelnematoden

Regenwürmer

Nackt- und Gehäuseschnecken

Kellerasseln

Sciaramücken

Larve

Thripse

Imago

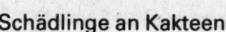

Schädlinge an Kakteen

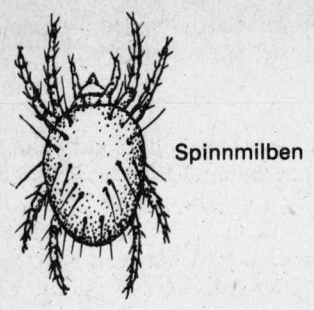
Spinnmilben

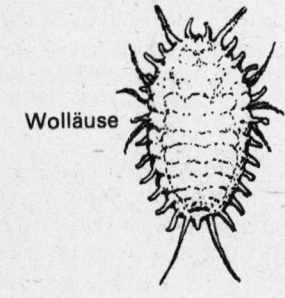
Wolläuse

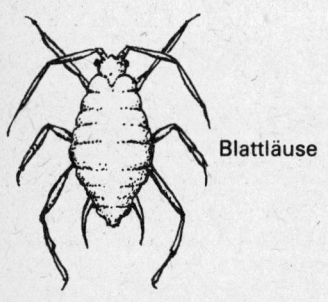
Blattläuse

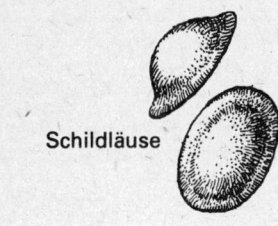
Schildläuse

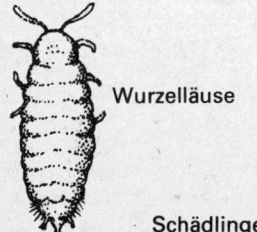
Wurzelläuse

Schädlinge an Kakteen

Wurzelnematoden

Wurzelnematoden, auch Wurzelälchen genannt, sind mikroskopisch kleine Rundwür-
mer. Sie dringen in die Kakteenwurzeln ein
und verursachen dort gallenartige An-
schwellungen. Nach und nach wird das gesamte Wurzelsystem infiziert und stirbt ab.
Kakteen reagieren auf Nematodenbefall zunächst mit einem Wachstumsstop, später
kann es zu einer Vergilbung und zum
Schrumpfen bzw. Eingehen der Pflanzen
kommen. Wurzelälchen gehören zu den
übelsten tierischen Schädlingen, da ihre Bekämpfung außerordentlich schwierig ist.
Entdeckt man an den Wurzeln die gallenarti-
gen Verdickungen, dann muß das gesamte
Wurzelsystem mit dem Messer entfernt werden. Die Schnittstellen werden mit Holzkohlepulver behandelt. Pflanzgefäße, Etiketten
und Arbeitsgeräte müssen gut desinfiziert
werden, da die Nematoden sehr leicht verschleppt werden. Die Abfälle, einschließlich
der Erde, sind rigoros zu vernichten. Das
sorgsame Dämpfen der Erde hilft vorbeugend gegen Nematodenbefall. Wurzelälchen
lassen sich mit der Heißwassermethode bekämpfen. Chemische Bekämpfungsmittel
(Nematizide) bringen bei großen Sammlungen auch eine gewisse Abhilfe.

Regenwürmer

Regenwürmer, im allgemeinen sehr nützli-
che Tiere, werden in Kakteensammlungen
nicht gern gesehen, obwohl sie an den Pflanzen keinen Schaden anrichten. Sie werden
am besten mit warmem Wasser vertrieben.
Einzelne Pflanzen lassen sich auch schnell
umtopfen. Die Regenwürmer werden dabei
aus der Erde gesammelt.

Kellerasseln

Kellerasseln sind landbewohnende Krebs-
tiere, die besonders an dunklen, feuchten
Stellen leben und nachtaktiv sind. Asseln
fressen – ähnlich wie Schnecken – Löcher in
den Kakteenkörper. Um dieser Schädlinge
habhaft zu werden, legen wir einige hal-
bierte und ausgehöhlte Kartoffeln, Äpfel,
Rote Beete oder Möhren aus, die von den
Asseln als Versteck genutzt werden. Hier
können wir die Tiere absammeln und vernichten.

Spinnmilben

Spinnmilben (*Tetrarhynchus* spec. und *Brevipalpus russulus*, oft fälschlich als «Rote Spinne» bezeichnet) sind sehr kleine (¼ mm), mit einer Lupe aber gut zu erkennende Spinnentiere, die die oberflächlichen Gewebeschichten des Kakteenkörpers anstechen und aussaugen, wobei das Blattgrün zerstört wird. Daraus erklärt sich das braungraue Schadbild beim Auftreten dieses Ungeziefers. Spinnmilben gedeihen besonders gut in trockener und warmer Luft (z. B. in einem entsprechenden Winterquartier). Einige Kakteen werden von ihnen besonders bevorzugt, z. B. Lobivien, Rebutien, einige Echinocereen, verschiedene *Mammillaria*-Arten, *Chamaecereus silvestrii, Aporocactus flagelliformis.*

Beim Feststellen von Spinnmilben sind die befallenen Pflanzen sofort zu isolieren. In die Behandlung mit chemischen Mitteln werden auch die noch nicht befallenen Pflanzen einbezogen. Spinnmilben werden schnell gegen das gleiche, über einen längeren Zeitraum angewandte Mittel resistent. Deshalb ist ab und zu das Bekämpfungsmittel zu wechseln.

Da Spinnmilben auch auf anderen Kulturpflanzen, z. B. Gurken, Buschbohnen, vorkommen, ist stets mit Anflug aus umliegenden Gärten in der Kakteensammlung zu rechnen. Ferner können sie beim Kauf neuer Pflanzen mit eingeschleppt werden.

Woll- oder Schmierläuse

Woll- oder Schmierläuse sind 1 bis 3 mm große, braungrau gefärbte Insekten, die einer kleinen Kellerassel ähneln. Sie sind mit weißen, mehlartigen Wachsausscheidungen bedeckt. Ihre Eier legen sie in dichten, weißen Gespinsten ab. Wolläuse siedeln sich gern an Stellen an, wo die Feuchtigkeit kaum hingelangt. Diese Schädlinge stechen die Pflanzen an und saugen ihren Saft. Deshalb haben sie in unseren Sammlungen nichts zu suchen. Tritt nur ein schwacher Befall mit diesem Ungeziefer auf, dann genügt das Absammeln mit einer Pinzette oder das Entfernen mit einem steifen Pinsel. Auch ein scharfer Wasserstrahl kann diese Schädlinge manchmal schon wegspülen.

Um aber die versteckte Brut zu vernichten, ist der Einsatz von chemischen Mitteln mit den Wirkstoffen Carbaryl, Dimethoat oder Parathion-methyl anzuraten.

Wurzelläuse

Die den Wolläusen ähnlichen, aber kleineren weißlichgrauen Wurzelläuse sind ebenfalls Säftesauger, die besonders an den Wurzeln und am Wurzelhals der Kakteen sitzen. Bei Befall ist die Erde von den Wurzeln zu entfernen. Anschließend werden sie mit einem Kontaktgift abgepinselt oder bepudert. Das Gießen mit einem systemischen Mittel sollte stets vorbeugend erfolgen. Trockenheit fördert übrigens den Befall mit Wurzelläusen, besonders im Winterquartier.

Schildläuse

Schildläuse sind ebenfalls saugende Insekten. Ihre Jugendstadien sind freibeweglich. Die ausgewachsenen Tiere besitzen ein braunes Schild, unter dem die Eier abgelegt werden und auch die Brut ausschlüpft. Nach mechanischer Entfernung der Schilde mit einem Messer oder Hölzchen ist eine zusätzliche Bekämpfung mit chemischen Mitteln erforderlich.

Blattläuse

Blattläuse sind kleine, weichhäutige Sauginsekten, die teils geflügelt, teils ungeflügelt sein können. Wir finden sie besonders auf Kakteenblüten. Ihre Bekämpfung erfolgt mit einem scharfen Wasserstrahl oder einem Insektizid.

Blasenfüße

Blasenfüße, auch als Thripse bezeichnet, sind etwa 1 mm große, schlanke Insekten von gelblich oder braunschwarzer Färbung. Charakteristisch für sie sind ferner 2 Paar gefranste Flügel und stechend-saugende Mundwerkzeuge. Die Blasenfüße und ihre Larven schädigen die Pflanzen durch Anbohren und Aussaugen des Zellsaftes; außerdem sind sie Virusüberträger.

Gegen die Blasenfüße werden ebenfalls Insektizide eingesetzt.

Sciara-Mücken

Von diesen Trauermücken werden die ca. 6 mm langen und glasigdurchsichtigen Larven mit schwarzem Kopf für die Pflanzen gefährlich. Sie halten sich in der Erde auf und schädigen die Wurzeln, gefährden aber auch Sämlinge und Jungpflanzen. Am sichersten ist die Bekämpfung der erwachsenen Tiere mit Insektiziden.

Ameisen

Ameisen gehören ebenfalls zur Gruppe der Insekten; sie machen sich in Kakteensammlungen vor allem dann unangenehm bemerkbar, wenn sie ihre Nester in den Kakteentöpfen anlegen. Sie verschleppen aber auch die Samen aus reifen Früchten. Ameisen sind leicht mit entsprechenden chemischen Mitteln zu vernichten.

Schnecken

Nackt- und Gehäuseschnecken zeigen ihre Anwesenheit durch das Hinterlassen von Schleimspuren an. Diese finden wir dann gewöhnlich auch in der Nähe der Fraßstellen, die bei Kakteen, besonders an weichfleischigen Partien, recht umfangreich sein können. Schnecken fressen auch an den Blüten und Früchten der Kakteen. Die wirksamste Bekämpfung dieser Schädlinge erfolgt durch das Aufstellen von mit Bier gefüllten Schalen, in denen dann die Schnecken ertrinken.

Physiologische Schädigungen

Physiologische Schädigungen an Kakteen treten vor allem durch Kulturfehler auf. Die Kenntnis wenigstens einiger von ihnen soll dazu beitragen, solche Fehler in der Kakteenpflege zu vermeiden.

Violettfärbung des Kakteenkörpers oder einzelner Sproßteile kann bei starker Sonnenbestrahlung (Übermaß an UV-Strahlen), aber auch bei einem zu kalten Stand auftreten. Die Umweltbedingungen sind entsprechend zu verändern (schattiger bzw. wärmerer Standort).

Dünntriebigkeit ist eine Folge von Lichtmangel. Dabei kommt es zur Vergeilung, d. h. zu einem unnatürlichen Längenwachstum der Kakteen, oft noch verbunden mit Chlorophyllmangelerscheinungen. Solche Pflanzen benötigen einen neuen, helleren Standort. Die vergeilten Triebe sind abzuschneiden, da sie die Pflanze nur verunzieren.

Verkorkungen, insbesondere an der Basis des Kakteensprosses, können normale Alterserscheinungen darstellen (z. B. bei Opuntien) oder arttypisch sein (z. B. bei Echinopsen). Aber auch unregelmäßiges Gießen oder ein ungünstiger Winterstandort können zur Verkorkung führen oder wenigstens dazu beitragen. Regelmäßige Wassergaben sowie ein heller, luftiger und kühler Winterstandort werden als Gegenmaßnahmen empfohlen.

Gelbbraune, papierartige Flecken am Scheitel und der dem Licht zugewandten Seite der Kakteen sind die Folge von übermäßiger Sonnenbestrahlung. Es kommt zu Verbrennungen an den Pflanzen und damit zur Schädigung der oberen Zellschichten. Frischgrüne und wenig bedornte Kakteen sind besonders gefährdet. Ein schattiger Standort ist hier unbedingt vonnöten. Oftmals sind Verbrennungen bei Kakteen zu beobachten, die zu dicht an einer Fensterscheibe oder einer Glasscheibe des Gewächshauses stehen. Schutz bietet ein einfacher Kalkanstrich des Glases oder zeitweise aufgelegtes Seidenpapier.

Schädigung durch Unkräuter

Unkräuter könnten zu Nahrungskonkurrenten für unsere Kakteen werden, müßten dann allerdings in größerer Zahl vorkommen, was wohl kaum in einer Sammlung (evtl. Gewächshaus, Frühbeet) der Fall sein wird. Allerdings hat es der Kakteenpfleger oft mit Unkräutern zu tun, die z. B. nach dem Umpflanzen, also beim Gebrauch frischer Erde, plötzlich auftreten können (z. B. Melde, Vogelmiere, Kamille). Sie werden herausgezogen, und die Sache ist erledigt. Wesentlich mehr Ärger gibt es mit dem Sauerklee *(Oxalis corniculata)*, der sich nicht einfach auszupfen läßt, weil sich die Wurzeln recht fest im Kakteentopf verankern. Demzufolge wird es ohne Umtopfen nicht gehen, will man dieses lästige Unkraut vernichten.

Vermehrung der Kakteen

Die Vermehrung der Kakteen ist nicht nur eine äußerst interessante Beschäftigung, sondern sie stellt in vielen Fällen sogar eine gewisse Notwendigkeit für den Kakteenfreund dar. Welche Gründe kann es dafür geben?

Es ist heute wesentlich einfacher und vor allem billiger, eine Kakteensammlung aufzubauen, wenn man die Pflanzen selbst aus Samen anzieht. Das hat den großen Vorteil, daß man von einer Art gleich mehrere Exemplare erhält – ein Ziel, das von vielen Kakteenfreunden angestrebt wird. Deshalb ist es nicht verwunderlich, wenn sie bei Erhalt einer neuen, vor allem auch wertvollen und schönen Pflanze sofort Überlegungen anstellen, wie diese vermehrt werden kann, so daß einmal der Bestand gesichert, zum anderen aber auch weitere Exemplare als Tauschobjekte gezogen werden können. Damit wird auch anderen Kakteenfreunden geholfen bzw. eine Freude bereitet. Und selbst ein zu groß gewordener Kaktus ist Grund genug, zu überlegen, wie er wieder auf eine passable Länge gebracht werden kann. Die beim Zurückschnitt anfallenden Stücke gehören nicht auf den Komposthaufen, wie man es manchmal leider sieht. Nicht zuletzt spielt die Vermehrung der Kakteen eine Rolle bei der Anzucht von Pfropfunterlagen, die oftmals in größerer Anzahl benötigt werden.

Diese Beispiele mögen als Begründung für die Notwendigkeit der Kakteenvermehrung ausreichen; sie kann geschlechtlich (generativ), d. h. durch Samen, oder ungeschlechtlich (vegetativ), d. h. durch Stecklinge bzw. Ableger oder durch Pfropfen, erfolgen.

Vermehrung durch Ableger und Stecklinge

Die Vermehrung durch Stecklinge ist die einfachste Art der Vermehrung. Bei verschiedenen Sippen der Kakteen finden wir solche Arten, die reichlich Seitensprosse hervorbringen. Zu nennen wären hier z. B. *Mammillaria prolifera, Mammillaria decipiens, Mammillaria gracilis, Dolichothele surculosa, Lobivia hertrichiana, Lobivia allegraiana, Rebutia krainziana, Rebutia minuscula, Aylostera kupperiana, Aylostera albiflora, Sulcorebutia mizquensis,* verschiedene Echinopsen, *Chamaecereus silvestrii, Trichocereus huascha, Trichocereus schickendantzii.* Manche von diesen Kakteenarten bilden bereits an der Mutterpflanze bewurzelte Seitensprosse, die leicht abbrechen, so daß wir sie nur einzupflanzen brauchen. Fester sitzende Seitensprosse werden mit einem scharfen Messer oder einer Rasierklinge vorsichtig von der Mutterpflanze abgeschnitten und 1 bis 2 Wochen zum Abtrocknen an einen schattigen Platz gelegt. Da die Schnittfläche relativ klein ist, reicht diese geringe Zeit für die Pflanze aus, um ein widerstandsfähiges Abschlußgewebe zu bilden. Wir können von jeder gesunden Pflanze Stecklinge gewinnen, wenn sie genügend Sprosse besitzt, die wir separat kultivieren bzw. aus denen wir neue Pflanzen heranziehen wollen. Haben wir dabei eine Pflanze so stark zurückgeschnitten, daß nur noch ein Stumpf übrigbleibt, dann pflegen wir diesen Kaktus weiter, denn er treibt wieder aus und bringt uns später neue Stecklinge.

Kranke Pflanzen müssen oft wie Stecklinge behandelt werden, d. h., das befallene Gewebe wird so weit weggeschnitten, daß die Garantie besteht, den Infektionsherd entfernt zu haben. Durch eine Neubewurzelung oder durch Pfropfen gelingt es in der Regel, die Pflanze zu erhalten.

Die günstigste Zeit, Kakteen vegetativ zu vermehren, ist das Frühjahr, weil die Pflanzen dann bereits im Trieb sind. Der Stecklingsschnitt läßt sich aber auch noch bis in den August hinein durchführen. Und selbst wenn im Herbst oder Winter ein Kaktus Schädigungen aufweist, greifen wir zum Messer und versuchen, wenigstens ein

Stecklings-schnitt

Scharfes Messer oder Rasierklinge benutzen

Abkanten

Schnitt bis zum Gefäßteil führen 3–4 Wochen abtrocknen lassen

senkrechte Aufbewahrung zum Abtrocknen

Stück von der Pflanze zu retten. Es wird zum Abtrocknen an einen warmen Ort gelegt. Nach Vernarben der Wundfläche kommt der Steckling — ein solcher ist es jetzt — in ein kühleres Winterquartier, wo er bis zum Frühjahr verbleibt, um dann eingepflanzt zu werden.

Beim Schneiden von Stecklingen ist darauf zu achten, daß einerseits ausgereifte Sprosse ausgewählt werden, daß es aber andererseits nicht günstig ist, wenn sehr stark verholzte Triebe als Stecklinge Verwendung finden sollen, da sie oft schwer bewurzeln.

Die Technik des Stecklingsschnittes ist sehr einfach. Mit einer Rasierklinge, einem scharfen Messer oder einer kleinen Säge — das richtet sich nach der Größe der Mutterpflanze — trennen wir das ausgesuchte Sproßstück ab. Danach wird der Steckling angespitzt, so daß die Wurzelbildung aus dem Leitbündelzylinder heraus erfolgen kann. Die Schnittfläche, die gewissermaßen eine Wunde darstellt, braucht jetzt genügend Zeit, um wieder ein Abschlußgewebe auszubilden. Wir lassen den Steckling also abtrocknen. In der Regel dauert das 4 bis 6 Wochen. Auch hier spielt die Größe der Schnittfläche eine Rolle. Es ist besser, einen Steckling etwas länger zum Abtrocknen liegenzulassen als ihn zu früh einzupflanzen. Sehr große Wundflächen können mit Holzkohlepulver oder Schwefelblüte eingestäubt werden. Wir beugen damit einer Infektion vor und beschleunigen den Abtrocknungsprozeß. Bei längerer Lagerzeit beginnt der Steckling oftmals schon mit dem Schieben von Wurzeln, was uns nicht zu beunruhigen braucht. Es ist aber ein Anzeichen dafür, daß es Zeit zum Einpflanzen ist.

Um eine richtige Wurzelausbildung am Steckling zu erreichen, legen wir ihn möglichst nicht auf die Seite, sondern stellen ihn zusammen mit anderen in eine leere Schale oder einen leeren Topf, wo er gut abtrocknen kann. Die Behältnisse sollten an einem warmen, aber nicht vollsonnigen, und trockenen Standort aufgestellt werden. Ab und zu ist eine Kontrolle notwendig, da es durchaus vorkommen kann, daß an der Schnittfläche Schimmelbildung oder Fäulnis auftreten. In beiden Fällen muß erneut geschnitten werden. Sind die Schnittflächen gut abgetrocknet, d. h. hat sich ein festes Abschlußgewebe gebildet, dann pflanzen wir die Stecklinge in ein gut durchlässiges Material wie lehmhaltigen Sand oder Sand-Torfmull-Gemisch, das nicht zu naß sein darf. In dieser Zeit halten wir uns überhaupt mit dem Gießen zurück. Da die Stecklinge ja noch keine Wurzeln besitzen, bedeutet zuviel Nässe immer Fäulnisgefahr. Eine gute und

Stecklingsgewinnung

Säulenkaktus

Feigenkaktus

Weihnachtskaktee

Schnitt-
führung
beachten

1

2   3
1

Blattkaktus

Kindel vorsichtig
abbrechen oder
mit einem scharfen
Messer abtrennen

kindelbildender Kaktus

Trink-
röhrchen
zur
Stabili-
sierung

Plast-
tüte

«Minigewächshaus» zur besseren
Bewurzelung der Stecklinge

Bewurzelung der Stecklinge

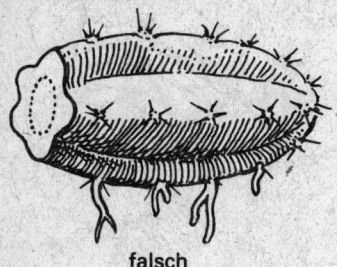

falsch

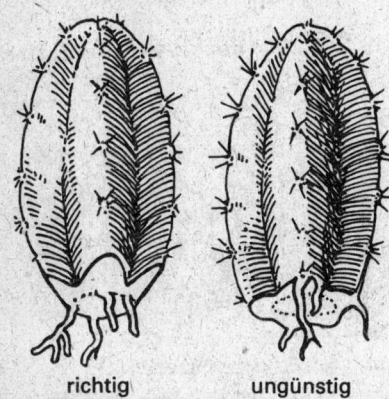

richtig   ungünstig

Durch das schräge Anschneiden wird eine natürliche und kräftige Wurzelbildung aus den Leit-
gefäßen unterstützt

relativ schnelle Bewurzelung läßt sich durch
einen schattigen, aber warmen Standort, gespannte Luft (ab und zu nebeln!) und, wenn
möglich, einen warmen Fuß erreichen.
Ebenso verfahren wir bei der Vermehrung
von Pfropfunterlagen. Die Säulen z. B. von
*Cereus peruvianus, Eriocereus jusbertii, Erio-
cereus martinii, Trichocereus pachanoi, Trichocereus macrogonus, Trichocereus spachianus, Selenicereus grandiflorus, Selenicereus pteranthus* usw. werden in etwa
10 cm lange Stücke zerschnitten und wie
oben beschrieben bewurzelt. Eine andere,
sehr einfache Vermehrungsart bei Blattkakteen ist die durch Absenker.
Die Flachsprosse der Blattkakteen werden
vor allem bei älteren Pflanzen teilweise recht
lang, so daß sie sich, wenn wir sie nicht fest-
binden, herunterbiegen. Sind die Töpfe in
Sand oder Torfmull eingefüttert, kommen
herunterhängende Sprosse mit dem Einfüt-
terungssubstrat in Berührung. Dabei treiben
sie selbst Wurzeln oder bilden sogar ein
neues Pflänzchen aus.
Eine recht ungewöhnliche und darum be-
merkenswerte Art der Vermehrung ist die
durch Warzenstecklinge. Sie läßt sich besonders gut bei langwarzigen Mammillarien,
z. B. *Mammillaria plumosa, Mammillaria
schiedeana, Mammillaria wildii, Dolicho-*

Bei längerem
Liegen können
sich an den
Stecklingen schon
Wurzeln
ausgebildet
haben

Auspflanzen der Stecklinge in Kästen, Schalen
oder Töpfen.

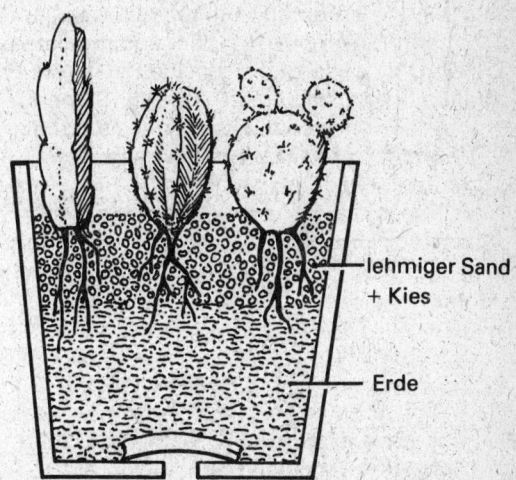

lehmiger Sand
+ Kies

Erde

Als Pflanzsubstrat kann auch ein Sand-Torf-Ge-
misch verwendet werden.
Bei günstigen Bedingungen durchwachsen die
Wurzeln sehr schnell die oberste Schicht
und gelangen in die nährstoffreiche Erde.

thele longimamma, aber auch bei *Leuchten-bergia* praktizieren. Von der jeweiligen Mutterpflanze werden einige Warzen sauber abgeschnitten und einige Tage an einem schattigen Standort zum Abtrocknen liegengelassen. Danach verfahren wir wie mit anderen Stecklingen. Dampfgespannte Luft und eine nur mäßige Bodenfeuchtigkeit sind Faktoren, die dabei besonders beachtet werden müssen.

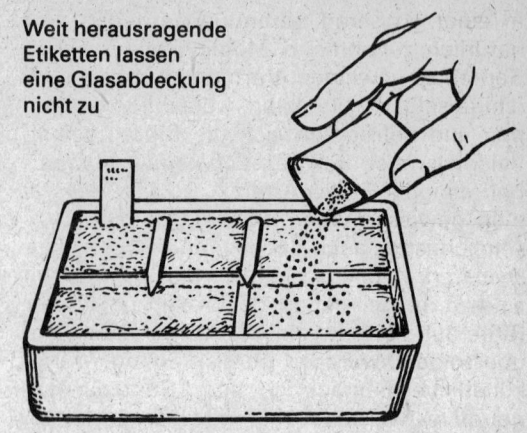
Weit herausragende Etiketten lassen eine Glasabdeckung nicht zu

Vermehrung durch Aussaat

Mit Hilfe der Stecklingsvermehrung läßt sich eine begrenzte, für eine kleinere Sammlung ausreichende Zahl von neuen Pflanzen relativ rasch heranziehen. Bei der Vermehrung von Kakteen durch Samen vergeht dagegen ein erheblich längerer Zeitraum, bis blühfähige Pflanzen herangewachsen sind, wenn wir von einigen schnellwüchsigen und frühblühenden Arten (z. B. *Rebutia minuscula, Rebutia senilis, Mammillaria bocasana, Mammillaria wildii, Mammillaria zeilmanniana*) einmal absehen wollen. Dafür sind wir aber durch die Aussaat in der günstigen Lage, für unsere Sammlung neue und auch seltene Arten sogar in größerer Anzahl zu gewinnen.

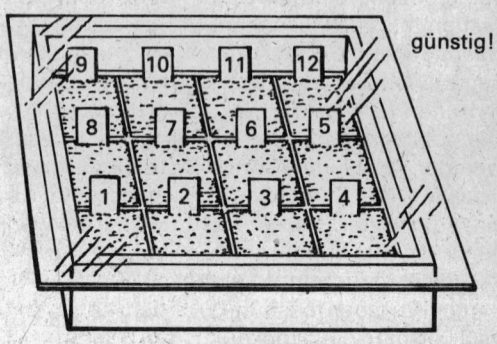
günstig!

Nach der Keimung die Glasplatte täglich einmal kurz anheben

Die erste dabei auftauchende Frage lautet: Woher bekomme ich den entsprechenden Samen? Hier ergibt sich eigentlich kein Problem, denn alljährlich werden Samenkataloge sowohl von Gärtnereien als auch von Liebhabervereinigungen herausgegeben. In Samenfachgeschäften wird in den letzten Jahren zunehmend in größerer Auswahl Samen vor allem von ausgesprochenen Anfängerarten (z. B. *Notocactus ottonis, Mammillaria bocasana, Cleistocactus straussii*) angeboten. Bei letzteren vermitteln die buntbedruckten Samentüten gleichzeitig einen Eindruck vom Habitus der Pflanze.

Und nicht zuletzt läßt sich über eine der vielen Kakteenfachgruppen Samen beschaffen; vielleicht ergibt sich dabei gleich ein ständiger Kontakt mit den Fachleuten, der dem Kakteenfreund immer erwünscht ist.

Von der Qualität des Samens, vor allem von seiner Keimfähigkeit, hängen in erheblichem Maße die Anzuchtergebnisse ab.

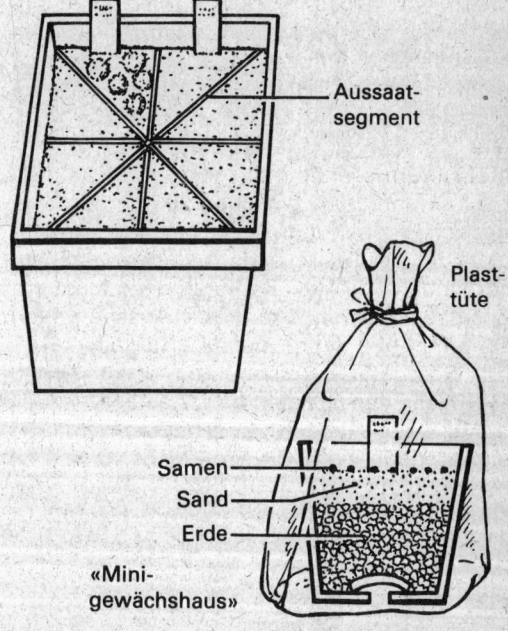
Aussaat-segment

Plast-tüte

Samen
Sand
Erde

«Mini-gewächshaus»

In einer größeren Sammlung ergeben sich natürlich zunehmend Möglichkeiten, selbst Samen zu gewinnen. Verfügen wir z. B. über einige selbstfertile Arten – bei ihnen bestäuben und befruchten sich die Blüten selbst, beispielsweise bei *Seti-Echinopsis mirabilis* und einigen *Frailea*-Arten –, so fällt der Samen gewissermaßen ohne unser Zutun an. Ähnlich ist es auch bei einigen *Rebutia*- und *Aylostera*-Arten. Kakteen, die selbststeril sind, d. h. bei denen der Pollen von einer Blüte auf die Blüte eines anderen Exemplars übertragen werden muß, können durch künstliche Bestäubung zum Samenansatz gebracht werden. Mit Hilfe eines feinen Tuschpinsels wird der Pollen von einer Blüte auf die andere übertragen. Nach dem Gebrauch muß der Pinsel gut in Spiritus ausgewaschen werden. Bei dieser Art der Bestäubung sollten wir uns allerdings davor hüten, Hybriden (Bastardformen) zu erzeugen.

Die Kakteen bilden als Früchte mehr oder weniger fleischige Beeren. Bei einigen Arten trocknen die Samenkapseln an der Pflanze ein, so daß der Samen leicht gewonnen werden kann. Bei anderen Arten sind die Samen in einem Fruchtmus eingeschlossen, das durch Waschen beseitigt werden kann. Danach erfolgt die Trocknung der Samen; bis zur Aussaat werden sie kühl und trocken aufbewahrt; eine exakte Beschriftung ist zu sichern. Kakteensamen lassen sich nicht unbegrenzt lagern. Manche Arten verlieren bereits nach einigen Jahren, andere erst nach längerer Zeit ihre Keimfähigkeit. Die günstigste Zeit für die Aussaat ist das Frühjahr (März/April), da zu dieser Zeit wieder mehr Wärme – die meisten Kakteen keimen bei Temperaturen zwischen 20 und 30°C am besten – und vor allem das notwendige Licht zur Verfügung stehen. In Gewächshäusern mit optimalen Bedingungen, z. B. mit Zusatzbeleuchtung, kann das Aussäen auch schon um die Jahreswende erfolgen.

Als Saatgefäße können Ton- oder Kunststofftöpfe und Schalen bzw. Kästen Verwendung finden; letztere sind besser dafür geeignet, da in ihnen die Erde nicht so schnell austrocknet.

Über die Zusammensetzung des Aussaatsubstrates gehen die Meinungen auseinander, weil es unterschiedliche Erfahrungen gibt. Als Standardgemisch kann empfohlen werden: 1 Teil Lauberde, 1 Teil Torfmull, 1 Teil Sand. Als Zusatz eignen sich zerstoßene Holzkohle und Ziegelgrus. Es sollte beachtet werden, daß das Substrat möglichst keimfrei (dämpfen!) und gut wasserdurchlässig ist.

Bevor wir mit dem Aussäen beginnen, werden die Aussaatgefäße gesäubert und desinfiziert, z. B. mit Sulfachinlösung. Das gedämpfte Aussaatsubstrat wird dann in die Gefäße gefüllt, wobei wir darauf achten, daß oben ein Rand von ca. 1,5 bis 2,0 cm verbleibt. Dieser freibleibende Raum ist in mehrerer Hinsicht von Bedeutung, z. B. als Luftreservoir bei der Abdeckung oder als Kammer für gespannte Luft.

Da wir in der Regel nur eine kleine Menge Saatgut von einer Kakteenart ausbringen, teilen wir die Erde in den Saatgefäßen mit Hilfe von Kunststoffetiketten oder Glasstäbchen in kleine Felder ein. Sie werden mit den entsprechenden Nummern versehen, die die jeweiligen Kakteenarten repräsentieren. Der Code wird in einem Heft sorgfältig notiert.

Um ein Wegschwemmen der kleinen Samen zu verhindern, wird das Aussaatsubstrat vor dem Ausbringen der Samen angefeuchtet. Damit gleichzeitig ein Desinfektionseffekt erreicht wird, kann dazu eine Sulfachinlösung benutzt werden (1 Tablette auf 100 ml Wasser).

Beim Ausbringen der Samen klopfen wir vorsichtig an die Tüte und achten darauf, daß alle Samenkörner in das dafür vorgesehene Feld gelangen. Mit einem kleinen Brettchen oder einer Streichholzschachtel wird der Samen auf dem Substrat angedrückt. Ein enger Kontakt zwischen beiden ist unbedingt notwendig. Auch hier ist darauf zu achten, daß kein Samenkorn mit dem Brettchen in ein anderes Aussaatfeld verschleppt wird. Kleine Samen werden nicht mit Erde bedeckt. Ein Übersieben mit einer dünnen Erdschicht erfolgt nur bei relativ großen Samen (z. B. Opuntien).

Die Saatgefäße werden nun mit einer Glasplatte abgedeckt, so daß der Samen in ausgesprochen gespannter Luft keimen kann. Viel Licht und Wärme (25 bis 30°C) sind jetzt wichtig, um den Keimprozeß in Gang zu setzen. Die Keimdauer ist je nach Keimbedingungen und Kakteenart unterschiedlich. Bei

«Schnellkeimern» (z. B. *Astrophytum*-Arten) sind die ersten Sämlinge bereits nach 4 bis 5 Tagen zu beobachten. Manche Arten (z. B. Opuntien) benötigen 5 bis 6 Wochen zum Auflaufen der Samen.

Die Aussaaten müssen täglich kontrolliert werden. Es darf kein Austrocknen des Saatbettes erfolgen, da die angekeimten Samen sonst absterben. Gegen zu starke Sonnenbestrahlung hilft das Abdecken der Glasscheibe mit Seidenpapier; auch ein Bestreichen mit Schlämmkreide ist möglich. Außerdem achten wir auf etwaigen Befall durch Vermehrungspilze (Hinweise zur Bekämpfung S. 148).

Ist die Keimung abgeschlossen, sollte die Abdeckung täglich einmal kurz angehoben werden. Mit dieser Belüftung tragen wir bereits zur Abhärtung der Sämlinge bei. Zu beachten ist auch, daß das an der Unterseite der Glasplatte sich bildende Kondenswasser nicht auf die Sämlinge tropft.

Feuchtigkeitszufuhr erfolgt am besten wieder durch das Tauchen der Saatgefäße. Statt dessen kann aber auch gesprüht werden, z. B. mit einem Haarlackzerstäuber. Mit fortschreitender Entwicklung benötigen die Sämlinge zunehmend mehr Frischluft, dafür aber weniger Luftfeuchtigkeit.

Sind an den Sämlingen die Dornen zu erkennen, kann die Abdeckung der Aussaatgefäße weggelassen werden. Diese Maß-nahme dient wiederum dem Abhärten der kleinen Pflänzchen. Sie vertragen auch in dieser Entwicklungsphase keine längere Trockenheit, da sonst die feinen Saugwurzeln sehr schnell absterben würden.

Tritt mit der Zeit in unseren Aussaaten doch eine Veralgung oder Verkalkung – der pH-Wert steigt über 7 – der Substratoberfläche ein, dann kann mit angesäuertem Wasser, d.h. mit Zugabe von wenigen Tropfen Salpetersäure in das Gießwasser (etwa pH 5,5), gegossen werden. Aber auch das Pikieren hilft in diesem Fall weiter. Im allgemeinen ist das Pikieren erst dann notwendig, wenn die Pflänzchen zu dicht stehen, sich also im Wachstum behindern. Meist ist das erst in dem der Aussaat folgenden Jahr der Fall. Es soll nicht unerwähnt bleiben, daß es über den richtigen Zeitpunkt des Pikierens der Kakteensämlinge unterschiedliche Ansichten und Erfahrungen gibt.

Das Umpikieren unserer Sämlinge erfolgt am besten in Schalen oder Kästen, da sie darin im allgemeinen besser gedeihen als in Töpfen. Zum Pikieren benutzen wir eine Pikiergabel, die man sich sehr leicht aus einem Holzetikett selbst anfertigen kann; aber auch eine Holzpinzette tut gute Dienste. Ferner benötigen wir ein etwa bleistiftstarkes Pflanzholz, um damit in der Erdoberfläche eine kleine Vertiefung anbringen zu können, in die der Sämling gesetzt wird. Als

Mit Hilfe einer Gabel werden die Sämlinge aus dem Aussaatgefäß herausgehoben

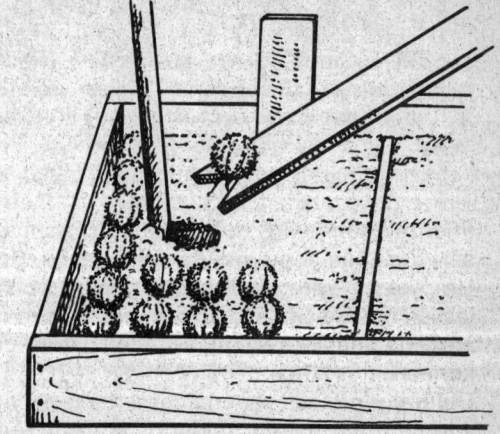

Pikieren der Sämlinge im Pflanzkasten. Pikierholz und Pikiergabel leisten dabei gute Dienste

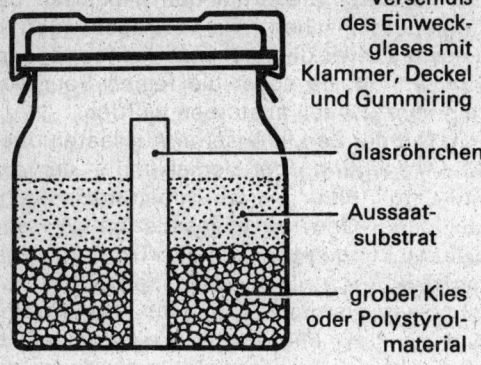

Verschluß des Einweckglases mit Klammer, Deckel und Gummiring

— Glasröhrchen

— Aussaatsubstrat

— grober Kies oder Polystyrolmaterial

ca. 100 °C

Vorbereitete Aussaatgefäße 3mal 30 Minuten nach jeweils 24 Stunden bei 100 °C sterilisieren (z. B. im Einweckapparat, Elektro- oder Gasherd)

Pflanzabstand wird der doppelte Durchmesser der Sämlinge genommen. Nach dem Umpikieren wird nicht sofort gegossen. Wir lassen die kleinen Pflänzchen erst einen Tag stehen, damit etwaige Wunden vernarben können.
Die umgepflanzten Sämlinge erhalten einen warmen und hellen Standort; Prallsonne ist allerdings wegen der Verbrennungsgefahr zu vermeiden. Unter günstigen Bedingungen, wie sie in der Regel nur im Gewächs-

haus herrschen, können die Sämlinge auch im Winter weiterwachsen. Daß sie dabei manchmal etwas in die Höhe schießen, also leichte Erscheinungen des Vergeilens zeigen, soll uns nicht gleich beunruhigen. Sobald die Tage wieder länger werden, d. h. das Licht zunimmt, gehen die Jungpflanzen wieder in den Normalwuchs über.
Werden die Sämlinge in den Wintermonaten auf dem Fensterbrett gehalten, wo die Temperaturen relativ niedrig etwa zwischen 10 und 15 °C liegen, werden wir bei unseren Pflänzchen kaum ein Wachstum zu verzeichnen haben. Bei dieser kühlen Überwinterung darf nur etwa alle 4 Wochen einmal vorsichtig gegossen werden. Erheblich günstiger ist das kurzzeitige Tauchen der Pflanzgefäße, da bei dieser Methode die Pflanzenkörper nicht mit dem Wasser in Berührung kommen und damit der Fäulnisgefahr begegnet wird.
Neben der Möglichkeit der Aufzucht von Sämlingen in Schalen, Kästen oder Töpfen gibt es noch eine weitere, sehr interessante Aussaatmethode, die von dem bekannten tschechischen Kakteengärtner FLEISCHER stammt. Bei uns hat die Fleischer-Methode erst etwa in den letzten zehn Jahren weite Verbreitung gefunden. Sie eignet sich besonders gut für Kakteenarten mit sehr kleinen Samen. Als Aussaatgefäße werden möglichst breite und nicht zu hohe Einweckgläser benutzt. Als Aussaatsubstrat kann eine Mischung von Torf, Sand und Ziegelgrus Verwendung finden. Es ist auch möglich, groben Kies als unterste Schicht in das Aussaatgefäß einzubringen. Beim Einfüllen des gut durchfeuchteten Substrates wird in der Mitte des Aussaatgefäßes ein Glasröhrchen eingesetzt, das gewissermaßen ein Gießrohr darstellt, durch das später das Gießwasser nachgefüllt wird. Auch hier erfolgt die Aufteilung der Aussaatfläche mittels Glasstreifen in kleine Felder. Nun wird das Aussaatgefäß mit einem Gummiring, einem Deckel und einer Metallklammer verschlossen und etwa 10 Minuten bei 100 °C in einer Backröhre oder einem Einwecktopf sterilisiert. Nach dem Abkühlen wird der Samen ausgebracht. Das Besprühen mit einer Fungizid- oder einer Sulfachinlösung beugt Algen- bzw. Pilzbefall vor.
Die Beschriftung wird, entsprechend den

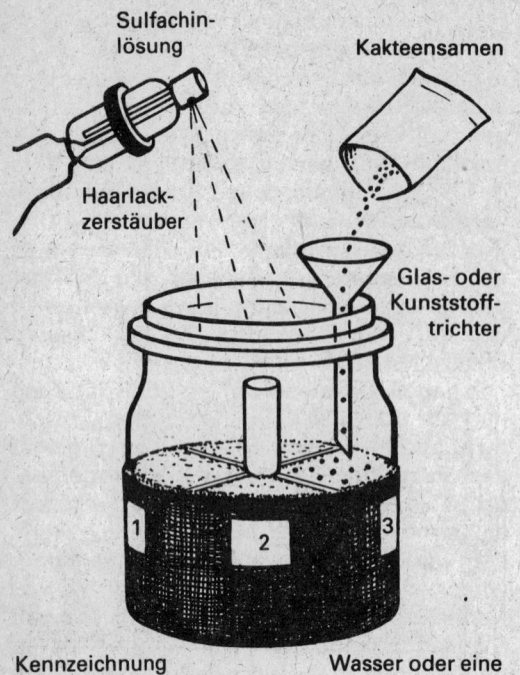

Sulfachin-
lösung

Kakteensamen

Haarlack-
zerstäuber

Glas- oder
Kunststoff-
trichter

Kennzeichnung
der Aussaat-
felder entsprechend der
ausgesäten Arten

Wasser oder eine
0,05%ige
Nährsalzlösung

so oder so

25 °C

Schwarzes Papier oder Silber-
papier verhindern die Algen-
bildung

mit Nummern versehenen einzelnen Feldern, außen an den Gläsern angebracht. Das kann mit Hilfe von Leukoplaststreifen, aber auch mit wasserfesten Faserstiften geschehen. Danach wird das Aussaatgefäß wieder mit Gummiring, Deckel und Klammer verschlossen und an einen hellen und warmen (um 25°C) Platz gestellt. Direkte Sonnenbestrahlung ist zu vermeiden. Eventuell müssen die Aussaatgefäße mit Seidenpapier abgedeckt werden. Mit dem Gießen warten wir, bis das Wasser im Glasröhrchen verdunstet ist. Auch mit dem Pikieren hat es Zeit, es erfolgt etwa ein Jahr nach der Aussaat. Wichtig ist das allmähliche Gewöhnen der relativ schwach bewurzelten und zarten Sämlinge vor dem Pikieren an die Luft. Dabei wird der Glasdeckel leicht angelüftet und ein Streichholz untergelegt. Geduld zahlt sich in dieser Phase aus, und die Verluste werden dadurch geringer sein. Bei dieser eleganten Methode wachsen die Sämlinge nicht nur staubgeschützt heran, sondern sie sind bei exaktem und sauberem Arbeiten auch zunächst einmal vor Krankheiten sicher.

Vermehrung durch Pfropfen

Kakteenfreunde stehen oftmals vor der Frage: «Kultiviere ich meine Kakteen wurzelecht, oder pfropfe ich sie?» Das Pfropfen ist eine weitere Vermehrungsmethode; sie wird von den Kakteengärtnern seit mehr als 150 Jahren praktiziert und arbeitet nach einem Prinzip, das in der Natur an sich nicht vorkommt. Es gibt zum Teil recht divergierende Meinungen dazu; aber es ist wohl nicht angebracht, das Pfropfen stets zu befürworten oder grundsätzlich zu verneinen. Eigene Erfahrungen besagen, daß das Pfropfen dort angewandt werden sollte, wo es sinnvoll und nutzbringend ist. Dabei muß aber stets bedacht werden, daß die wurzelechte Wuchsform die natürliche, also die dem Heimatstandort unserer Kakteen entsprechende Wuchsform darstellt, auch wenn einschränkend angeführt werden kann, daß die Bedingungen der Zimmerkultur sich von den am natürlichen Standort herrschenden Umweltbedingungen stark unterscheiden und daß es schon deshalb bei den Zimmerkakteen zu gewissen Unterschieden in der Ausbildung des Habitus, z. B. in der Dornenbildung, kommen kann. Doch gerade bei Pfropfungen ist es möglich, daß sich diese Unterschiede ausgesprochen negativ verstärken. Deshalb müssen Unterlage und Pfröpfling so ausgewählt werden, daß die gepfropfte Kakteenart nicht zu stark deformiert wird.

Was heißt eigentlich Pfropfen? Beim Pfropfen oder Veredeln werden Teile verschiedener Pflanzen zusammengefügt, so daß sie miteinander verwachsen, ohne daß dabei eine neue Kakteenart entsteht. Die «Pfropfeinheit» (Unterlage und Kopfstück) erhält den Artnamen des Pfröpflings, also des Kopfstücks. Die Bezeichnung der Unterlage ist nur insofern interessant, als man daran feststellen kann, ob es sich im Endergebnis um eine gute oder eine weniger gut geeignete Pfropfunterlage gehandelt hat. Die gärtnerische Praxis beweist es immer wieder aufs neue, daß die Unterlage durch Übertragung verschiedener Stoffe (Nährsalze, Wasser, Blühhormone u. a.) den Pfröpfling zu enormem Wachstum und zum frühzeitigen reichen Blühen stimuliert. Ob das auch auf eine bessere Wärme- bzw. Kälteresistenz oder erhöhte Widerstandsfähigkeit gegenüber Krankheiten zutrifft, mag dahingestellt bleiben.

Für die Zweckmäßigkeit des Pfropfens lassen sich verschiedene Gründe anführen:

a) Es gibt Kakteen, deren Pflege als schwierig zu bezeichnen ist; gepfropft lassen sich diese sogenannten Problemarten jedoch relativ leicht kultivieren.

b) Durch das Pfropfen ist es möglich, innerhalb kurzer Zeit größere und vor allem blühfähige Pflanzen anzuziehen.

c) Chlorophyllose Kakteen, wie z. B. die rote Form von *Gymnocalycium mihanovichii* var. *friedrichii* oder die gelbe Form des *Chamaecereus silvestrii* sowie *Cristata*-Formen, wachsen in der Regel nur als Pfropfungen.

d) Wenige Exemplare einer seltenen oder neuen Kakteenart lassen sich durch das Pfropfen rasch und unkompliziert vermehren, so daß ihr Bestand in der Sammlung gesichert ist.

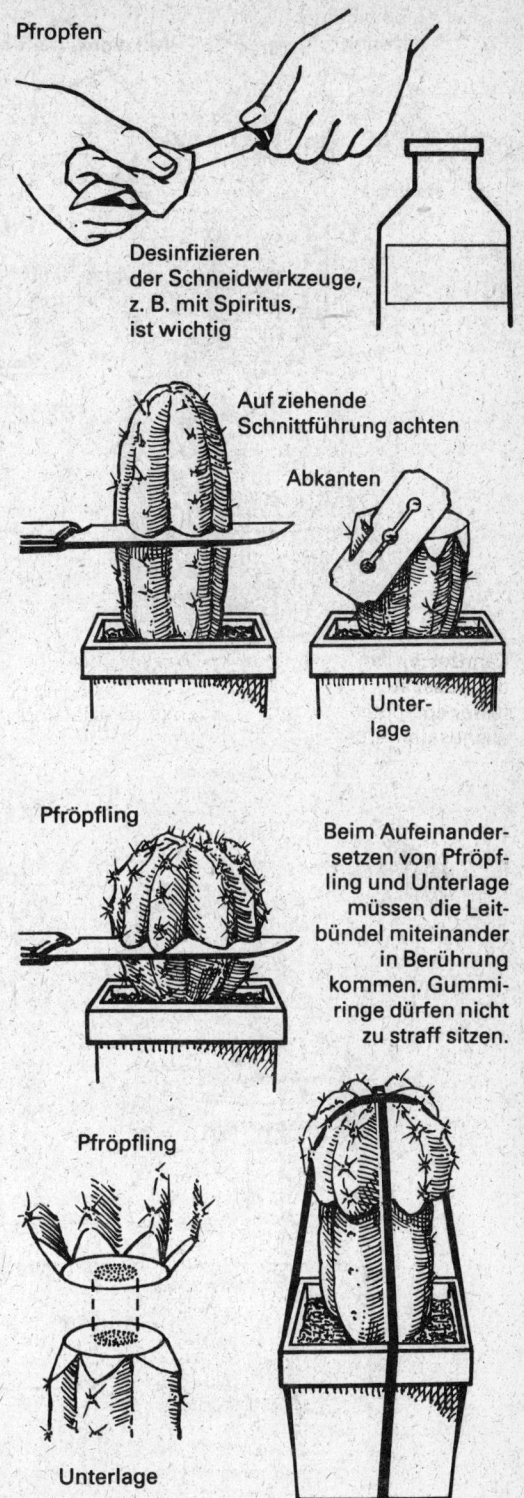

Pfropfen

Desinfizieren der Schneidwerkzeuge, z. B. mit Spiritus, ist wichtig

Auf ziehende Schnittführung achten

Abkanten

Unterlage

Pfröpfling

Beim Aufeinandersetzen von Pfröpfling und Unterlage müssen die Leitbündel miteinander in Berührung kommen. Gummiringe dürfen nicht zu straff sitzen.

Pfröpfling

Unterlage

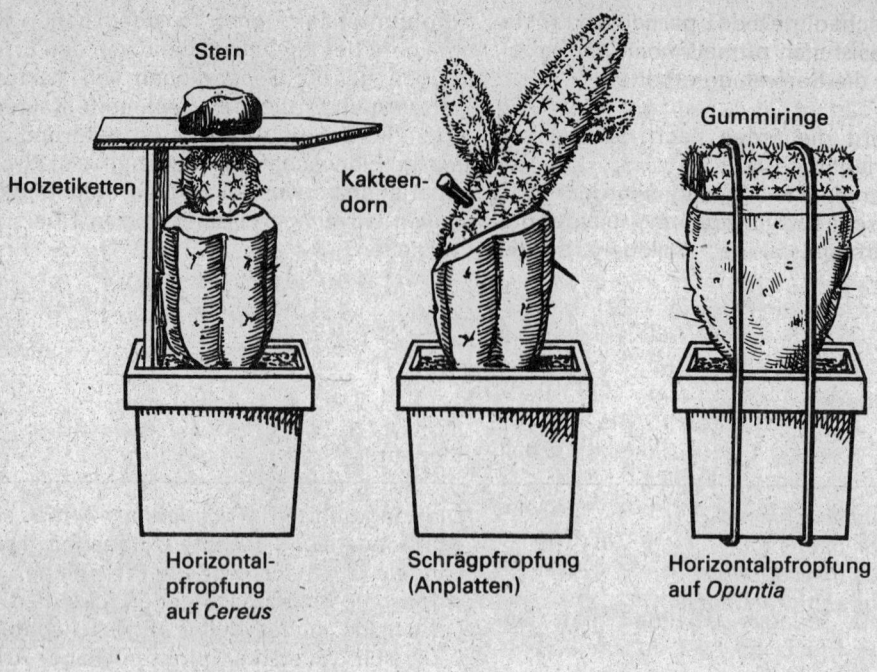

Stein

Holzetiketten

Kakteen-
dorn

Gummiringe

Horizontal-
pfropfung
auf *Cereus*

Schrägpfropfung
(Anplatten)

Horizontalpfropfung
auf *Opuntia*

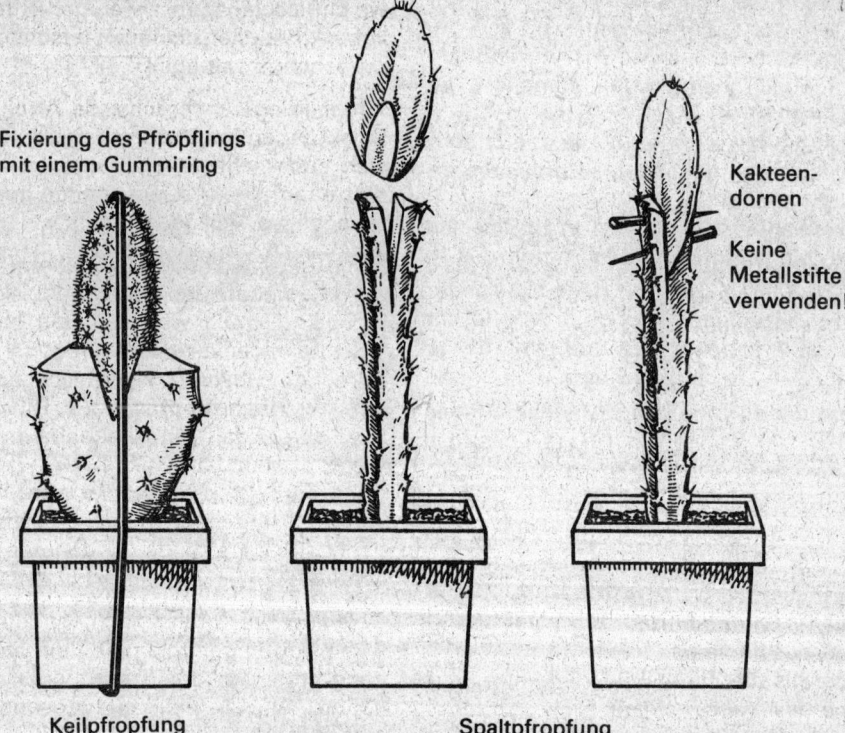

Fixierung des Pfröpflings
mit einem Gummiring

Kakteen-
dornen

Keine
Metallstifte
verwenden!

Keilpfropfung

Spaltpfropfung

e) Eine beschädigte oder partiell erkrankte Pflanze läßt sich oftmals noch als Pfropfung für die Sammlung erhalten.

Vielfach wird die Frage nach den besten Pfropfunterlagen gestellt.

Ganz allgemein kann gesagt werden, daß sich jede schnellwüchsige und einigermaßen widerstandsfähige Kakteenart als Pfropfunterlage eignet. Trotzdem haben sich im Laufe der Zeit, ausgehend von den Erfahrungen ganzer Generationen von Kakteengärtnern und -pflegern, bestimmte Kakteenarten herauskristallisiert, die aufgrund gewisser Eigenschaften bevorzugt als Pfropfunterlagen verwendet werden. Nachfolgend wollen wir einige in einer kurzen Übersicht darstellen.

Pfropfunterlagen

Arten	Eignung
Trichocereus spachianus Trichocereus pachanoi Trichocereus macrogonus Trichocereus schickendantzii	Die angeführten Trichocereus-Arten sind sehr robuste und beliebte Unterlagen, insbesondere auch für größere Pfröpflinge. Sie sind wenig empfindlich gegen Kälte und anspruchslos in der Kultur. Etwas nachteilig wirkt sich das starke Sprossen einiger Arten aus. Trichocereus schickendantzii, eine recht weichfleischige, aber weniger kälteempfindliche Art, eignet sich auch besonders gut für Zwischenpfropfungen.
Cereus peruvianus Cereus jamacaru	In der Pflege anspruchslose Arten, für viele Pfropfungen recht gut geeignet. Sie lassen sich auch schnell aus Samen anziehen, so daß dann eine größere Menge an Pfropfunterlagen zur Verfügung steht.
Eriocereus jusbertii Eriocereus bonplandii Eriocereus martinii	Insbesondere Eriocereus jusbertii gehört zu den bevorzugtesten Unterlagen; sie läßt den Pfröpfling rasch wachsen und blühen und führt zu einer ausgesprochen schönen Bedornung. E. jusbertii eignet sich auch besonders für Hochpfropfungen, z. B. von Aporocactus, so daß ein Kronenbäumchen entsteht. Sollen allerdings die gepfropften Pflanzen sehr kühl überwintern, bei Absinken der Temperatur manchmal bis auf 0 °C, dann eignen sich die Eriocereen nicht als Unterlagen.
Selenicereus grandiflorus Selenicereus hamatus Selenicereus pteranthus Selenicereus macdonaldiae	Selenicereus-Arten sind besonders für Sämlingspfropfungen zu empfehlen, werden aber auch gerne für Spaltpfropfungen bei Weihnachts- und Osterkaktus verwendet (Hochpfropfungen). Diese Unterlagen sind für sehr kühle Überwinterung bei Temperaturen unter 8 °C nicht geeignet.

Arten	Eignung
Hylocereus triangularis *Hylocereus undatus*	*Hylocereus*-Unterlagen werden in der letzten Zéit bevorzugt für Pfropfungen mit der roten Form von *Gymnocalycium mihanovichii* genommen, eignen sich aber auch für *Zygocactus* und *Epiphyllum* (Heranziehen von Kronenbäumchen); brauchen viel Wärme und Feuchtigkeit, auch im Winter nicht unter 12 °C und leicht feucht halten.
Echinopsis-Hybriden	Über die Verwendung von *Echinopsis*-Hybriden als Pfropfunterlagen gibt es unterschiedliche Erfahrungen. Unserer Meinung nach eignen sie sich sowohl für kleinere Kakteenarten als auch für die Sämlingspfropfung. Unangenehm macht sich allerdings das starke Sprossen bemerkbar, so daß die Kindeln immer wieder abgebrochen werden müssen. Von Vorteil ist andererseits, daß immer Unterlagen zur Verfügung stehen, die sehr robust und auch bei kühler Überwinterung widerstandsfähig sind. Die niedrige Pfropfung ist außerdem für kleinere Kugelkakteen sehr ästhetisch.
Opuntia bergeriana *Opuntia ficus-indica* *Opuntia robusta* *Opuntia tomentosa*	*Opuntia*-Arten sind recht robuste Unterlagen, die vor allem für *Wilcoxia*-Arten, *Aporocactus* und *Austrocylindropuntia clavaroides* sowie für Sämlingspfropfungen verwendet werden.
Austrocylindropuntia subulata	Diese Art eignet sich z. B. für *Tephrocactus*-Arten und *Austrocylindropuntia clavaroides*.
Pereskia aculeata *Pereskiopsis spathulata* *Pereskiopsis velutina*	Die noch Laubblätter tragenden Kakteen werden im großen Maße für Sämlingspfropfungen eingesetzt. Allerdings ist eine wärmere Überwinterung notwendig, sonst verlieren die Unterlagen ihre Blätter (über 10 °C und etwas Feuchtigkeit). *Pereskia aculeata* eignet sich auch gut für Spaltpfropfungen mit dem Weihnachtskaktus, da beide Winterwachser sind.

Bevor wir uns der Praxis des Pfropfens zuwenden, sollen noch einige notwendige Hinweise gegeben werden.

Eine wichtige Voraussetzung für das Pfropfen ist ausreichende Wärme. Deshalb werden wir die besten Erfolge in den Monaten Mai bis August haben; in dieser Zeit sind sowohl die Unterlagen als auch die Pfröpflinge gut im Trieb.

Zum Pfropfen werden einige Werkzeuge und Hilfsmittel benötigt, die man sich, bevor man die Arbeit beginnt, griffbereit zurechtlegt. Dazu gehören u. a. ein sehr scharfes, rostfreies Messer, Rasierklingen, Alkohol, Sulfachin, Haarlackzerstäuber, Gummiringe, Bindfaden, Watte, Holzetiketten, Gewichte. Hinzu kommen selbstverständlich Unterlagen in unterschiedlichen Größen und Stärken sowie die Pflanzen, von denen die Pfröpflinge entnommen werden sollen.

Es muß besonders betont werden, daß durch sauberes Arbeiten beim Pfropfen der Erfolg schon halb garantiert ist. Außerdem soll zügig gearbeitet werden, so daß die Schnittflächen nicht austrocknen. Ist das doch der Fall, dann muß noch einmal nachgeschnitten werden. Man kann das Austrocknen auch verhindern, indem von der Unterlage eine etwa 2 mm starke Scheibe abgetrennt und auf der neuentstandenen Schnittfläche belassen wird.

Beim Pfropfen unterscheiden wir verschiedene Methoden: Spaltpfropfung, Horizontalpfropfung, Keilpfropfung, Sämlingspfropfung. Die Technik des Pfropfens wollen wir am Beispiel der Horizontalpfropfung erläutern:

Mit einem scharfen Messer oder einer Rasierklinge – das richtet sich nach der Stärke der Pflanze – legen wir einen horizontalen Schnitt durch die Unterlage. Dabei wird das Schneidwerkzeug gezogen. Dann schrägen wir die Kanten an der Schnittfläche der Unterlage ab. Dabei werden gegebenenfalls auch Areolen mit entfernt, wodurch deren Austreiben weitestgehend verhindert wird. Nun schneiden wir uns den Pfröpfling zurecht – auch dabei ist ziehende Schnittführung zu beachten – und setzen ihn mit einigen Drehbewegungen und leichtem Druck auf die Schnittfläche der Unterlage (bei Austrocknung nachschneiden!). Dabei achten wir darauf, daß wenigstens ein Teil der Leitgefäße der Unterlage mit denen des Pfröpflings in Berührung kommen, das ist wichtig für den Stoffaustausch. Mit Gummiringen, die wir kreuzweise über den Pfröpfling (bei weichem Scheitel Watte oder ein Stück Schwamm unterlegen!) und das Pflanzgefäß spannen, wird der notwendige Druck ausgeübt, um Unterlage und Pfröpfling gut miteinander verwachsen zu lassen. Es können selbstverständlich auch andere Arten der Befestigung genutzt werden. Damit die Pfropfungen gut anwachsen, stellen wir sie

an einen warmen und halbschattigen Platz. Nach etwa 10 Tagen dürften Unterlage und Pfröpfling miteinander verwachsen sein, so daß wir die Gummiringe oder anderen Befestigungen wegnehmen können.

Frischgepropfte Pflanzen werden an ihrem Stellplatz belassen und nicht herumgerückt, da Erschütterungen das Anwachsen behindern würden. Sie sind ferner mit größter Sorgfalt zu gießen und dürfen keinesfalls überbraust werden.

Die Spaltpfropfung wird vor allem beim Weihnachtskaktus und verwandten Gattungen angewendet. Will man ein Kronenbäumchen erzielen, so muß auf eine hohe, schlanke Unterlage (z. B. *Eriocereus jusbertii, Pereskia aculeata, Selenicereus hamatus*) gepropft werden. Bei der Spaltpfropfung köpfen wir wie bei der Horizontalpfropfung die Unterlage, kerben die Schnittfläche dann jedoch etwa 2 cm der Länge nach ein. In diesen Spalt schieben wir den unten keilförmig zugeschnittenen Pfröpfling (z. B. ein Glied eines Weihnachtskaktus) und befestigen ihn mit einem Kakteendorn. Stecknadeln und Tapetenstifte sind dafür völlig ungeeignet. Die Pfropfstelle kann zusätzlich noch mit Perfolband oder Bast umwickelt bzw. mit einer Wäscheklammer (auf nicht zu starken Druck achten, Watte dazwischen legen) zusammengepreßt werden. Nach der Verwachsung werden die Klammer oder das Band wieder entfernt, um das weitere Wachstum nicht zu behindern.

Spalt- oder Keilpfropfung ist auch für *Thephrocactus*-Arten geeignet. Als Unterlage finden robuste und wüchsige Vertreter aus der Unterfamilie *Opuntioideae* Verwendung (z. B. *Opuntia ficus-indica, Opuntia bergeriana*).

Die Sämlingspfropfung ist eine außerordentlich elegante und unter bestimmten Bedingungen recht einfache Methode der Kakteenvermehrung. Durch sie kann die zum Teil sehr lange Entwicklungs- und Wachstumsperiode von Sämlingen erheblich verkürzt werden, so daß man sich relativ schnell eine beachtliche Kakteensammlung aufbauen kann.

Die Sämlinge lassen sich bereits pfropfen, wenn sie die ersten Dornen, oft schon nach 2 bis 3 Wochen, ausgebildet haben. Als Unterlagen eignen sich besonders gut *Echinop-*

sis-Kindeln, *Selenicereus*-Arten, *Eriocereus jusbertii, Pereskiopsis velutina* und *P. spathulata.* Beim Pfropfen von Sämlingen ist besonders darauf zu achten, daß sich die Unterlagen gut im Trieb befinden.

Pereskiopsis velutina und *P. spathulata* fördern das Wachstum und die Blühfähigkeit der Sämlinge enorm. Allerdings benötigen diese Arten für ein gutes Gedeihen im Sommer Temperaturen um 30°C und im Winter nicht unter 15°C, also Bedingungen, wie sie nur das Gewächshaus oder eine fachgerechte Imitation bieten können. Bevor gepfropft wird, werden die Unterlagen kräftig gegossen und halbschattig, aber warm gehalten. Die besten Ergebnisse mit *Pereskiopsis*-Unterlagen lassen sich erzielen, wenn der zu pfropfende Sämling möglichst in der Zone stärksten Wachstums etwa 5 mm von der Spitze entfernt angebracht wird.

Unterlagen von *Eriocereus jusbertii* lassen sich sehr leicht auch in größeren Mengen aus Samen anziehen. Die Pfropfung erfolgt ebenfalls an der Spitze der Pflanzen.

Sehr gute Ergebnisse bei der Sämlingspfropfung bringen *Selenicereus*-Arten als Unterlagen. Verwendet werden aus Samen gezogene Pflanzen und Stecklinge. Letztere dürfen allerdings noch nicht zu stark verholzte Leitbündel aufweisen.

Sowohl bei *Eriocereus*- als auch bei *Selenicereus*-Unterlagen ist zu berücksichtigen, daß sie im Winterquartier nicht Temperaturen unter 8°C, zumindest nicht für längere Zeit, ausgesetzt werden. Sonst ist mit größeren Verlusten zu rechnen.

Zum Pfropfen von Sämlingen benutzt man eine sauber gewaschene sowie entfettete und mit Spiritus oder reinem Alkohol desinfizierte Rasierklinge. Die Unterlage wird möglichst weit zur Spitze hin waagerecht angeschnitten. Der bereitliegende Sämling wird ebenfalls mit der Rasierklinge halbiert, der obere Teil auf die Schnittfläche der Unterlage aufgeklebt und leicht angedrückt. In der Regel wachsen die Sämlinge auch ohne weitere Beschwerung, besonders bei Unterlagen mit schleimigem Zellsaft, wie z. B.

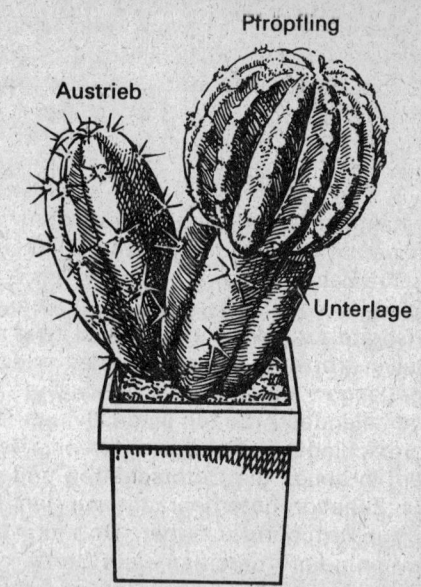

Unerwünschte Erscheinung an einer Unterlage. Sie treibt wieder durch und entzieht dem Pfröpfling notwendige Nährstoffe. Er bleibt im Wachstum zurück. Deshalb Austrieb an der Unterlage rechtzeitig entfernen!

Eriocereus jusbertii, Selenicereus grandiflorus, gut an. Allerdings gibt es auch verschiedene Möglichkeiten des Andrückens der Sämlinge auf die Unterlagen.

Günstige Bedingungen für ein rasches Anwachsen der gepfropften Sämlinge schaffen gespannte Luft und Temperaturen um 30°C, allerdings bei schattiertem Standort. Diese Bedingungen kann man im Zimmer, z. B. in einem kleinen Zimmergewächshaus, in einem ausgedienten Aquarium oder in einem größeren Folienbeutel selbst schaffen.

Wenn die Pfröpflinge eine ansehnliche Größe erreicht haben, sollte entweder umgepfropft oder bewurzelt werden. Beim Bewurzeln kann ein etwa 2 cm langes Stück der Unterlage am Pfröpfling belassen werden. Nach ca. 3 bis 4 Wochen Abtrocknungszeit erfolgt die Bewurzelung.

Arbeitsgeräte und Hilfsmittel

Der Kakteenfreund kommt nicht ohne entsprechende Arbeitsgeräte und Hilfsmittel aus; ihre Zahl ist freilich nicht sehr groß und hängt auch vom Umfang der Sammlung ab. Die Geräte zur Kakteenpflege sind zwar relativ billig, trotzdem sollte mit ihnen pfleglich umgegangen werden. Es ist vorteilhaft, für die anfallenden Arbeiten einen kleinen Tisch mit verschiedenen Schubfächern und Regalteilen, in denen die Gerätschaften und weiteres Zubehör untergebracht werden können, zur Verfügung zu haben. Dort liegt alles Notwendige griffbereit an einer Stelle, ohne daß erst lange gesucht werden muß. Nachfolgend werden einige der wichtigsten Geräte und Hilfsmittel für die Kakteenpflege aufgeführt; auf eine Erläuterung der Handhabung bzw. des Einsatzes kann dabei verzichtet werden, da das im wesentlichen bereits in den vorangegangenen Kapiteln erfolgt ist.

Zum Gießen bzw. zur Wasserversorgung

Gießkannen aus Kunststoff oder Metall in unterschiedlichen Größen, einige davon mit Brausen, und Spritz- oder Sprühgeräte zum nebelartigen Zerstäuben des Wassers.

Für das Umpflanzen

Töpfe, Schalen und Kästen aus verschiedenem Material und in unterschiedlichen Formen sowie Größen

Kunststoff-Etiketten und Bleistift für deren Beschriftung
Topfzange, Pinzette und Leder- bzw. Segeltuchhandschuhe (mit Ledereinsatz)
Pflanzschaufel, Pikierholz und -gabel
Schere, Bindfaden, Bast- oder Perfolband
Holz-, Kunststoff-, Glas- oder Bambusstäbe

Zum Pfropfen

Rasierklingen
Okuliermesser bzw. scharfes, rostfreies Küchenmesser
Gummiringe in verschiedenen Größen

Zur Bestäubung und Samengewinnung

Tuschpinsel in unterschiedlichen Größen
Tablettenröhrchen oder kleine Tüten zum Aufbewahren des Samens

Aus dem Bereich der Chemikalien

Flüssige oder pulverförmige Schädlingsbekämpfungsmittel (z. B. Akarizide, Insektizide), dazu zweckmäßigerweise Gummihandschuhe tragen
Desinfektionsmittel (z. B. Alkohol, Holzkohle, Schwefelblüte)
pH-Papier (Unitest-Papier, Stuphan-Papier, Censny-Indikator zur pH-Wertbestimmung)
Mineraldünger (Kakteenspezialdünger)

Abschließend soll noch auf zwei wichtige Geräte, nämlich Lupe und Thermometer, verwiesen werden, ohne die der Kakteenpfleger eigentlich kaum auskommen kann.

Erklärung einiger botanischer Fachbegriffe

abiotisch: nicht lebend

Angiospermen: Bedecktsamer

Antheren: Staubbeutel

Areolen: gestauchte Achselsprosse bei Kakteen

Art: Species (Abkürz. spec. od. sp.)

Assimilation: Aufbau körpereigener organischer Stoffe aus anorganischen Stoffen (autotropher Stoffwechsel), Bildung von Stärke aus Kohlendioxid und Wasser mit Hilfe von Lichtenergie und Blattgrün (Prozeß der Photosynthese).

Bestäubung: Übertragung des Pollens auf die Narbe des Stempels (bei den Bedecktsamern) oder auf die Samenanlagen (bei Nacktsamern)

Blütenblätter: Kelchblätter, Kronblätter, Staubblätter, Stempel (Fruchtblätter)

Dornen: Bei den Kakteen: umgewandelte Blätter (Blattmetamorphosen)

Embryo: Teil des Samens der Spermatophyten, bestehend aus Keimachse, Keimwurzel und Keimblättern, ist in der Regel von Nährgewebe umgeben

Epiphyten: Überpflanzen; Pflanzen, die auf Bäumen wachsen (Aufsitzer) und diese nur als Unterlage benutzen

Etiolement: s. Vergeilung

fertil: fruchtbar

Filament: Staubfaden

Flachsprosse: Blattartig abgeflachte, Chlorophyll enthaltende und der Assimilation dienende Sproßachsen

Fremdbestäubung: Bestäubungsart, bei der der Pollen einer Blüte auf die Narbe einer anderen Blüte gelangt

Funiculus: Nabelstrang, der die Samenanlage mit der Plazenta verbindet

Gattung: Genus (Abkürzung gen.)

Glochidien: bei Opuntien vorkommende, mit Widerhaken versehene, feine, büschelartig angeordnete Dornen

Hilum: Nabel; Stelle im Samen, an der er durch den → Funiculus verbunden ist

Hybriden: Nachkommen, die durch Kreuzung genetisch unterschiedlicher Eltern entstanden

kaktoid: kaktusähnlich

Karpelle: Fruchtblätter

Kleistogamie: Bestäubungsart, bei der die Blüte geschlossen bleibt und sich selbst bestäubt

Konvergenz: Formenähnlichkeit bei genetisch nicht verwandten Pflanzengruppen durch gleichartige Anpassung an Lebensweise und Funktion

Kormophyten: Sproßpflanzen

Kormus: Pflanzenkörper der Kormophyten, in Wurzel und Sproßachse gegliedert

Kotyledonen: Keimblätter; erste Blätter, die am Keimling der Samenpflanze auftreten

Kutikula: äußere Abschlußschicht der Epidermis

Leitbündel: fadenförmige, strangartige Gewebebündel, in welchen die Stoffleitung der Pflanzen erfolgt. Ein Leitbündel setzt sich aus dem Gefäß- und dem Siebteil zusammen

männliche Blüte: besitzt nur Staubgefäße

Metamorphose: Verwandlung, Umbildung

Monotypische Gattung: Gattung, die nur aus einer Art besteht

Morphologie: Wissenschaft von der Körpergestalt und dem Bau der Organismen

Narbe: Stigma; Teil des Stempels, auf den der Pollen übertragen wird

Nektarien: Sekretionsorgane, die den Nektar absondern

Nomenklatur: Namengebung, Benennung der Pflanzen (und Tiere). Nach der binären Nomenklatur wird z. B. eine Pflanzenart mit zwei Namen belegt:
1. Gattungsname (Genus) und
2. Artname (Species). Bei Varietäten erfolgt das Hinzufügen eines dritten Namens, z. B. *Gymnocalycium mihanovichii* var. *friedrichii*

novum genus: nov. gen. (n. g.), neue Gattung

nova species: nov. spec. (n. sp.), neue Art

Ökologie: Wissenschaft von den Wechselbeziehungen zwischen den Organismen und ihrer Umwelt. Dabei stellt die Umwelt die Gesamtheit aller biotischen und abiotischen Faktoren dar

Perianth: Blütenhülle, die durch die Kelch- und Kronblätter gebildet wird

Pericarp: Fruchtwand

Petalen: innere Blütenblätter (Kronblätter)

Phloem: Siebteil, Bastteil

Phylogenie: Stammesgeschichte

Physiologie: Wissenschaft von den Lebensvorgängen der Organismen

Plazenta: Samenleiste

Plumula: Gipfelknospe, die sich zwischen den Kotyledonen der Keimpflanze befindet

Pollen: Blütenstaub

Prolifikation: zentrale oder seitliche Durchwachsung von Blüten, Blütenständen oder Früchten

Pulpa: saftige oder fleischige Teile des Fruchtinneren

radiär: strahlenförmig, strahlig

Radicula: Keimwurzel

Rhizodermis: Wurzelhaut, dient der Aufnahme von Wasser und Nährsalz-Ionen

Rübenwurzel: knollig verdickte Pfahlwurzel, hat die Funktion der Stoffleitung und -speicherung

Ruheperiode: der Zeitraum, in dem die Stoffwechselaktivität stark eingeschränkt und das Wachstum eingestellt sind

Samen: Verbreitungsorgan bei den Spermatophyta, bestehend aus dem Embryo und dem Nährgewebe sowie der Samenschale

Samenpflanzen: Spermatophyta

Selbstfertilität: Vorgang, bei dem nach der Selbstbestäubung die Frucht- und Samenbildung erfolgt

Sepalen: äußere Blütenblätter (Kelchblätter)

Spaltöffnungen: Stomata; Öffnungen in der Epidermis. Sie dienen dem Gasaustausch (O_2, CO_2) und der Transpiration

Speicherwurzeln: Wurzeln, die der Speicherung von Reservestoffen dienen (z. B. Rüben, Knollen)

Sproß: Teil des Kormus, der die Blätter bzw. deren Umbildungen (z. B. Dornen) trägt

Sproßachse: Typisches Organ der Kormophyten, das der Assimilation, Stoffleitung und -speicherung dient sowie die Fortpflanzungs- und Verbreitungsorgane trägt

Stacheln: mehr oder weniger kräftige, spitze Gebilde der Epidermis, nicht bei Kakteen

Stammsukkulenten: Sukkulenten, bei denen der Stamm die Funktion der metamorphisierten Blätter übernommen hat (Assimilation, Transpiration) und der Wasserspeicherung dient

Staubbeutel: Antheren

Staubblätter: Staubgefäße, bestehend aus dem Staubfaden (Filament) und den Staubbeuteln (Antheren), die die Pollensäcke enthalten

Stempel: Pistill; weibliches Fortpflanzungsorgan der Blütenpflanzen, setzt sich aus Fruchtknoten, Griffel und Narbe zusammen

steril: unfruchtbar

Stigma: s. Narbe

Sukkulenten: Trockenpflanzen (Xerophyten), bei denen ein Wassergewebe ausgebildet ist. Es werden Blatt-, Stamm- und Wurzelsukkulenten unterschieden

synonym: gleichbedeutend

Transpiration: Wassergabe in Dampfform

Variabilität: Verschiedenartigkeit

Varietät: varietas (abkürz. var. oder v.)

Vegetationsperiode: Wachstums- und Blühphase bei den Pflanzen

Vergeilung: Etiolement; durch Lichtmangel erfolgt verstärktes Längenwachstum (Dünntriebigkeit) und die Ausbildung kleinerer Blätter bzw. von weniger Chlorophyll

Wassergewebe: Gewebe, das hauptsächlich der Wasserspeicherung dient, z. B. bei Kakteen

Wurzel: typisches Organ der Kormophyten, das die Pflanze im Boden verankert und Wasser sowie Nährsalze (in Ionenform) aufnimmt

Xerophyten: Pflanzen trockener Standorte mit entsprechenden Anpassungserscheinungen

Xylem: Holzteil, Gefäßteil

Zwitterblüte: besitzt Staub- und Fruchtblätter (Stempel)

zygomorph: zweiseitig-symmetrisch

Quellennachweis

Arbeitsmaterial für Fachgruppen und Interessengemeinschaften, hrsg. v. Kulturbund der DDR, Zentraler Fachausschuß Kakteen — Sukkulenten, Sonderheft Nr. 1, 1978

Autorenkollektiv (Leitg. F. Fukarek): Pflanzenwelt der Erde. Urania-Verlag, Leipzig—Jena—Berlin, 1979

Backeberg, C.: Stachlige Wildnis. Neumann Verlag, Radebeul, 1951

Backeberg, C.: Die Cactaceae. VEB Gustav Fischer Verlag, Jena, 1958 bis 1962 (Bd. 1 bis 6)

Backeberg, C.: Wunderwelt der Kakteen. VEB Gustav Fischer Verlag, Jena, 1961

Backeberg, C.: Das Kakteenlexikon. VEB Gustav Fischer Verlag, Jena, 1979

Backeberg, C./E. Werdermann: Neue Kakteen. Trowitsch-Verlag, Frankfurt/O. — Berlin, 1931

Berger, A.: Kakteen. Verlag Eugen Ulmer, Stuttgart, 1929

Bertrand, A./A. Guillaumin: Cactees. Paris, 1976

Boros, G.: Botanisches Wörterbuch. Hirzel Verlag, Zürich, 1955

Brehme, S.: Wissenschaftliche oder/und deutsche Pflanzennamen? In: Kakteen/Sukkulenten (Arbeitsmaterial des Kulturbundes der DDR), Jg. 16 (1981), H. 2, S. 33 bis 36

Brinkmann, K.-H.: Die Gattung Sulcorebutia. Steinhart KG, Titisee-Neustadt, 1976

Buxbaum, F.: Morphologie der Kakteen. In: Krainz, H. (Hrsg.): Die Kakteen. Frank'sche Verlagshandlung, Stuttgart, 1960

Cullmann, W.: Kakteen. Einführung in die Kakteenkunde und Anleitung zu erfolgreicher Kakteenkultur. Verlag Eugen Ulmer, Stuttgart, 1972

Encke, F./Buchheim, G./Seybold, S.: Zander, Handwörterbuch der Pflanzennamen, 12 Aufl., VEB Deutscher Landwirtschaftsverlag, Berlin, 1980

Endler, J./F. Buxbaum: Die Pflanzenfamilie der Kakteen. Albrecht Philler Verlag, Minden, 1966

Fischer, R.: Kakteen in Hydrokultur. Neumann Verlag, Leipzig · Radebeul, 1984

Fleischer, Z. und B. Schütz: Pestovani kaktusu. Praha, 1978

Förster, C. F.: Handbuch der Kakteenkunde. Leipzig, 1844

Förster, C. F./Th. Rümpler: Handbuch der Cacteenkunde. Leipzig, 1886

Fritzsche, R.: Pflanzenschädlinge (Milben), Bd. 3. Neumann Verlag, Radebeul, 1964

Grunert, Ch./G. Viedt/H. G. Kaufmann: Kakteen und andere schöne Sukkulenten. VEB Deutscher Landwirtschaftsverlag, Berlin 1980

Haage, W.: Freude mit Kakteen. Neumann Verlag, Radebeul und Berlin, 1958

Haage, W.: Schöne Kakteen richtig pflegen. Neumann Verlag, Leipzig · Radebeul, 1976

Haage, W.: Das praktische Kakteenbuch in Farben. Neumann Verlag, Leipzig · Radebeul, 1980

Haage, W.: Kakteen von A bis Z. Neumann Verlag, Leipzig · Radebeul, 1981

Haage, W. und O. Sadovsky: Kakteen-Sterne. Neumann Verlag, Radebeul, 1957

Haude, M./R. Kündiger: Erfolg mit Kakteen. Urania-Verlag, Leipzig—Jena—Berlin, 1983

Haustein, E.: Kakteen. A. Philler Verlag, Minden, 1978

Herold, H.: Kakteen sammeln und pflegen. Humboldt-Taschenbuchverlag, München, 1980

Hoffmann, W.: Das kleine Kakteenbuch. Bertelsmann Ratgeberverlag, München—Gütersloh—Wien, 1963

Janse, J. A.: Kakteen und andere Sukkulenten und ihre Pflege. Südwest-Verlag, München, 1969

Jelinek, J.: O kaktusech. Praha, 1980

Keilbach, R.: Die tierischen Schädlinge Mitteleuropas. VEB Gustav Fischer Verlag, Jena, 1966

Kleiner, E.: Freilandsukkulenten im Winter. In: Kakteen und andere Sukkulenten, Jg. 29 (1978), H. 11, S. 254 bis 258

Knebel, C.: Phyllokakteen. Verlag Eduard Stichnote, Potsdam, 1951

Koesen, W./J. C. Keppel: Das große Buch der Kakteen und Sukkulenten. Mosaikverlag, München, 1977

Krainz, H. (Hrsg.): Die Kakteen. Franck'sche Verlagshandlung Stuttgart, 1956 bis 1975 (in Lieferungen)

Kühle, G.: Zimmerpflanzen in Hydrokultur. Neumann Verlag, Leipzig · Radebeul, 1980

Kupper, W.: Das Kakteenbuch. Verlag der Gartenschönheit, Berlin-Westend, 1929

Lamb, E. und B. Lamb: Kakteen und andere Sukkulenten in Heim und Wildnis. Neumann Verlag, Leipzig · Radebeul, 1976

Lauenstein, A.: Frühbeetkasten und Folienzelt. VEB Deutscher Landwirtschaftsverlag, Berlin, 1973

Lerch, G.: Pflanzenökologie. Akademie-Verlag, Berlin, 1980

Lutz, A.: Frühbeet, Folienzelt und Gewächshaus. VEB Deutscher Landwirtschaftsverlag, Berlin, 1982

Mioulane, A. u. P.: Connaitre et bien soigner les Cactus. Editions De Vecchi, 1977

Müller, E. W.: Pflanzenschutz bei Blumen und Zierpflanzen. VEB Deutscher Landwirtschaftsverlag, Berlin, 1982

Needon, Ch.: Pflanzen in unseren Wohnungen. Verlag für die Frau, Leipzig, 1975

Nemes, L./D. Szabo: Kaktuszok. Budapest, 1981

Pape, H.: Krankheiten und Schädlinge der Zierpflanzen. Paul Parey Verlag, Berlin und Hamburg, 1955

Pflanzenschutzmittelverzeichnis der Deutschen Demokratischen Republik 1982/83. VEB Deutscher Landwirtschaftsverlag, Berlin, 1982

Potocki-Roth, B.: Noch einmal Heißwasserverfahren. In: Kakteen und andere Sukkulenten, Jg. 29 (1978), H. 3, S. 50 bis 51

Räuber, H.: Biologie — Pflanzenproduktion. VEB Deutscher Landwirtschaftsverlag, Berlin, 1980

Rauh, W.: Schöne Kakteen und andere Sukkulenten. Carl Winter Universitätsverlag, Heidelberg, 1967

Rauh, W.: Kakteen an ihren Standorten. Verlag Paul Parey, Berlin und Hamburg, 1979

Rawald, W.: Pflanze, Umwelt und Natur. Urania-Verlag, Leipzig–Jena, 1958

Riha, J./R. Subik: Bunte Welt der Kakteen und anderer Sukkulenten. Artia-Verlag, Prag, 1981

Rother, W. O.: Praktischer Leitfaden für die Anzucht und Pflege der Kakteen und Phyllokakteen. Trowitschverlag, Frankfurt/O., 1917

Saletajewa, U. A.: Buch über die Kakteen (in russ. Sprache). Moskau, 1972

Schelle, E.: Kakteen. Tübingen, 1926

Schennikow, A. P.: Pflanzenökologie. Deutscher Bauernverlag, Berlin, 1953

Schubert, R./G. Wagner: Pflanzennamen und botanische Fachwörter. Neumann Verlag, Radebeul, 1965

Sommer, S.: Blumen- und Pflanzenfenster. VEB Deutscher Landwirtschaftsverlag, Berlin, 1983

Stocker, O.: Grundriß der Botanik. Springer-Verlag, Berlin · Göttingen · Heidelberg, 1952

Subik, R./J. Kaplicka: Taschenatlas der Kakteen. Artia-Verlag, Prag, 1968

Thrower, P.: Gewächshauspraxis für Hobbygärtner. Neumann Verlag, Leipzig · Radebeul, 1975

Troll, W.: Vergleichende Morphologie der höheren Pflanzen. Verlag Gebrüder Borntraeger, Berlin, 1937

Troll, W.: Allgemeine Botanik. Ferdinand Enke Verlag, Stuttgart, 1959

Turdiev, S./R. Sedych/W. Erichmann: Kakteen (in russ. Sprache). Verlag Kajnar, Alma-Ata, 1980

Urania Pflanzenreich. Urania-Verlag, Leipzig–Jena–Berlin, 1971

Werdermann, E.: Brasilien und seine Säulenkakteen. Neudamm, 1933

Register

Das Kakteenjahr

Januar

Allgemeines
Pflanzenkartei anlegen bzw. vervollständigen.

Licht/Luft
Möglichst viel Licht bieten. Überwinterung der Kakteen auch an weniger hellen oder sogar dunklen Standorten möglich (z. B. Treppenaufgängen, Korridore, Keller). Abhilfe evtl. durch Zusatzbeleuchtung schaffen.
Bei starker Sonneneinstrahlung Pflanzen unmittelbar hinter Glas (z. B. am Fenster) leichten Schatten gewähren. Kakteen an milden Tagen Frischluft geben (Abhärtung, kein vorzeitiges Wachstum). Kalt- bzw. Zugluft vermeiden.

Temperatur
Überwinterung der Kakteen in der Regel zwischen 8 bis 12 °C; Kontrolle mittels Minimum-Maximum-Thermometer vorteilhaft.
Einige Kakteengruppen brauchen höhere Temperaturen: 10 bis 15 °C, z. B. *Neochilenia, Hylocereus, Myrtillocatus;* 18 bis 20 °C, z. B. *Rhipsalis, Zygocactus, Selenicereus.* Andere Gruppen sind kühler um 5 °C zu halten, z. B. *Echinocereus, Rebutia, Lobivia, Aylostera, Chamaecereus.*
Bei starkem Frost Pflanzen zusätzlich schützen (Pappvorlagen am Fenster, Heizschlangen bzw. -lüfter in ungeheizten Räumen).

Wasser/Nährstoffe
Gar nicht oder nur wenig gießen; bei eingesenkten Töpfen nur Einfütterungsmaterial befeuchten. *Zygocactus, Epiphyllum* und *Rhipsalis* brauchen regelmäßig Wassergaben.
Weihnachtskaktus nach der Blüte einige Wochen Ruhe gewähren, dann umpflanzen.

Vermehrung
Aussaaten mit Zusatzbelichtung und Unterwärme möglich; gründliche Desinfektion der Erde und Aussaatgefäße erforderlich.

Schädlingsbekämpfung
Bei Keller- und Gewächshausüberwinterung vor allem Schnecken und Asseln bekämpfen.

Februar

Allgemeines
Fachliteratur lesen und Literaturkartei vervollständigen. Schilder an den Pflanzen überprüfen, ergänzen bzw. erneuern. Größere Mengen Erde für Aussaaten und zum Umtopfen vorbereiten; nach Möglichkeit dämpfen.

Licht/Luft
Den Kakteen viel Licht bieten, besonders wichtig für die wieder verstärkt einsetzenden Lebensprozesse der Pflanzen. Bei starker Sonneneinstrahlung leichten Schatten geben; vor allem frischgrüne und wenig bedornte Arten mit Seidenpapier abdecken.
An wärmeren Tagen lüften, dabei Zugluft vermeiden.

Temperatur
An sonnigen Tagen Temperaturen am Überwinterungsstandort nicht über 16 °C ansteigen lassen (mit Ausnahme der Winterwachser). Für etwaige Kälteeinbrüche zusätzlichen Schutz bereithalten. Ende des Monats Abdeckung bei Freilandopuntien entfernen.

Wasser/Nährstoffe
Mit Wasser noch sparsam umgehen. Schrumpfungserscheinungen oder die ersten Knospen an den Kakteen sind kein Grund für erhöhte Wassergaben bzw. für ein Überbrausen der Pflanzen.
Epiphyllum treibt wieder, deshalb etwas reichlicher gießen. Beginn des Umtopfens von noch nicht im Trieb befindlichen Kakteen; auf richtige Zusammensetzung des Pflanzensubstrates achten (evtl. pH-Wert messen). Bei Hydrokultur weiterhin Substrat kurzzeitig befeuchten.

Vermehrung
Aussaaten fortsetzen; Zusatzbelichtung und Temperaturen um 25 °C; Fleischer-Methode erproben.
Bei Aussaatsubstrat pH-Wert ermitteln und richtig einstellen, z. B. mit Hilfe von Torf und Aqua dest.

Schädlingsbekämpfung
Regelmäßige Kontrolle der Kakteen auf Schädlingsbefall weiterhin notwendig; pulverförmige Pflanzenschutzmittel einsetzen.

März

Allgemeines
Anfallende Reparaturarbeiten im Gewächshaus, an Glaskästen oder Frühbeeten erledigen.

Licht/Luft
Den Pflanzen hellen Standort und größtmöglichste Menge an Licht bieten, Prallsonne vermeiden (schattieren!).
Zygocactus, Epiphyllum und *Rhipsalis* brauchen Halbschatten oder einen absonnigen Stand.
Neu verpflanzten oder noch nicht im Trieb befindlichen Kakteen nur bei warmem Wetter Frischluft zuführen; ansonsten soviel wie möglich lüften.
Noch im Keller überwinternde Pflanzen zusätzlich belichten.

Temperatur
Wärmekraft der Märzsonne nicht unterschätzen! Verbrennungen an den Pflanzen durch vorbeugendes Schattieren verhindern, vor allem bei Kakteen aus einem dunklen Winterstand. Etwas niedrigere Überwinterungstemperaturen bevorzugende Kakteen wie *Echinocereus-, Chamaecereus-, Tephrocactus-, Lobivia-* und *Echinopsis*-Arten bei günstigem Wetter schon in ein geschütztes Sommerquartier bringen.

Wasser/Nährstoffe
Mit geringen Wassergaben beginnen; an warmen Tagen etwas nebeln. Kakteen mit Knospen, z. B. *Rebutia-, Neoporteria-* und *Parodia*-Arten, etwas reichlicher gießen. Umpflanzen fortsetzen; Frühjahrsblüher erst nach der Blüte umtopfen; verpflanzte Kakteen bei erhöhter Luftfeuchtigkeit halten. Bei Hydrokultur schrittweise verdünnte Nährlösung (0,05 %ig, abgekochtes Wasser) auffüllen.

Vermehrung
Aussaaten evtl. mit Unterwärme und Zusatzbelichtung fortsetzen.

Schädlingsbekämpfung
Beim Umtopfen besonders auf Schädlingsbefall, z. B. mit Wurzelläusen, Spinnmilben und Nematoden, achten.

April

Allgemeines

Pflanzen aus dem Winterquartier räumen; vergeilte Triebe beseitigen und kranke Pflanzen aussondern bzw. vernichten.

Licht/Luft

Vor allem Pflanzen aus dunklen Überwinterungsräumen wieder vorsichtig an das intensive Licht gewöhnen; schattieren (Schattierleinen bzw. -farbe), ansonsten Verbrennungsgefahr.
Epiphyllum, Zygocactus und *Rhipsalis* benötigen Halbschatten. Allen Kakteen soweit wie möglich frische Luft zuführen.

Temperatur

Die Kakteen beginnen mit dem Trieb (Ende der Ruheperiode), z.T. auch mit dem Blühen; jetzt volle Wärme geben.

Wasser/Nährstoffe

Wassergaben langsam steigern! Zum Ende des Monats hin Pflanzen durch Besprühen vom Schmutz befreien; beachten: Kakteenkörper müssen bis zum Abend wieder abgetrocknet sein. Echinopsen erst gießen, wenn Knospen größer als 1 cm.
Düngung von nicht frisch verpflanzten Kakteen möglich.
Hydrokulturen normale Nährlösung (0,1 %ig) verabreichen.

Vermehrung

Aussaaten fortsetzen. Stecklinge von ausgereiften Trieben schneiden; vor dem Einpflanzen ca. 3 Wochen abtrocknen lassen.
Unterlagen für vorgesehene Pfropfung am besten in geschlossenem Glaskasten oder Plastiktüte bzw. -beutel antreiben.
Für den Anfänger: Pfropfen schon einmal mit *Echinopsis*-Kindeln probieren.

Schädlingsbekämpfung

Insbesondere aus dem Winterquartier umgesiedelte Pflanzen gründlich nach Schädlingen absuchen; vorbeugende Bekämpfung von Spinnmilben und Läusearten besonders bei bestimmten Kakteengruppen, z. B. *Aporocactus, Chamaecereus, Echinocereus, Rebutia, Sulcorebutia, Aylostera.*

Mai

Allgemeines

Kakteen tauschen oder kaufen; neu erworbene Pflanzen peinlichst genau auf Schädlinge absuchen, Literatur über Pflanzenkrankheiten und -schutz zu Hilfe nehmen.

Licht/Luft

Weniger empfindlichen Kakteen, z. B. *Echinopsis, Cereus peruvianus, Trichocereus pachanoi, Opuntia bergeriana* oder *Opuntia robusta,* jetzt einen etwas geschützten Platz im Freien oder auf dem Balkon geben. Auch den Pflanzen hinter Glas volles Licht bieten; bei Prallsonne schattieren.
Häufiges Lüften ist notwendig.

Temperatur

Viele Kakteenarten brauchen nun einen sehr warmen Stand, z. B. *Astophytum-* und *Echinocereus-*Arten. Temperaturen nicht über 35 °C ansteigen lassen; Gegenmaßnahmen: Lüften, Sprühen oder Schattieren (bestenfalls kombinieren).

Wasser/Nährstoffe

Wassergaben weiter steigern; an warmen Tagen auch sprühen. Tontöpfe am besten in Kies oder Torf einfüttern.
Günstigste Zeit zum Verpflanzen; möglichst gedämpfte Erde benutzen; nicht umgetopfte Pflanzen düngen.
Umstellung von Erd- auf Hydrokultur kann vorgenommen werden; bei Hydrokultur ab und zu Nährlösung nachfüllen oder erneuern; pH-Wert überprüfen bzw. einstellen.

Vermehrung

Günstige Zeit für Aussaaten, Anzucht von Stecklingen, Antreiben von Unterlagen, z. B. *Eriocereus jusbertii, Trichocereus pachanoi, Trichocereus schickendantzii.*
Mit dem Pfropfen beginnen, Unterlagen müssen im Trieb sein.

Schädlingsbekämpfung

Pflanzenbestand ständig kontrollieren (auch mit der Lupe!). Von Schädlingen befallene Kakteen isolieren und gesondert behandeln; kombinierter Einsatz von Schädlingsbekämpfungsmitteln vorteilhaft.

Juni

Allgemeines

Bei neu hinzugekommenen Kakteen besonders Wurzeln gründlich ansehen; Pflanzen nicht gleich in Sammlung einordnen (Quarantäne).

Licht/Luft

Mit Ausnahme weniger Gattungen, z. B. *Epiphyllum, Zygocactus, Rhipsalidopsis, Rhipsalis,* den Pflanzen so viel wie möglich Licht bieten. Bei starker Mittagssonne schattieren nicht vergessen.
Den Kakteen nicht nur am Tag (vor allem bei sehr warmem Wetter) frisch Luft zuführen, sondern auch nachts lüften.

Temperatur

Temperaturunterschiede zwischen Tag und Nacht sind für Kakteen optimal.
Den Pflanzen viel Sonne (Wärme) bieten; in der Nacht für Abkühlung sorgen.

Wasser/Nährstoffe

Für alle Lebensprozesse brauchen die Kakteen ausreichend Wasser; ab jetzt kräftig gießen; Faustregel: 1 bis 2mal in der Woche. Überbrausen der Pflanzen schadet bei warmem Wetter nicht; Sprühen und Nebeln sind vor allem abends von Vorteil (Tauimitation); auch Tauchen der Töpfe hat sich bewährt.
An kühlen und regnerischen Tagen Wassergaben etwas einschränken oder einmal mit dem Gießen aussetzen.
Umpflanzen und Düngung ist möglich.

Vermehrung

Aussaaten und Stecklingsschnitt fortsetzen.
Pfropfen vor allem an warmen Tagen durchführen; Sämlingspfropfung vor zuviel Sonne schützen (mit Seidenpapier schattieren).
Zu dicht stehende Sämlinge pikieren.

Schädlingsbekämpfung

Wurzelkranke Pflanzen zurückschneiden, Weiterbehandlung wie Stecklinge.

Juli

Allgemeines

Haarsäulenkakteen und andere schön behaarte Kakteen wie *Krainzia guelzowiana, Mammillaria plumosa* u. a. möglichst unter Glas halten (Schutz vor Staub).

Licht/Luft

Die Pflanzen voll dem Sonnenlicht aussetzen; nur an sehr heißen Tagen schattieren.
Zygocactus, Epiphyllum, Rhipsalis jetzt am besten einen halbschattigen Platz im Freien geben, z. B. unter Bäumen; Schutz vor zu starker Sonneneinstrahlung und zuviel Nässe wichtig. Auch einige andere Kakteengruppen, z. B. *Rebutia, Aylostera, Lobivia, Mediolobivia,* lassen sich bei geeignetem Schutz, besonders vor übermäßiger Feuchtigkeit, im Freien unterbringen (vor dem Fenster, auf dem Balkon oder auf der Terrasse).
Überhitzung der Pflanzen durch regelmäßiges Lüften (besonders an heißen Tagen) vermeiden.

Temperatur

Wärmeliebenden Kakteen einen entsprechenden Stand bieten, z. B. *Astrophytum, Echinocereus, Espostoa, Leuchtenbergia, Melocactus, Oreocereus, Cephalocereus, Haageocereus.*

Wasser/Nährstoffe

Wasserbedarf der Pflanzen hoch; reichliches Gießen, Sprühen oder Überbrausen notwendig und günstig.
Einige Kakteenarten, z. B. *Espostoa, Melocactus,* besonders abends einnebeln. Manche Kakteen benötigen im Sommer relativ wenig Wasser, z. B. *Eulychnia, Neoporteria, Horridocactus, Copiapoa.*
Umpflanzen und Düngen angebracht.

Vermehrung

Aussaaten, Stecklingsschnitt, Pfropfen und Pikieren möglich.

Schädlingsbekämpfung

Insbesondere in Gewächshäusern, Frühbeeten und an Kakteen im Freien auf Schnecken achten; Bekämpfung dort durch Absammeln oder Auslegen von Fraßgiften.

August

Allgemeines

Im Urlaub nach Kakteensammlungen, z. B. in botanischen Gärten, erkundigen und besichtigen; mit anderen Kakteenfreunden Kontakt aufnehmen.

Licht/Luft

Die Kakteen sind nun an volles Sonnenlicht angepaßt; Schattieren kann entfallen.
Bei *Zygocactus, Epiphyllum* und *Rhipsalis* halbschattigen Stand (am besten im Freien) beibehalten. Viel lüften! Frühbeete und Glaskästen nachts offenhalten, so daß die Pflanzen den Tau abbekommen.

Temperatur

Kakteen gezielt den Temperaturunterschieden zwischen Tag und Nacht aussetzen (Abhärtung). Pflanzen, die sich durch intensive Sonneneinwirkung violett gefärbt haben, in den Schatten stellen.

Wasser/Nährstoffe

Wassergaben etwas reduzieren; Vorbereitung der Pflanzen auf die winterliche Ruhepause.
An heißen Tagen öfter nebeln oder sprühen; im Freien aufgestellte Kakteen vor zuviel Nässe schützen. Kaum noch düngen oder umpflanzen; Kakteen stellen ihr Wachstum ein und speichern Reservestoffe.

Vermehrung

Stecklingsschnitt, Pfropfen, Aussaaten und Pikieren noch möglich; aber nicht mehr so günstig.

Schädlingsbekämpfung

In dieser heißen Jahreszeit besonders auf Spinnmilben achten; werden öfter aus benachbarten Gärten, z. B. von Bohnen, Gurken oder Tomaten, durch den Wind herangetragen; vorbeugende Bekämpfung deshalb notwendig; wegen schneller Resistenz der Schädlinge Pflanzenschutzmittel öfter wechseln.

September

Allgemeines

Winterquartier für die Aufnahme der Pflanzen vorbereiten, z. B. Regale freiräumen und säubern, Reparaturarbeiten durchführen.

Licht/Luft

Die Pflanzen sind an die Lichtfülle des Sommers gewöhnt; mit Ausnahme weniger Gattungen, z. B. *Epiphyllum, Zygocactus,* den Kakteen volles Licht geben. Schattieren entfällt.
Am Tag und auch nachts reichlich lüften; erhöht die Widerstandskraft der Pflanzen.

Temperatur

Die nun schon niedriger liegenden Temperaturen sind eine der Ursachen, daß die Kakteen ihr Wachstum nahezu einstellen; deshalb auch geringere Wassergaben. *Zygocactus* von Monatsmitte an 4 Wochen fast trocken, kühl und hell halten.

Wasser/Nährstoffe

Nur noch in kleinen Mengen und längeren Zeitabständen (ca. 14 Tage) gießen; Intervalle auch etwas vom Wetter abhängig (Tagestemperaturen beachten).
Sprühen und Nebeln besonders an warmen Tagen noch möglich. *Zygocactus* nur geringe Wassermenge geben; Glieder dürfen nicht welken.
Nicht mehr düngen; Umpflanzen nur noch in notwendigen Fällen vornehmen.
Hydrokulturen erhalten jetzt eine 0,05 %ige Nährlösung; Flüssigkeitsspiegel im Topf bereits schrittweise senken.

Vermehrung

Stecklingsschnitt und Pfropfen bleiben Ausnahmen.
Aussaaten nicht mehr günstig.

Schädlingsbekämpfung

Anfang bis Mitte des Monats noch einmal gründlich Schädlingsbekämpfung durchführen; letztmaliger Einsatz von flüssigen Präparaten.

Oktober

Allgemeines

Reisig zum Abdecken der Freiland-opuntien beschaffen.
Kalthäuser noch zusätzlich isolieren (Folie, Schilfmatten, Polystyrol-Schaumstoffplatten).

Licht/Luft

Die Pflanzen nach Möglichkeit voll dem Sonnenlicht aussetzen. Wegen frühzeitig einsetzender Nachtfröste Kakteen nur am Tage Frischluft zuführen (Abhärtung, geringere Verluste im Winterquartier).

Temperatur

Das Wachstum der Pflanzen muß jetzt zum Abschluß kommen. Bis Ende des Monats Kakteen aus dem Freiland, den Kalthäusern und Frühbeeten (falls letztere ohne Zusatzheizung) ins Winterquartier räumen; mit ersten Nachtfrösten muß gerechnet werden.
Günstigster Winterstandort: heller, trockener, kühler und frostfreier Raum.
Rhipsalis und andere Winterblüher nun wärmer halten; gilt ab zweitem Monatsdrittel auch für *Zygocactus*.

Wasser/Nährstoffe

Nur noch wenig gießen; bei günstigen Außentemperaturen noch etwas nebeln.
Zygocactus ab Monatsmitte wieder normal feucht halten; *Ephiphyllum* nur noch geringe Wassermengen geben.
Noch im Freien befindliche Kakteen brauchen unbedingt Regenschutz.
Ende des Monats Nährlösung aus den Hydrotöpfen entfernen; nachspülen mit abgekochtem Wasser oder Aqua dest.
Nicht mehr umpflanzen und düngen.

Vermehrung

Außerordentlich ungünstige Zeit für jegliche Art der Vermehrung.

Schädlingsbekämpfung

Beim Einräumen der Kakteen ins Winterquartier Pflanzen und Pflanzgefäße peinlichst genau auf Ungeziefer, z. B. Schnecken, Asseln, Insekteneier, absuchen.

November

Allgemeines

Zusatzgeräte (z. B. Heizschlangen, Heizlüfter, Katalytofen) auf Funktionstüchtigkeit überprüfen und einsatzbereit halten.

Licht/Luft

Winterstandort möglichst hell wählen; ein dunkler Standort ist stets ein Notbehelf (dann Zusatzbeleuchtung anbringen). Bei günstigen Außentemperaturen noch lüften (Abhärtung).

Temperatur

Temperaturen im Winterquartier ca. 8 bis 12 °C; differenzierte Ansprüche mancher Kakteengruppen beachten.
Rhipsalis und einigen anderen Winterblühern jetzt einen mäßigwarmen bis warmen und hellen Standort bieten.
Zygocactus bevorzugt gleichmäßige Temperaturen (ca. 22 °C); Weihnachtskakteen sind auch empfindlich gegen oftmaligen Platzwechsel (Abwerfen der Knospen).
Freilandopuntien vorbeugend mit Koniferenzweigen (kein Laub) als Schutz vor starken Frösten abdecken.

Wasser/Nährstoffe

Die in Winterruhe befindlichen Pflanzen möglichst nicht oder nur mit geringen Wassermengen gießen, keinesfalls düngen. Hydrokulturen etwa alle 14 Tage mit abgekochtem Wasser befeuchten (Einsatztopf tauchen, gut abtropfen lassen).
Rhipsalis wieder reichlich gießen; Pflanzsubstrat nicht austrocknen lassen.
Die Winterwachser mit mineralischem Dünger versorgen.

Vermehrung

Muß ein Kaktus aus bestimmten Gründen ab- oder zurückgeschnitten werden, dann Pflanze an einem kühlen Ort (12 bis 14 °C) abtrocknen und bis zum Frühjahr in Ruhe lassen.

Schädlingsbekämpfung

Auch im Winter hilft frische Luft, der Fäulnis und der Ausbreitung von Schädlingen vorzubeugen.

Dezember

Allgemeines

Verbindung zu anderen Kakteenfreunden aufnehmen, Erfahrungsaustausch pflegen.
Fachliteratur durchsehen und Literaturkartei anlegen.
Farbdias und Schwarz-Weiß-Fotos des abgelaufenen Jahres sichten, beschriften sowie ordnen.

Licht/Luft

Zusatzbeleuchtung in Betrieb nehmen, besonders günstig für Jungpflanzen und Pflanzen in dunklen Überwinterungsräumen (z. B. Kellern); Kakteen vor allem gegen Zugluft schützen, z. B. durch Abdichten von Tür- und Fensterritzen.
Relative Luftfeuchtigkeit mit Hilfe eines Hygrometers kontrollieren. Kurzzeitiges Lüften bei milder Witterung angebracht.

Temperatur

Regelmäßige Kontrolle der Außensowie der Standorttemperaturen notwendig.
Bei strengem Frost Pflanzen im Bedarfsfall zusätzlich abschirmen; evtl. Einsatz von Zusatzheizgeräten.

Wasser/Nährstoffe

Zygocactus, Rhipsalis und andere Winterwachser kontinuierlich mit Wasser versorgen.
Bei Weihnachtskakteen Düngung noch möglich.
Substrat (z. B. Kies) bei Hydrokulturen in mehrwöchigen Abständen mit abgekochtem Wasser oder Aqua dest. anfeuchten.

Vermehrung

Samenkataloge anfordern, entsprechende Arten auswählen und Saatgut bestellen bzw. Samentausch organisieren.

Schädlingsbekämpfung

Regelmäßige Durchsicht der Sammlung auf Schädlingsbefall (z. B. Spinnmilben, Wolläuse) erforderlich.